实践育人

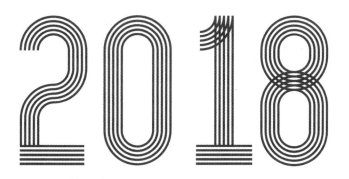

2018

EDUCATING
BY
EXPERIENCING
2018

齐利平/主编

经济管理出版社
ECONOMY & MANAGEMENT PUBLISHING HOUSE

图书在版编目（CIP）数据

实践育人.2018/ 齐利平主编.—北京：经济管理出版社，2020.7
ISBN 978-7-5096-7237-2

Ⅰ.①实… Ⅱ.①齐… Ⅲ.①大学生—社会实践—研究—中国 Ⅳ.①G642.45

中国版本图书馆 CIP 数据核字（2020）第 114444 号

组稿编辑：张　昕
责任编辑：张　昕
责任印制：黄章平
责任校对：王淑卿

出版发行：经济管理出版社
　　　　　（北京市海淀区北蜂窝 8 号中雅大厦 A 座 11 层　100038）
网　　址：www.E-mp.com.cn
电　　话：（010）51915602
印　　刷：三河市延风印装有限公司
经　　销：新华书店
开　　本：720mm×1000mm/16
印　　张：20
字　　数：349 千字
版　　次：2020 年 7 月第 1 版　　2020 年 7 月第 1 次印刷
书　　号：ISBN 978-7-5096-7237-2
定　　价：98.00 元

序言

实践出真知，实践是育人的主战场。实践育人在高等教育中具有特殊的重要性，是人才培养的重要环节，也是山西农业大学传承的办学特色。

在111年的办学实践中，山西农业大学始终秉持立德树人，高度重视人才培养和实践教育的办学理念，把培养实践动手能力和创新创业精神作为人才培养的着力点，实现了实践教学四学年不断线，建立了较为完备的实践教学课程体系。学校充分发挥第二课堂的实践育人功能，将第二课堂的育人实践和成果以奖励学分、创新学分的方式纳入人才培养体系。尤其是在创新创业教育中，实现了山西省高校的"十个第一"，已经成为学校实践育人工作的一张名片。近年来，学校还在校内实验室、实训基地的基础上，与校外企业、科研院所合作，建设了大量的实践育人基地，取得了良好的育人效果，培养了数以万计扎根基层、服务"三农"的优秀毕业生，他们懂农业、爱农村、爱农民，积极投身脱贫攻坚战略和乡村振兴战略，为山西乃至全国的经济建设和社会发展做出了贡献。

山西农业大学举办了首届实践育人论坛，邀请校外协同育人合作单位的代表来到学校，与学校的16个学院和7个相关职能部门一起，围绕"加强实践育人在人才培养中的地位和作用"进行了交流研讨，凝聚了实践育人的共识，全面总结了学校的实践育人工作，具有十分重要的意义。

本书依托山西农业大学首届实践育人论坛，是学校各学院、相关部门及协同合作单位对我校实践育人的经验总结和思考。为贯彻落实全国教育大会精神，应新形势、新任务、新要求，本书对提升学校实践育人效果，以及如何提升人才培养质量，提出了一些改革、发展的思考和建议。

本书是对山西农业大学实践育人工作进行的一次统筹规划，进一步强化了全校实践育人的协同意识，增强了学校实践育人的系统性，有利于探索适合学校实际的实践育人模式。书中的经验和思考，对于学校进一步完善保障制度，保证协同育人体制机制的畅通和稳定，特别是对于校外实践基地的长期性建设，共同探索促进实践育人基地长期、稳定运行的有效机制和途径，都具有促进作用。此外，本书对于积极构建全方位、全过程深度融合的协同育人新机制，建立与社会用人部门合作更加紧密的人才培养机制具有推动作用；有利于教师队伍反思实践教学的开展情况，进一步凸显实践教学的重要性；有利于各学院和相关部门建立科教融合、相互促进的协同培养机制，健全资源共享机制和管理协同机制，进一步加强校内实验教学资源建设，搭建学生实习岗位需求对接网络平台，培养出真正适应经济社会发展需要的高素质专门人才。

2019 年 5 月

目录

课程实践育人

第二课堂育人

育人队伍能力提升

校外协同育人

课程实践育人

产学研协同育人视角下的"四化"
实践育人模式探析

——以山西农业大学动物科技学院"产学研协同育人"模式为例

乔旭华　杨育智　辛艳伟[*]

山西农业大学动物科技学院

摘　要： 当代青年大学生面临着专业理论及其与社会实践的契合、专业素养及其与综合素质的契合、专业认同及其与职业意愿的契合三方面的问题，学校基于产学研协同育人的视角，开展"四化"育人模式，即"全程化"实践育人、"全方位"实践育人、"全员化"实践育人、"协同化"实践育人，学生素质明显提高，特色实践活动硕果累累，就业质量显著提升。更好的产学研协同育人模式，应以教学为支撑，推动理论学习与社会实践相结合；以实践为载体，推动实践活动与学科、社会相结合；以产学研为依托，推动实践活动与产业发展和社会需求相结合；以就业为目标，让学生在实践过程中明确就业理想。

关键词： 产学研协同；实践育人；教育模式

在十三届全国人大一次会议上，国务院总理李克强在政府工作报告中指出，"2018 年，加强国家创新体系建设。鼓励企业牵头实施重大科技项目，支持科研院所、高校与企业融通创新，加快创新成果转化应用。"[1] 党和国家立足产业兴盛和科技发展的总体趋势，对高等教育提出了更加符合社会需求和产业需要的具体要求，对高等学校的产教融合提出了更明确、更具体的发展方向。《关于进一步加强高校实践育人工作的若干意见》指出，"坚持理论学习、创新思维与社会

---

* 作者简介：乔旭华（1965-），山西闻喜人，讲师，山西农业大学动物科技学院党委书记，研究方向为思想政治教育；杨育智（1986-），山西平遥人，讲师，山西农业大学动物科技学院辅导员，研究方向为思想政治教育；辛艳伟（1974-），山西原平人，讲师，山西农业大学动物科技学院党委副书记，研究方向为思想政治教育。

实践相统一，坚持向实践学习、向人民群众学习，是大学生成长成才的必由之路。"[2] 这些为高校实践育人工作指明了方向，强调了实践教学在大学生成长和发展中的重要作用。

实践育人作为高校人才培养的重要环节，是课堂教育的延伸，是学生全面发展的根本。产学研协同育人旨在依托学校、企业和社会的优势资源，注重学生实践操作和综合素质的提升，实现高校人才培养、企业员工招聘，以及社会经济发展的"多赢"。面临日趋复杂和严峻的就业形势，以及农科大学生在就业中面临的多重压力，从产学研协同育人的角度思考实践育人模式，可以为高校实践育人工作的有效开展提供有益探索。

一、产学研协同育人视角下的"四化"实践育人模式——以山西农业大学动物科技学院为例

多年来，动物科技学院党委顺应高等教育发展形势，深入研究社会发展需求，立足学院大局，着眼人才培养，以产业需求作为育人目标，将"全程化、全方位、全员化、协同化"实践育人模式作为学院实践育人工作的顶层架构，将思想政治教育、专业实践能力、创新创业教育、社会责任教育等有机融合，推动学院产学研协同育人工作取得了一系列成绩和实效。实践育人工作已成为动物科技学院一张独具特色的学院名片。

1. "全程化"实践育人

学院坚持"道德教育、素质教育和就业创业教育"三条主线，做到实践育人"四年不断线"。学院积极探索和构建全程的大学生实践育人模式。邀请合作企业的领导或部门负责人对大一新生进行专业实践导学，培养专业认知，增强专业兴趣；组织二三年级学生积极参加"大学生创新创业能力提升工程暑期实践活动"；组织四年级学生进行离校前的企业认知教育，以班级、专业或年级为单位到企业的各个部门或岗位进行"轮岗式"的实践认知，由合作企业的领导或各部门负责人进行讲解答疑。四年的实践教育将德育实践、课程实践、科技实践、就业实践、文体实践、社会实践六项实践环节融会贯穿于学生大学四年的学习中，低年级侧重学生道德素质、身心健康、沟通能力培养，高年级侧重专业实践能力、创新精神、就业创业能力、社会适应能力培养，实现了实践育人的全程化。

2. "全方位"实践育人

学院以提升专业实践能力和专业认知水平为目标，按照"分类设置、能力导

向、强化实践、衔接融合"的原则，有效联结学生课堂教学和社会教学，促进学习与活动贯通、课上与课下互补、校内与校外协同，推进了实践育人全方位覆盖。

第一，举办专业技能大赛。学院组织各专业学生在实验教学和企业认知教育基础上，由企业冠名合作开展各专业的专业技能大赛十余年，打造了品牌活动——"生泰尔杯"专业技能大赛。近五年来，随着国家和教育部对实践教学的重视，国家级的专业技能大赛陆续开展，学院组织学生积极报名，加强针对性培训，在参加全国动物科学专业技能大赛、全国动物医学专业技能大赛、全国"牛精英"专业技能挑战赛、全国小动物专业技能大赛和全国水族箱造景技能大赛等国家比赛中，荣获特等奖2项、一等奖3项、二等奖6项。

第二，实施"双创能力提升"工程。为响应国家"大众创业、万众创新"号召，不断增强大学生实践动手能力和创新创业能力，学院从2014年开始实施"大学生创新创业能力提升工程暑期实践活动"，邀请行业内的知名企业和优秀科研团队及实验室为大学生提供创业能力和创新能力的实践机会。活动开展以来，五年有累计1000余人次的大学生参与其中。

第三，设立创新创业基金。为深化产学研合作，学院联合企业设立青年教师创新创业基金，每年出资10万元用于支持和鼓励青年教师开展创新创业工作；同时设立大学生创新创业团队基金，每年出资2万元用于支持大学生团队开展创新创业实践活动。

3. "全员化"实践育人

在国家乡村振兴战略的指引下，学院坚持全员参与，将实践育人工作与各专业人才培养工作紧密挂钩，明确实践育人目标，扩大实践育人工作覆盖面，强化实效考核。

第一，学院积极与地方农牧企业开展"产业帮扶"，围绕猪、牛、羊、鸡、兔、蜜蜂、水产、饲草、饲料、兽药10个产业，形成"服务三晋、辐射全国"的十支"产学研"帮扶团队。在服务过程中，团队负责人和指导教师带领研究生和本科生积极参与各地的企业培训、养殖户技术指导和贫困县精准扶贫等，合作经费达千万元，年均指导和培训1.5万余人次，在收获经济效益的同时，强烈的社会责任感和专业自豪感也积极感染和鼓舞着青年学子坚定理想信念，提升专业能力，崇学事农。

第二，学院积极与地方政府进行"校地合作"开展精准对接与精准扶贫。2018年，学院与岢岚县政府开展合作，依托"晋岚绒山羊"特色品种，新建标准化实验室，开展精准帮扶和科技合作；与蒲县政府开展合作，围绕牛产业、猪产业，开展技术指导和科技培训，帮助当地政府推进特色农业发展，带动当地精准脱贫和经济发展。通过开展社会服务活动，学院教师将大量的生产实践问题、产业发展前沿咨询和产业发展需求引入教学工作，成为鲜活、生动的教学元素，推动实践育人工作与专业教学的有效融合。

4．"协同化"实践育人

学院通过整合校内外资源，推动人文素质教育和专业教育贯通融合，加强理论素养与专业技能的有机结合，通过协同教育引导学生德、智、体、美全面发展。

第一，院企共建"励志班"。院企共建"励志班"模式以拓展和强化学生专业能力和综合素质为目标，使学生在学校、企业两个育人环境中尽快融入社会，成为社会发展所需的专业人才。经过多年合作，共建"励志班"模式已衍生出人才联合培养、实习基地建设、企业奖学金、青年教师创新创业基金、青年大学生创新创业团队基金等多项内容。与学院签订共建"励志班"协议的企业已涵盖了大北农集团、大象集团、傲农集团、石羊集团等12家国内外知名农牧企业。

第二，院企共建实验室。学院通过发挥双方资源优势，构建完善的人才培养体系，实现产、学、研互促互进的合作理念，以共建实验室为契机，实现企业宣传、校园招聘、人才培养、科学研究和技术服务等多领域的技术和人才交流共享。该模式自开展以来，已与大北农集团、河北大北农、禾丰集团、温氏集团等20多个国内外知名的企业签订了合作协议。

第三，顶岗实习项目。为推进"以本为本"、强化"实践能力"，学院与大北农、温氏等行业领军企业签订毕业生顶岗实习协议，组织大四学生进行不少于半年的顶岗实习，切实深入地了解、学习和掌握相关专业的实践技能和相关行业的职业要求。

第四，暑期"三下乡"社会实践活动。在每年暑期"三下乡"社会实践活动中，百余名大学生深入山西各地市开展农业工作调研，了解当前山西经济和农业发展现状，促进专业理论知识的实践转化，同时带着实践问题返回课堂，更好地提升专业能力。

二、产学研协同育人视角下的"四化"实践育人模式实施成果

随着"四化"实践育人模式探索的深入推进，学院实践育人工作取得了较好成绩。学生实践能力和综合素质得到有效提升，专业认可度和专业稳定度得到显著提升，毕业生的企业认可度和社会认可度不断提升；部分实践育人工作形成

一定规模，打造了三项具有学院特色的品牌实践活动；学院在人才培养、创新创业教育、社会实践活动等方面获得了多项荣誉，收获了学校、企业和社会的广泛好评。

1. 学生素质明显提高

近三年，学院200余人次参加各类专业技能竞赛与创新创业类比赛，荣获各类国家级奖项27项、省级奖项8项；大学生创新创业训练计划项目立项9项，其中国家级项目5项、省级4项；每年组建10余支社会实践团队，百余名大学生分赴全省各地开展暑期社会实践活动；本科生年均发表学术论文10余篇。在全国大学生水族箱造景技能大赛、"雄鹰杯"全国小动物医师技能大赛、全国"生泰尔杯"大学生动物医学专业技能大赛、全国大学生动物科学专业技能大赛和全国农林高校"牛精英挑战赛"等全国高校中的知名专业领域技能竞赛中连续斩获前三甲等优异成绩，社会影响力得到很大提升。同时，学生们积极参加"兴农挑战杯"大学生课外学术科技作品竞赛、山西省学生跆拳道锦标赛、山西省大学生校园足球联赛、全国全民健身操舞大赛（山西赛区）花球拉拉操等文体比赛，综合素质不断增强。

2. 特色实践活动硕果累累

在实践育人模式实施方案的指导下，学院在"实践"上下功夫，在"育人"上做文章，打造了以下三项具有专业特色的品牌实践育人活动：

第一，"大学生创新创业能力提升工程暑期实践活动"。该活动由学院自2014年在全校率先启动，报名参与活动的学生由最初的50余人发展至2018年的近400人，活动形式由最初单一地到企业实习，逐步扩展为校内校外多种实践形式，截至目前已有1000余名学生参与，活动的吸引力和影响力不断扩大。

第二，专业技能比赛。动物科技学院和北京生态尔科技有限公司联合举办的"生泰尔杯"专业技能大赛至今已有四届。在比赛中，鸡病理剖检、鱼体解剖鉴别及采血、精液镜检和红细胞计数等专业领域的现场展示既是对同学们专业技能的考验，也是对专业成果的最佳展示，在学生中获得了极大关注。

第三，产学研服务团队。在国家乡村振兴战略的指引下，学院通过与地方农牧企业进行"产业帮扶"和与地市政府开展"校地合作"等形式，开展精准对接与精准扶贫。在科技服务过程中，参与工作的大学生对农业和畜牧业发展现状有了更加深入的了解。同时，通过开展社会服务活动，学院教师将大量的生产实践问题、产业发展前沿咨询和产业发展需求引入教学工作，为教学工作注入了最新鲜、最前沿的元素，推动了实践育人工作与专业教学的最佳融合。

3. 就业质量显著提升

近三年，学院毕业生年终就业率始终保持在90%以上，全校毕业生在就业工作中稳居前列。对就业单位的调查显示，80%以上的用人单位对我院毕业生思想道德素质表示满意或非常满意；近85%的用人单位对我院毕业生的实践创新能力、动手能力和吃苦精神、团队精神、责任感和敬业精神、对工作岗位适应性表示满意或非常满意。

三、产学研协同育人视角下的实践育人模式探索的思考和建议

高校实践育人工作的深入发展，不仅要构建有效的运行机制，还要制定促进这些机制有效运行的基本策略，以教学为依托、以实践为载体、以基地为依托、以就业为目标，推进课堂和社会、理论和实践、学习和就业之间的横向和纵向融会贯通。

1. 以教学为支撑，推动理论学习与社会实践相结合

为让学生们尽早树立学农爱农，重农事农的专业理念，必须在新生入学教育阶段开始就让学生尽早接触社会，使教育和教学通过实践的形式充分结合在一起。在专业学习期间，开设一些专业引导和走入社会的实践课程，通过教学模块的运用开展，确保学生及早接触社会；开展企业专家进校园工作，依托区域型的涉农学科和专业优势，与企业加强沟通，实现与企业管理、企业文化的相互融合；此外，还可以邀请企业优秀的领导管理团队和技术专家团队直接参与农科大学生的就业指导、实践培养和实习实训等工作，促进人才培养尽早与企业需求接轨。[3]

2. 以实践为载体，推动实践活动与学科、社会相结合

为确保学生有更多机会接触专业和实践锻炼，可以通过组织学生积极参与社会服务活动、"三下乡"暑期社会实践、专业技能竞赛等活动，推动学生多渠道接触社会、多途径参与实践，对提升专业技能大有裨益。

3. 以产学研为依托，推动实践活动与产业发展和社会需求相结合

长期、固定的实践基地和实习企业为大学生开展实践活动提供了稳定的场所，满足了学生进行深入实践活动的需要。通过亲身参与产业运行，保证了学生更深入和全面地了解当前产业发展和技术前沿信息、了解社会需求和产业导向，为未来明确就业意向做好充分准备。

4. 以就业为目标，让学生在实践过程中明确就业理想

通过校企联合积极加强学生实习与就业的衔接工作，做好学生实习过程管

理，共同制定因人而异、因材施教的教育和引导机制，以发展的眼光帮助学生形成正确的工作态度和工作作风，练就专业的工作技能和工作习惯，让实践成为衔接专业培养和创业就业的重要纽带。

总之，在产学研协同育人视角下的大学生培养中，企业和社会遵循了舒尔茨的人力资本理论，暂时"让渡"了自身对经济利益的直接追求，间接进行企业和社会文化的宣传，以及企业与社会对人才的培养和储备。这就决定了这种合作模式是以"育人"为根本，引导学生从有潜力的"准人才"变成有能力的"真人才"；在此基础上以实践能力的培养为抓手，引导学生将课堂理论与企业实践进行双向"反哺"，进而融会贯通；同时以就业为导向，借助企业的资源和宣传，引导大学生学农爱农、重农事农，树立专业自信、行业自信，完成从专业到就业的顺利转变。[4] 实践育人是一项系统性、综合性、整体性工程，是学生成长成才的基本途径，从产学研协同育人的视角进行思考和探索将对农科院校的人才培养产生重要影响。

参考文献

[1] 十三届全国人大一次会议上国务院总理李克强政府工作报告 [EB/OL]. http：//www. gov. cn/zhuanti/2018qglhzb/live/0305b. htm.

[2] 教育部等部门关于进一步加强高校实践育人工作的若干意见 [EB/OL]. http：//old. moe. gov. cn/publicfiles/business/htmlfiles/moe/s6870/201209/142870. html.

[3] 申纪云. 高校实践育人的深度思考 [J]. 中国高等教育，2012（13）：12.

[4] 杨育智，李鹏. 校企合作视角下高校大学生就业教育的思考与建议 [J]. 黑龙江畜牧兽医，2018（13）：224.

林学及生态工程类专业野外综合实习育人模式探究

——以山西农业大学林学院为例

吉意斌　白晋华　陈　欣[*]

山西农业大学林学院

摘　要：综合实习作为高校实践教学工作的重要组成部分，在实践育人中发挥着重要作用。近年来，山西农业大学林学院在总结多年野外综合教学实习工作的基础上，进一步在林学及生态工程类专业野外综合实习中进行探索，总结出"一套机构、双向师资、一个中心"的林学及生态工程类本科专业野外综合实习管理模式，设计、制定并实施了林学专业复合应用型卓越农林人才实践能力培养路线图，为完善林学及生态工程类专业野外综合实习育人模式提供了理论参考。

关键词：林学及生态工程类专业；野外综合实习；实践育人

进一步加强高校实践育人工作，是全面落实党的教育方针，把社会主义核心价值体系贯穿于国民教育全过程，深入实施素质教育，大力提高高等教育质量的必然要求。进一步加强高校实践育人工作，对于不断增强学生服务国家服务人民的社会责任感、勇于探索的创新精神、善于解决问题的实践能力，具有不可替代的重要作用。综合实习作为高校实践教学工作的重要组成部分，是理论联系实际的关键环节，它既改善了单纯从书本上、黑板上和实验室里学习专业课的现象，又可以让学生在老师的指导下进行全方位的实践活动，是提高学生动手能力，培养学生相关专业素养、专业技能及团队协作精神的重要途径，因此不断探索和创

---

* 作者简介：吉意斌（1979–），山西闻喜人，山西农业大学林学院党委副书记，研究方向为思想政治教育；白晋华（1979–），山西五台人，副教授，山西农业大学林学院副院长，研究方向为森林资源监测与林火生态管理；陈欣（1984–），湖北黄陂人，讲师，山西农业大学林学院教学办公室主任，研究方向为教学管理。

新综合实习育人模式迫在眉睫。本文以山西农业大学林学院林学及生态工程类专业野外综合实习为例，主要从野外综合实习的基本情况、运行模式、组织管理、育人效果、建议与思考等方面进行探讨，为完善林学及生态工程类专业野外综合实习育人模式提供理论参考。

一、林学及生态工程类专业野外综合实习的基本情况

自 20 世纪 80 年代山西农业大学成立林学系以来，老一辈林学人就开创了野外综合教学实习的先河。近四十年来，一代代林学人传承接力，始终坚持并不断加强实践教学人才培养和育人工作，取得了显著成效。

目前，野外综合实习已经成为山西农业大学林学院林学及生态工程类专业本科教学的必修课程。作为山西农业大学林学院多年来综合实习的主要基地之一，庞泉沟自然保护区丰富的生态资源为实习的顺利开展提供了非常有用的实践素材，对山西农业大学林学院野外综合实习工作顺利开展起到了决定性作用。为进一步提升实践教学的广度和深度，山西农业大学林学院对林学及生态工程类专业综合实习专业培养方案进行了更新，从 2016 级学生开始，在庞泉沟自然保护区的野外综合实习由之前的第 6 学期进行一次扩展到第 4 学期和第 6 学期进行两次，时间为五月中下旬至六月中下旬，每次实习时间约两周。两次综合实习内容分别有所侧重，第 4 学期侧重林学基础能力的培养，通过林学认知综合实习和森林生态系统健康管理综合实习，使学生具备认识植物树木、了解林业、从事林业和研究林业的基本能力并建立初步的林业管理意识；第 6 学期侧重专业能力和拓展能力培养，通过森林培育学林区综合实习、森林调查规划与可持续经营管理综合实习，使学生掌握林木良种选育、森林培育和经营、森林病虫害综合防治等技术，提高森林资源培育与可持续经营管理能力，同时通过科研训练和生产实践，培养学生科研基本素质，锻炼解决生产实际问题的能力和创新创业能力。经学院精心组织、教师认真带队、学生积极参与，以及基地领导和工作人员全力配合，林学及生态工程类专业野外综合实习工作进行有序，教与学内容丰富充实，广大师生理论应用于实践的能力有了进一步提升，实习效果明显。

二、林学及生态工程类专业野外综合实习运行模式

在总结山西农业大学林学院多年野外综合教学实习工作的基础上，学院从野外综合实习的组织与管理、实践能力培养方案、野外综合实践内容设置、师资力量配备、实践教学考核等方面，进一步在林学及生态工程类专业野外综合实习中

进行探索，总结出："一套机构、双向师资、一个中心"的林学及生态工程类本科专业野外综合实习管理模式；设计、制定并实施了林学专业复合应用型卓越农林人才实践能力培养路线。

1. "一套机构、双向师资、一个中心"

"一套机构"指野外综合实习组织机构与管理体系的建立。要针对野外综合实习成立专门领导组，成员由教学院长、系主任、专业课程骨干教师、辅导员构成。教务办负责课程调整和实习成绩管理等工作。领导组负责按照专业培养方案制订具体的野外实习计划和相应实习规定，负责与实习基地联系，协调交通食宿等，实习前负责野外综合实习动员和安全教育，实习中负责协调和应急处理，实习后负责实习总结。

"双向师资"指野外综合实习师资队伍由专业课教师和实习基地技术骨干构成。要求实习指导教师熟悉专业理论和技术、熟知实践教学基地概况、能熟练操作实习仪器，负责编写野外实习指导书。另外，从实习基地选择既热心教育事业又具较强生产实际能力的专业技能骨干兼任野外实习指导教师，在实习现场讲解和具体指导。

"一个中心"指以提高学生实践能力和动手能力为中心。在野外综合实习中，不断完善实习内容、改进指导方法，让学生认识自然、生态、森林和林业，掌握野外调查、取样、数据初步整理能力，实习结束后学生要提交综合实习报告，依据所获数据对森林和生态现状进行评价、对森林生态系统动态进行预测等，锻炼学生分析实际问题的能力。

"一套机构、双向师资、一个中心"的野外综合实习育人管理模式，不仅在林学及生态工程类专业野外实习中取得了实效，还可为相关专业野外综合教学实习的组织与管理提供参考。

2. 林学专业复合应用型卓越农林人才实践能力培养路线

林学专业复合应用型卓越农林人才实践能力培养路线，总体包括三大部分：基础能力培养、专业核心能力培养和拓展能力培养。

（1）基础能力培养。包括外语应用能力、计算机应用能力、生物化学基础能力、环境科学基础能力、身心健康及综合能力的培养。

（2）专业核心能力培养。包括林学基础能力和林学专业能力培养（见图1）。一是林学基础能力的培养途径。一方面，通过植物学、树木学、植物生理学和林木植物育种学等实验；另一方面，通过林学认知综合实习，包括土壤、植物和林木病虫害野外调查和识别方法、森林生态学综合实习、森林调查常规仪器使用及森林调查基本方法、林业遥感、地理信息系统等现代林业技术应用。通过这两条途径，学生能够了解植物的生物学特性、生态学特性、生长生理规律；掌握基本的方法，具备认识植物树木、了解林业、从事林业和研究林业的基本能力。

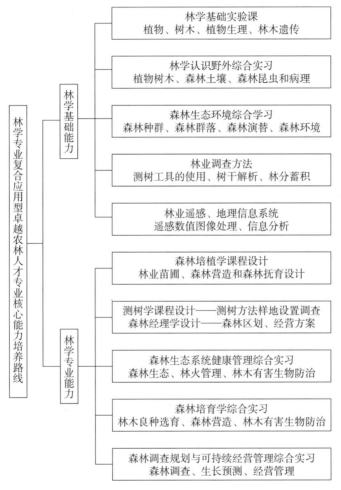

图 1　林学专业复合应用型卓越农林人才专业核心能力培养路线

二是林学专业能力的培养途径。通过森林培育实验课与课程设计、测树学和森林经理学课程设计、森林生态系统健康管理综合实习、森林培育学林区综合实习、森林调查规划与可持续经营管理综合实习，掌握林木良种选育、森林培育和经营、森林病虫害综合防治等技术。提高森林资源培育与可持续经营管理能力。

（3）拓展能力培养。主要通过森林生态系统管理、林政管理、林火管理、林业经济管理、林业商务管理、环境质量评价、林业生态工程项目管理、生物多样性保护、现代林业技术应用、林业生态与建设规划等方面教学参观实习和案例分析，锻炼从事林业生态管理和森林经营管理的基本能力。通过科研训练和生产实践，培养科研基本素质，锻炼解决生产实际问题的能力和创新创业能力。

三、林学及生态工程类专业野外综合实习组织管理

野外综合实习的有效组织管理对综合实习至关重要，应重点做好以下几点：

1. 出发前的实习动员

野外综合实习成立专门领导组，成员由教学院长、系主任、专业课程骨干教师、辅导员构成。实习出发之前，学院领导组织所有参与实习的师生召开实习动员大会，由教学院长和系主任传达实习计划，讲述实习的目的意义、实习地点及时间安排，重点讲述实习注意事项、组织纪律和安全事项，尤其要强调实习纪律、安全制度、实习期间的请销假制度等，并告知学生携带雨具、太阳帽、背包、手电筒、个人洗漱用品及日常医药用品，如藿香正气水、创可贴、消炎药等。课程实习指导教师重点介绍实习区概况、实习路线和实习内容安排，让学生明白实习时应该做什么、该怎么做、如何才能做好，内业实习需要做什么、实习报告如何编写等，并简要介绍课程实习成绩考核办法。会后，实习负责人根据各门课程实习计划及具体的分组情况，准备相应的实习仪器及用品，并组织发放，明确责任到学生[1]。

2. 实习期间的管理

参加实习的教师包括各门实习课程的指导教师（负责相关课程的实习）、生活后勤教师（负责学生的食宿及相关生活要求）及辅导员（负责学生的安全、了解学生的生活、实习情况)[1]，由学院统一指派，共同做好实习期间各项工作。

（1）实习计划的执行管理。到达实习地点后，按照日程安排，指导教师带领学生按照实习目的、要求及实习内容开始调查、记录及标本采集。在实际操作过程中结合课程实习教师的讲解，让学生学会野外调查、记录和整理调查资料的方法，学会动物、植物、微生物标本的采集、保存及压制方法，帮助学生将课堂上所学理论知识与专业技能实践相结合，培养学生野外工作的能力和团队协作精神[2]。

（2）日常生活管理。生活后勤教师负责在学生到达实习地点之前，做好师生的食宿安排。实习过程中师生同吃同住，实现与学生的有效交流，辅导员及时掌握学生的思想状态，有效开展思想教育，有针对性地培养学生的组织纪律观念

和自我管理能力，激发学生的实习热情和克服困难的勇气，使学生以更好的状态投入到实习当中，确保实习取得良好的效果[1]。

（3）学生的自我管理。由于实习学生较多，需要将学生分成若干小组，每组8~10人，由责任心强的学生担任实习小组组长。各组长实习前通知组员携带相关的实习仪器、生活用品等；在实习时负责清点人数整队并及时传达教师布置的任务，将实习中遇到的各种问题和现象反馈给指导教师；每门课程实习结束后，组织组员做好实习记录，编写实习总结和心得体会，并在规定的时间内独立地完成实习报告和组内其他工作[2]。

3. 实习总结

（1）实习报告。返校后，各小组对采集到的动物、植物、微生物标本进行整理归类，制作标本，对在野外调查的气象因子、土壤、种群、群落数据和地质地貌、自然地理景观、森林景观图片等进行整理分析，并在此基础上撰写各门课程的实习总结报告，并结合野外实习过程中的所见所闻所感总结心得体会。学生完成实习报告后，统一装订成册，交学院教务办公室存放管理[1]。

（2）成绩评定。交齐实习总结后，实习负责人安排各门课程的实习指导教师既要依据实习作业、实习报告的完成情况，又要参考实习过程中学生的表现（遵守纪律情况、团队协作精神、动手能力、发现并解决问题的能力），进行全面考核，提出各门课程的建议成绩，由院部综合实习领导小组考核确定最终成绩（部分实习工作在校内完成的，应结合校内外情况综合评定）。综合实习成绩按优、良、中等、及格、不及格5级评分制评定[1]。

（3）总结讨论。成绩评定结束，系主任组织各门课程的实习教师组织教研活动，认真总结分析林区综合实习过程中的经验和不足，并提出相应的改进建议和措施[1]。

四、林学及生态工程类专业野外综合实习育人效果

高等教育的任务是培养具有创新精神和实践能力的高级专门人才，实践教学对于提高学生的综合素质、培养学生的创新精神与实践能力具有特殊作用。相对于理论教学而言，实践教学更加有利于突出学生的主体地位，促进其主动构建科学的知识体系，更加有利于突出手、脑并用，促进理论与实践相结合[3]。赴关帝山庞泉沟自然保护区进行野外综合教学实习，极大地提高了青年教师和学生的专业实践能力和素养，增强了山西农业大学林学院教师团队的凝聚力，提高了其科研创新与社会服务能力。

1. 学生实习热情高涨，实践综合素养不断提高

通过野外综合实习的实践教学环节，学生对林区的一草一木、林学人的工作情怀与素质、林业事业的重要性等各方面有了更加深入的了解，对从事林业事业的信念和热情更加坚定；熟悉了林业生产的各个环节，获得了生产实践知识，提高了动手能力和学习兴趣；培养了吃苦耐劳和团结互助的精神，激发了创新思维，得到了很好的实践锻炼。山西农业大学林学院林学及生态工程类专业学生的就业升学竞争力大大提高，很多涉林企业都非常希望能够招收林学及生态工程类专业毕业生。山西农业大学林学院林学及生态工程类专业毕业生拥有扎实的外业调查工作能力，历来保持着非常好的声誉，得到同行院校导师们的高度赏识。

2. 青年教师迅速成长，实践教学能力显著提升

山西农业大学林学院在选派野外综合实习指导教师时，既会考虑到专业骨干教师的带头作用，又会兼顾新入职青年教师实践能力的培养，通过"传帮带"，青年教师们在指导学生实习的同时，自己的实践能力也得到了进一步锻炼，从综合实习第一天的战战兢兢、照本宣科、现学现卖到现在的游刃有余、侃侃而谈[4]、操作娴熟，实践教学能力显著提升，积累了丰富的经验，形成了长久的实效。

3. 团队凝聚力增强，科研创新与社会服务能力不断提高

山西农业大学林学院传承野外综合教学实习吃苦精神与优良传统，发扬以老带新、以老帮新的"传帮带"精神，逐渐凝聚成一支稳定的野外综合教学实习指导团队。近年来，在林业外业调查与数据收集相关分析方面，山西农业大学林学院获批了数项纵向科研课题，参与了与林科院、北京林业大学、山西省林业科学研究院等科研院所的多项横向合作，主持和参与了各类资源调查与保护规划、生态环境调查与质量评价、林地资产评估评价与生物多样性保护、林地更新与林业征占调查评估、古树名木资源调查与评价、林区社会服务与森林资源监测以及森林旅游与康养基地建设与规划等方面的多项社会服务项目，在科研创新与社会服务能力方面得到了不断提高。

五、建议与思考

1. 加强实践育人基地建设，强化科教协同育人

多年来，学校在基地建设方面资金比较紧张，不能很好地满足基地建设的需要，建议能够增加实习基地建设投入力度，在庞泉沟自然保护区建设比较稳定的科研和教学场所，将综合教学实习内容与学院的科研项目联系起来，在教学过程

中融入科研成分，使科研为教学服务[5]，为本科生参与科研创造条件，推动学生早进课题、早进实验室、早进团队，尽可能地提高教师和学生的实习积极性和主动性，同时为研究生进行科研工作提供有利的条件。

2. 解决好野外综合实习双向师资队伍稳定问题

校内师资队伍主要依托骨干教师的"传帮带"，努力培养青年教师，使其尽快成长进步，同时制定相关政策，鼓励骨干和青年教师加入到综合实习队伍中来。校外师资队伍主要依托校友帮扶，通过科研项目合作、基地共建共享等方式，进一步加强与实习基地的合作关系，选聘足够数量、符合学校要求的基地实习指导教师，建立长效合作机制。

3. 解决好野外综合教学实习指导用书问题

要想将实习工作做好，没有专门的实习用书是不行的，学院要专门成立野外综合教学实习指导用书编写领导组，成员由相关院领导、各系主任、骨干教师、部分年轻教师组成。在学院历年的野外综合教学实习指导用书的基础上，结合当今新时代要求与需要，编制比较综合的野外综合教学实习指导用书，用以指导综合实习各项工作。

参考文献

［1］孙悦燕，韩有志，郭跃东，白晋华，杨三红. 生态学专业野外课程综合实习管理模式探讨——以山西农业大学为例［J］. 安徽农学通报，2016，22（1）：100-104.

［2］孙悦燕，韩有志，郭跃东，白晋华，杨三红. 林学专业野外实习管理模式探讨［J］. 安徽农学通报，2015，21（18）：162-163.

［3］山红红. 基于"求真"育人理念的实践教学综合改革与实践［J］. 山东高等教育，2015，14（1）：32-37.

［4］毕会涛，王艳梅，李继东，代莉，刘震，孔德政. 林学专业综合实习教学改革与实践——以河南农业大学为例［J］. 河北农业大学学报（农林教育版），2017，19（2）：108-112.

［5］刘苑，郭圣茂，杜天真，郭晓敏，刘亮英. 林学专业实践教学体系建设研究——以江西农业大学为例［J］. 中国林业教育，2010，28（2）：4-8.

高等农林院校实践育人模式探索

——以山西农业大学果树专业为例*

纪　薇　高美英　鲁汉杰

山西农业大学园艺学院

摘　要：高等农林院校人才培养的起点和关键都在本科教育，果树专业的特点决定其实践教学的特殊性和重要性。因此，山西农业大学围绕"实践育人"这一核心任务，强化果树专业特色，整合校内外教育教学资源，实行"2+1+1"校所（企）联合人才培养模式探索，践行卓越农林人才培养计划改革，培养和提高学生的实践动手能力和创新创业能力，并取得了显著成效。

关键词：果树实践；育人机制；培养模式

当前，随着全球化竞争的日益激烈与高等教育综合改革的全面深化，要求大学生不仅要具备扎实的专业知识和行业技能，还要有较强的社会责任感、创新精神和实践能力等多方面的综合素质。实践育人作为高校人才培养活动的重要组成部分，相对理论教学更具直观性、实践性、综合性与创新性，对于提高学生的综合素质、培养学生的创新精神与实践能力有着重要且不可替代的作用[1]。高等农林院校肩负着推动现代农业产业转型升级、服务现代农业产业体系、培养"三农"发展人才等重任，其实践育人显得尤为重要[2]。因此，如何构建科学合理的实践育人模式，是各高等农林院校面临的重要课题。

山西农业大学围绕"实践育人"这一核心任务，强化果树专业特色，整合

---

* 基金项目：高等教育教学法出国研修项目（CSCGJ2）；山西省高等学校教学改革创新项目（J2016031）；中国学位与研究生教育管理重点课题（2019-NLZX-ZD07）。

** 作者简介：纪薇（1983-），陕西三元人，副教授，山西农业大学园艺学院硕士生导师，研究方向为果树生物技术育种；高美英（1964-），山西大同人，副教授，山西农业大学园艺学院硕士生导师，研究方向为果树栽培生理研究；鲁汉杰（1990-），安徽六安人，讲师，山西农业大学园艺学院团委副书记，研究方向为思想政治教育。

校内外教育教学资源，实行"2+1+1"校所（企）联合人才培养模式探索，践行卓越农林人才培养计划改革，紧扣人才培养目标，以专业实践为中心环节，积极探索实践育人新机制，将传授知识、培养能力、提高素质有机结合，着力使学生在实践中增长才干，构建果树专业实践育人的长效机制和制度保障，培养和提高学生的实践动手能力和创新创业能力，促进知行合一，并取得了显著成效[3]。

一、果树专业人才培养存在的问题

1. 教学基础设施建设存在不足

相比国外大学和国内双一流大学，普通高等农林院校的本科教学经费尤其是实验、实践教学经费相对投入不足，本科教学经费尤其是实验、实践教学经费不足；专业实验教学条件基本能满足，但实践空间不足，在一定程度上影响了果树专业课程教学；校内教学实践基地基础设施配套性还不够，水电配套、学生住宿等设施条件还不完备，学生不能在果树整个生长发育期连续进行观察和管理，影响学生对课堂教学内容的深入理解和生产实践能力的提高[4]；校外实习基地规模已能满足学生参观、实习需要，但校外基地在共建实验室上存在不足[5]。

2. 青年教师全方位培养机制不均衡

青年教师是大学本科教学的中坚力量，青年教师授课水平的高低直接关系到本科人才培养的质量。高校的评价体系仍然普遍存在"重科研、轻教学"的现象，缺乏体现教师实践教学成绩的导向机制和激励机制，教师投入教学的热情不高，投入的精力不足，关键因素是制度问题。由于青年教师大多是硕士或博士研究生，他们虽然具有较强的科研能力，但毕业后即从教，缺乏相应的生产实践经验和实践课程的教学经验，直接影响到实践教学效果[6]。

3. 专业实践设置不合理

人才培养的素质教育提倡将创新融入教育发展，尤其是当前科学技术日新月异，创新显得尤为重要。因此，高等农林院校培养创新型综合人才，紧跟时代步伐是当前人才培养的重点工作。果树专业课程具有较强的实践性和发展性，传统的单纯偏重理论的教学方式已不适用于当前形势，无论教学方式还是教学内容都需要与时俱进，进行改革和创新。例如，在目前的专业课程教学中，多重点讲授总论中的理论知识和栽培原理，而对于实践部分的设置明显不足；在实践课程中仅按照书本的知识进行讲解，与果树产业发展的特点和社会就业需求的大环境衔接不紧密，缺乏联结的条件和纽带。

4. 学生实践能力相对较弱

"粉笔+讲台"的教学模式固化了学生的学习思维，学生们习惯于接受"填鸭式"的教学模式，而在接触到实践课这样需要相应的组织管理能力、操作动手能力时，学生缺乏相应的实践思想和实践锻炼，表现出相应的能力不足；有些学生不能够在毕业之后独立进行工作，而需要花费较长的时间去适应工作[7]。

以上问题的存在，导致学生对专业知识的理解和深化受到极大的限制，无法将所学的专业理论很好地应用到实践中检验，做到知行合一。

二、果树专业实践育人模式改革探究

1. 构建实践育人新体系

果树学科属于典型的农学类应用学科，是实践性极强的专业，培养出的人才除了要掌握扎实的理论基础，还应具备科学实验能力、实际操作能力、动手能力、分析问题和解决问题的能力等。果树专业信息量大、基本内容多，要适应产业发展和社会需求，就必须从改革果树专业教学模式着手，对其中的实践育人模式进行积极改革、探索和创新[8]。

因此，山西农业大学将"实践育人"理念纳入园艺学院果树专业人才培养的修订方案，以培养学生的综合素质、综合能力及就业创业能力为重点，并结合高等农林院校与企业的不同教育设施资源，采取课堂教学与实践锻炼有机结合的实践教育模式，来培养适应当今社会需要的专业技能人才，最终实现"实践育人"的科学化、规范化。山西农业大学园艺学院果树专业统筹完善课程教学标准，发挥学科育人综合功能，根据国家统一课程标准，系统设计各年级果树专业人才培养目标和内容，强化学科课程配合，不断完善与课堂教学有效衔接的实践课程育人体系[9]。在不断的改革中应不断树立以学生和教师共同成长为本的教育发展理念，积极推进实践育人，将实践育人贯穿于教学的每一个环节之中，把育人目标和管理职责统一起来，调动所有教职员工的积极性和主动性，以期为社会培养出高质量的专业人才[10]。

2. 实践育人模式的践行

山西农业大学积极顺应国家教育综合改革的新要求，提出并践行创新卓越人才培养模式，以应用型课堂教学改革和应用型课程建设为核心，积极进行园艺校外实践基地建设，推进学校教学改革发展[9]。果树专业"2+1+1"校所（企）联合人才培养模式就是在大学四年中，第一、二学年为基础课程和园艺专业基础课程教学阶段，让学生掌握基本理论、基本知识和基本技能；第三学年为果树专业课程及科研训练阶段，让学生掌握专业知识、实践技能及科学研究方法；第四学年为校所（企）联合培养阶段，通过与科研院所以及公司企业联合，培养"研究型"和"技能型"的果树专业人才。其中，果树专业实践课程设置如表1所示。

表1　山西农业大学果树专业实践课程设置

课程名称	总学分	实践学分
设施果树栽培	32	8
南方果树栽培	24	8
果树生态学	24	8
园艺学实践	40	40
设施果树实践	40	40
农事教育	16	16

为立足于产业发展和社会需要，服务于现代农业和地方经济发展，适应社会对果树专业人才的需求，学校加大了实践教学课时数，优化了课程体系配置，突出专业技能教育，在保证通用基础课和学科基础课完整性和系统性的基础上，对专业课程体系进行整合优化，完善果树专业方向课程模块。总体以果树专业课程为主线，使学生在大园艺专业的背景下，突出果树专业的特色，实现一专多能；同时完善实践教学体系，强化实践教学环节，建立田间操作实践、课程教学实验、科研训练、生产实习的"四段渐进式"实践教学模式，使学生深入生产实际，强化学生对专业知识的运用能力。

同时，园艺学院积极拓展河津市宏波葡萄种植专业合作社、运城市盐湖区会荣水果种植专业合作社、交城建宏农牧科技有限公司、长子县方兴生态农业休闲观光园、太谷县巨鑫伟业农业科技开发有限公司等校外实践教学基地，形成了稳定的校企联合"技能型"果树专业人才培养平台；通过长期与山西农业科学院果树所等科研院所的合作，尤其是山西省果树种质资源重点实验室的成功联合申报和农谷建设项目的实施，提供了优越的"研究型"的果树专业人才平台，并完善学生在研究所以及企业等单位生产实习的管理制度和考核体系。

3. 创业创新人才培育体系改革

为深入贯彻落实国务院办公厅《关于深化高等学校创新创业教育改革的实施意见》（国办发〔2015〕36号），扎实推进创新创业教育，学校坚持"扶上马、送一程、做后盾"的创业教育三部曲模式，先后成立了创业学院，开办了创业先锋班，创建了两个创业园区（山西农业大学大学生创业园、山西大学生"互联网+农业"创业园），即将启动 70～100 人的"2018 级创业先锋班招生工作及创业园区入驻团队招募工作"，旨在为开始创业的学生提供系统的创业理论教育和实践指导，有重点地培养一批"专业知识精、实践水平高、知识结构广、创业能力强"的职业经理人和知识型企业家。

先锋班采用"创业理论教育+专题讲座+外出参观+创业实践"多种形式结合的模式，为学生提供系统、全面的创业理论教育和实践指导，从而提高创业能力。创业导师由校内和校外导师组成，校内聘任了专业和实践结合较为紧密的教师或管理人员，校外聘任了优秀企业家和行业精英。

三、果树专业人才培养模式改革效果

1. 专业教学水平增强，学生的实践兴趣高涨

经过果树专业实践育人培养模式的改革，教师在授课过程中能把理论知识形象化、抽象概念具体化、深奥理论浅显化，将果树社会服务实际生产中的典型案例在教学过程中进行讲解，发挥多媒体教学的优势，将果树生产一线的图片和典型的案例穿插于教学活动，使枯燥无味的专业知识图片化、形象化、直观化，增强学生的感性认识，在之后的实践环节，结合教师的演示和学生亲自动手操作，强化了果树专业人才在实践知识、实践能力、组织管理及创新能力的重要综合性训练[11]。这种"在干中学，在学中干"的实践教学模式，使学生在轻松愉悦的环境中学到了重要的果树专业知识，极大地提高了学生的实践学习兴趣，还自发成立并报名参加了果树专业兴趣小组（见表2），教学效果显著。

表 2 16 级果树兴趣小组

编号	兴趣小组名称	所在班级	学生姓名	学生人数
1	梨树栽培管理技术学习小组	设施 1601	赵利祥、方靖宇	3
		园艺 1602	陈荣鑫	
2	景观果园	园艺 1601	孙翩然、陈古月、王克永、袁凡崇	29
		园艺 1602	杨瀚生、徐长莉、张霁、乔婷、王红、周子建、武屹栋	
		园艺 1603	裴琳娜、张雪、姚佩、杨茹、姚晋湘、薛泽宇	
		园艺 1604	景桐彤、任慧转、柴亚婷、刘金霞、张雨翔、申亚楠、曾薛、高歌、王梦雪、冯美玲、王婷	
		设施 1601	赵兵	

编号	兴趣小组名称	所在班级	学生姓名	学生人数
3	盆栽葡萄种植兴趣小组	园艺1601	赵茹梦、李卓燕	2
4	葡萄"减肥减药"技术兴趣小组	园艺1602	曹嫒婉	4
		园艺1603	乔振森	
		园艺1604	王志刚、王少扬	
5	果园标准化改造与管理兴趣小组	园艺1601	宋丹丹、吴天仪	10
		园艺1602	徐向妮、李俊俊、霍永昌、张宇琴	
		园艺1603	张洁、范志尧	
		园艺1604	晁瑞强	
		设施1601	田洋	
6	园艺产品提质增效技术创新与集成小组	园艺1601	陈志敏、戴垚、田珺、王亚宁、朱艺慧	16
		园艺1602	周云云、张文泽、王昕、乔志新、陆珊珊、王伟	
		园艺1604	常佳悦、翟美玲、石巧莉、程玉琦、高明	
7	干鲜果产品品质评价与分析	园艺1602	樊晓瑛、武潇然	4
		园艺1603	王栋、张梓琦	
8	功能型小浆果设施栽培	园艺1601	李艳琪、曹雅炜	15
		园艺1602	陈奕州	
		园艺1603	陈浩婷、桂海菠、李玹、陈琦琦、张子琪、郝瑞鑫、杨恩欢、沈淑雯、范梦娴、高阳、杨天剑	
		园艺1604	李晓晶	
9	特色海棠功能成分分析与产品开发	园艺1601	贾萌、赵铖成、王婕	6
		园艺1603	李熙、李琪	
		园艺1604	梁艳	

2. 毕业生就业率和用人单位满意度均提升

果树产业在我国人民生活提高、生态文明建设、农村发展、农民致富及社会安定中具有重要作用，然而果树专业毕业的本科生给很多人的第一印象是就业面非常窄、前途渺茫。通过实践改革，学生的实践动手能力、独立思考和解决问题的能力得到培养，同时主动获取知识的能力和开拓创新的能力得到锻炼[12]。实践教学内容尽最大努力适应社会生产发展的要求，尽可能利用现代教学手段，做到培训的知识覆盖面广，满足社会及生产需要，学生通过实践学习了解园艺果树专业的最新技术。在高校扩招、就业形势日趋严峻的情况下，学院果树专业毕业生就业状况良好，学生们凭借扎实的专业知识和技能、吃苦耐劳的精神和较高的综合素质，受到用人单位的充分肯定和欢迎。据调查回访，往届果树毕业生已有部分同学在工作岗位上取得突出成绩，成为所在单位的骨干。

3. 实践教学研究成果突出

近年来，山西农业大学园艺学院果树专业在实验、实践教学研究过程中，取得了一系列研究成果。例如，发表了多篇论文、申报多项专利、获得省级教学成果奖、获批多项省级大学生创业创新项目，为学校果树专业的发展奠定了基础，增强了信心。此外，果树专业教学团队建设目标合理，措施得当；教师严谨治学、从严执教、教书育人、为人师表，教育教学质量得到提高，取得了显著成绩，学生、家长、教学督导评估部门和用人单位均反馈良好。

四、果树专业实践育人的建议与思考

1. 果树专业实践育人的建议

要想保证实践育人的成效，就必须加强保障与评价体系建设。其一，扎实基础，加快实践教学师资队伍建设。精良的师资队伍是实践育人的基础。其二，拓展空间，搭建实践平台。稳定的实践平台是实践育人的重要保障。不断改善校内实验、实训条件；同时重视校外实习、实训基地建设，按照互惠互利的原则，建立起了一批相对稳定的校外实习、实训基地。充分发挥校园文化的育人功能，通过开设人文大讲堂、科技大讲堂，举办结合专业特色的大学生科技节、大学生文化艺术节等培养学生的人文精神，提高学生的科学素养，陶冶学生的艺术品位，提升学生的综合素质。其三，强化管理，完善保障机制。科学的管理有助于实践育人健康有序扎实地进行。完善管理制度，规范各项实践育人工作。学校对实践育人实行学分制管理，建立实践学分制。其四，精化考评，完善评价体系。有助于推动高校育人工作实现个人、学校与社会的有效互动，真正培养出能够适应并超越社会发展的具有实践能力与创新精神的人才[13]。

学生思想素质的进步和提高是社会实践的最大收获。通过深入调研农村、服务社会，使不少同学真正认识到当前社会的现状和改革开放带来的巨大变化。注重对学生精神素质和"农大精神"的引导，学生树立了"自立、自尊、自强"的思想理念和"全心全意为他人服务"的奉献精神。

坚持大学生社会实践活动与思想品德教育、人才培养、科学研究、生产劳动、社会服务、就业创业、工农群众等相结合，构建大学生社会实践活动的长效机制和制度保障、思想品德保障、能力保障体系，按照知行合一的原则，开展丰富多彩的社会实践活动，取得显著成效[14]。

2. 果树专业实践育人的思考

实践育人就是要充分认识实践与人的密切关系，通过引导学生参加与自身健康成长和成才密切相关的实践性活动，促使他们形成高尚的思想道德、健全的人格、勇于创新的精神与实践能力，以实现自身的全面发展。其核心目标与追求在于培养学生的实践能力和创新精神，促进学生全面发展。随着高等农林院校教育规模的发展，实践育人已成为全面提升高等教育质量的重要途径。因此，实施专业人才培养模式，构建实践育人体系不是必要的，而是必需的。

学校是人才就业前的"预备小社会"，学生们不再是象牙塔里不能受风吹雨打的花朵，通过社会实践的磨炼，学生们深深地认识到社会实践是一笔财富。社会是一所更能锻炼人的综合性大学，只有正确引导学生深入社会，了解社会，服务于社会，投身到社会实践中去，才能使学生发现自身的不足，为今后走出校门，踏进社会创造良好的条件；才能使学生学有所用，在实践中成才，在服务中成长，并有效地为社会服务，体现大学生的自身价值[15]。在今后的工作中，应在过去社会实践活动经验的基础上，不断拓展社会实践活动范围，挖掘实践活动培养人才的潜力，坚持社会实践与了解国情、服务社会相结合，为国家与社会的全面发展出谋划策，坚持社会实践与专业特点相结合，为地方经济的发展贡献力量为社会创造了新的财富。

参考文献

［1］杨宏志. 实践育人的理论与实践——以新乡学院为例［J］. 国家教育行政学院学报，2012（2）：3-7.

［2］英震. 新时代党校工作的行动指南与根本遵循——习近平党校教育思想浅析［J］. 中共银川市委党校学报，2018，20（1）：41-43.

［3］刘娟. 高校"双合双循环"实践育人模式研究［J］. 学校党建与思想教育，2018（18）：52-54.

［4］赵为粮. 探索实践育人新途径 着力培养可靠接班人［N］. 中国教育报，2011-07-15（008）.

［5］刘杰、李永平、姜永超. 高等农林院校"三足鼎立"式实践育人模式研究——以青岛农业大学为例［J］. 兰州教育学院学报，2015，31（7）：80-81，150.

［6］彭勤革，彭建业，薛克昌．构建应用型高校实践教学体系［J］．实验室研究与探索，2009，28（4）：106-108.

［7］魏明．新时代我国职业教育政策模式的反思与超越［J］．中国职业技术教育，2018（12）：5-12.

［8］李明军．园艺果树专业创新型人才培养模式研究与实践［J］．教育现代化，2017，4（48）：12-13.

［9］杜国栋，马怀宇，吕德国，秦嗣军，刘国成．农业院校果树专业教学实践基地建设的探索与实践［J］．高等农业教育，2015（9）：68-70.

［10］纪薇，石静，李桂荣，郭雯岩，范秉相．基于中国与新西兰教学差异的我国农林院校课程教学改革——以山西农业大学和梅西大学为例［J］．教育现代化，2018，5（19）：253-254，262.

［11］王殊．对高校创新人才培养模式的思考——基于梅西大学农业经济和教学法课程的实践［J］．中国校外教育，2017（18）：6-7.

［12］宋丽娟，曾光辉，余宏傲，王丽新，王立新．创新型园艺果树专业人才培养探讨［J］．现代农业科技，2010（24）：25-26.

［13］王宝国．缘起·方法·终归——社会科学方法论的争议与解答［J］．内蒙古财经学院学报（综合版），2012，10（5）：130-134.

［14］秦栋，李兴国，霍俊伟，于泽源．普通高校应用型人才培养的几点思考——以农业大学园艺果树专业为例［J］．教育探索，2011（10）：94-95.

［15］宋国强．基于弹性教学模式的高职学生学习兴趣研究［J］．职业，2017（20）：76-78.

课堂教育与实践教育相结合的探索与思考

——以"花卉学"实景化教学改革为例

张鲜艳　李兴桃　杜　方*

山西农业大学园艺学院

摘　要：实景化教学是指在专业教学中，以"情景为导向"的教学模式。"花卉学"是园艺学院花卉与景观设计方向的一门专业课，具有较强的实践性。为激发学生的专业热忱，学院对"花卉学"课程进行了实景化教学探索与实践。园艺学院的花卉温室为实景化教学提供了绝佳的实景化教学场地，花卉系充沛的师资力量和优化的教学程序可以保证实景化教学的顺利进行。经过一年的实践，实景教学试验班学生的平均成绩优于传统教学班的平均成绩，学生课程满意度问卷调查也反映了学生对于实景化教学的肯定。不过，实景化教学易受环境影响，对教师的专业水准和学生的自觉性提出了更高的要求。实践表明，"花卉学"实景教学的教学方法仍须在实践中不断完善，以使学生学有所用。

关键词：实景化；教学模式；以本为本

　　高等教育是国家发展水平和发展潜力的重要标志，提高本科教育水平是提高高等教育质量的最重要基础。2018年9月，陈宝生部长在新时代全国高等学校本科教育会议上指出，高教大计，本科为本，高校教育要准确把握高等教育基本规律和人才成长规律，要以"回归常识、回归本分、回归初心、回归梦想"为基本遵循，激励学生刻苦读书学习，引导教师潜心教书育人。由此，围绕激发学生学习兴趣和潜能的目标，掀起深化教学改革，推动课堂教学革命的浪潮。

　　实景化教学是指在专业教学中，以"情景为导向"的教学模式。实景教学，

---

　　* 作者简介：张鲜艳，山西太原人，讲师，山西农业大学园艺学院教师，研究方向为观赏植物种法创新；李兴桃，山东菏泽人，助教，山西农业大学园艺学院教师，研究方向为观赏植物种法创新；杜方，山西原平人，教授，山西农业大学园艺学院教师，研究方向为观赏植物种法创新。

将学生置身于真实的场景中，能以生动形象的情境激发学生的学习情绪，引起学生的情感共鸣，从而获得最佳的教学效果。早在1958年，汤铆远[1]就在《生物学通报》发表了《在田间进行教学的点滴体会》的文章，陈述了"走出教室，步入田间"的几点优势：教学直观，能充分联系实际；学生思考独立，能避免死记硬背；结合生产紧密，能及时发现和解决现实中的问题；问题挖掘深刻，能引起学生的争论[1]。实景化教学已在我国许多专业得到广泛应用，如法学专业的模拟法庭[2]、英语专业的情景角色扮演[3]、经济学专业的模拟沙盘[4]等。在旅游管理专业[5]、风景园林工程[6]、景观学[7]等专业的课程教学中也有体现，然而在"花卉学"教学中尚未见应用。

"花卉学"是园艺学院花卉与景观设计方向的一门专业课，是构建花卉与景观设计专业知识体系的一门主干课程，属应用科学，具有较强的实践性。目前，"花卉学"课堂教学主要将实践知识与技能转化为文字、图片等形式，以教师讲解、学生聆听的方式完成知识的传递。学生面对的多是抽象的概念，不容易直接感知花卉具体形态特征、生态习性和园林应用等内容，易导致理论与实践脱节，难以引起学生的专业兴趣。许多学生在课堂上或考试中对概念知识熟记于心，但在实践中并不能将之与实物对应。为此，学院教师在承担"花卉学"课程的同时进行了"花卉学"实景化教学探索与实践，在教学中坚持"以本为本"的理念，以学生发展为中心，通过改革教学方式，努力提高学生的学习热情，激发学生的专业热忱。

一、"花卉学"实景化教学的可能性

山西农业大学园艺学院拥有专业花卉温室一座，占地2500余平方米。温室内收集了1000余种植物资源，涵盖了一、二年生花卉，宿根花卉，球根花卉，蕨类植物，兰科花卉，多浆花卉，观赏草，芳香植物等多种类型的花卉，分布在观赏植物区、无土栽培区、种苗培育区和实验区四个功能区域中。温室的周边是花境和花坛设计区。这是进行"花卉学"实景教学的绝佳场地，为"花卉学"实景化教学提供了场地的可能性。

目前，一个"花卉学"教学班的学生人数常常超过50人，太多人在一个宽敞的空间上课会影响教学效果。所幸，每个主讲老师配备一名助教，可以将一个班分为两个组，由主讲教师和助教同时进行授课。在实景化课堂中，以教师提出问题、学生观察现象、探讨问题成因、学生交流和教师点评为主线，由表象到本质，再由本质看表象，通过问题培养学生观察、思考、分析和表达的能力，同时巩固学生对上一节课学到的知识点的记忆。丰富的教学材料、充沛的师资力量、优化的教学程序可以保证实景化教学的顺利进行。

同时，实景化教学既有别于实验课，又不同于实践课。"花卉学"实验课和"园艺实践课"是针对花卉与景观设计方向整体教学要求而设计的，注重学生动手能力的培养，要求学生参与到田间劳动的各个环节当中。"花卉学"实景教学则是针对课程每一章节的内容单独设立的，一节课在教室内完成，以理论为主，另一节课在实景化场地中完成，要求学生认真观察事物的现象，思考前一节课理论问题的本质。

以"温度对花卉的生长发育的影响"一课为例，在教室课堂内，主要讲述花卉生长发育过程的关键点和温度在种子萌发、花卉营养生长、花芽分化、开花结实等方面影响花卉生长发育的原理；在实景化场地中，通过观察当下室内室外开花植物材料的不同，分析温度对不同植物花芽分化和发育有怎样的影响；通过观察郁金香的"缩脖"现象，分析温度是如何影响花芽伸长的；通过观察当下室内正在进行播种繁殖的材料，分析温度是如何影响花卉的休眠与萌发的。

二、"花卉学"实景化教学教学模式的建立

"花卉学"实景化教学教学模式的建立应从顶层做起，更要注重加强学生学习过程的管理。也就是说，"花卉学"实景化教学改革首先要从"花卉学"实景化教学教学大纲的制定开始统一教学思想。"花卉学"是一学年的课程，包括总论和各论，实景教学主要针对花卉学各论的内容进行。总论以理论为主，各论按照花卉的综合分类具体讲述某一类花卉的形态特征、生态习性、生产方式和园林应用等内容。"花卉学"各论被安排在春季学期，因此实景教学教学大纲中教学内容和课时安排，要与校园内植物季相变化相吻合，使学生看得见、摸得到所要了解的植物。例如，在教材中，"花卉学"各论的内容是按照一二年生花卉、宿根花卉、球根花卉、水生花卉、岩生花卉、室内花卉、兰科花卉、仙人掌和多浆植物、食虫植物和蕨类植物的顺序呈现，但北方3月室外生长的草本植物不多，而兰科花卉作为年宵花卉，正处于生长旺盛期，因此大纲的制定可打破书中的列表顺序，先带领学生在花卉系教学温室内进行兰科花卉的讲授，之后随着室外早春开花的多年生花卉的复苏，再进行宿根花卉和球根花卉的教学。

在教案的设计方面，不同章节的教案设计要灵活多样。因为温室花卉的种类每年会有些变动，教师必须提前考察现场，根据现场花卉的种类和生长状况设计教学过程。例如，在讲授"兰科花卉"时，教师可提出"通过观察，分析兰科

花卉有什么特点"，引导学生对温室内不同种类兰花进行观察，在听取学生从不同角度观察思考得到的观点后，教师进行总结，讲授兰花的形态特征，并依据形态特征对兰科花卉进行科学分类，再依据温室的大环境和兰花的长势，讲解兰花的生态习性，并要求学生讨论现有兰花长势好或不好的原因，提出解决办法。对于不积极参与讨论的学生，教师可通过点名提问的方式督促其主动回答问题。最后，教师要留出5~10分钟的时间，对本节课程内容进行总结，对学生的表现进行点评，以鼓励学生们进一步提高观察、思考和分析问题的能力。针对不同的教学内容，除设计讲解—提问—讨论—总结的教学方案外，还可设计问题—观察—查阅资料—学生模拟教学—点评等多样的教学方案。

实景教学采用顶层设计，根据实景条件制订教学大纲和教案，改变了传统的教学方式，调动了学生的学习主动性，鼓励学生进行研究性自我学习，因此课程考核也必须改革期末考试一锤定音的考核方式，探索"参与式"考核的评价指标，严格过程考核，健全能力与知识考核并重的多元化学业考核评价体系。考核内容除期末考试外，还要包括对学生出勤率、模拟授课、调查汇报、提出问题、回答问题和课后作业完成情况等的考核，将考核贯穿于课程教学的全过程，形成多元化考核方案，达到鼓励学生热心实践，学习过程自我监督，积极参与课程讨论的目的。

三、"花卉学"实景化教学模式的实施效果

在2016年春季学期的"花卉学"课程实景化教学探索中，笔者将实景化教学试验班学生分组到田间进行授课，惊喜地发现那些平常总是坐在最后，回答问题不知所云的同学对于上课积极主动起来，足见生动的实物比精美的图片更能引起学生的兴趣。更好的教学效果可以从该年度"花卉学"期末考试成绩（见表1）看出（统一出题，集体判卷）：与传统教学相比，实景教学试验班（花卉1301）没有70分以下的学生，平均成绩85.2分，高于传统教学（花卉1302）78.6分的平均水平。

表1　2016年春季学期"花卉学"课程成绩比较

班级	花卉1301（实景教学）					花卉1302（传统教学）				
分数段	90~100	80~89	70~79	60~69	0~59	90~100	80~89	70~79	60~69	0~59
人数	13	30	8	0	0	8	21	11	5	2
百分比（%）	25.49	58.82	15.69	0	0	17.02	44.68	23.4	10.64	4.26
平均分	85.2					78.6				

课程结束后，对试验班和传统教学班的学生进行课程满意度问卷调查，从反馈情况看，实景化教学的优势有以下几点：第一，能真正感知到花卉的存在，并全方位、立体地理解花卉的形态特征和物候变化；第二，形象生动，便于记忆；第三，心情好，情趣高，思维容易放开，更愿意去理解和思考问题；第四，多数同学课后更愿意结伴去实景场所温故知新，就现象进行深入讨论。可见，实景化教学让学生在与大自然亲密接触的过程中，通过观察，直观感知了各种花卉材料，培养了学生的专业兴趣和专业敏感性，学生学习成效也显著增强。

四、"花卉学"实景化教学的问题及改进

实景化教学的模式打破了在教室上课教师说学生听的传统模式，对教师和学生都提出了高于传统教学的教学要求。与相对简单可控的传统教学环境相比，实景教学的环境有着诸多不可控因素。例如，夏季受雨水和高温天气的影响，室外实景的课程必须及时调整，这就需要教师在教案中为不可控因素制订备用方案。相对教室而言，实景教学的空间环境变大了，教师需要以更加洪亮的声音或配以扩音器进行讲授；学生活动更为自由了，教师需要有约束学生的能力；没有课桌，学生不容易记笔记了，教师需要督促学生课后补充笔记，并在下一次课上检查之前的笔记。实景教学的教学目标是培养学生观察、思考、分析和解决花卉生产、繁殖和应用等方面问题的能力，教师必须实践经验丰富，明确花卉生产中的实际问题，并能够真正应用理论知识解决生产中的问题，这样才能正确把握学生思考和讨论的方向。因此，与传统教学教师相比，实景化教学教师在时间和精力上要付出更多。

总之，实景教学要求教师具有较高的实践经验和威信，要求教师对实景路线进行周密科学的规划，建立合理规范的教学模式，形成丰富多样的教学形式。要求学生具有更强的自觉性和主动性。"花卉学"实景教学改革不是一朝一夕的事，必须在实践中不断完善。高等学校教育要"以本为本"，推进"四个回归"：要求教师回归本分，打造自身过硬的实践真本领；回归初心，坚持教学要以提升本专业学生的专业学习热情为目标；回归梦想，通过问题导向引领学生提高发现问题并解决问题的能力；回归常识，学生愿意学有所用，提高未来从事花卉与景观设计相关工作的人数，解决花卉产业迅猛发展和专业人才紧缺的矛盾。

参考文献

[1] 汤铫远. 在田间进行教学的点滴体会 [J]. 生物学通报，1958（6）：46-47.

［2］刘继华.改革法学教学模式，培养实用型法律人才［J］.浙江理工大学学报，2007，24（3）：320-324.

［3］戴晨茜.情景教学法在大学护理专业英语口语教学中应用的实证研究［D］.长江大学硕士学位论文，2015.

［4］李敏.西方经济学沙盘模拟中政府角色研究［J］.教育教学论坛，2018（16）：84-85.

［5］臧其林.五年制高职旅游管理专业实景化教学实践研究［J］.职教通讯，2016（15）：46-48.

［6］洪泉，李胜，张敏霞."风景园林工程"课程校园实景教学的探索——以浙江农林大学为例［J］.中国林业教育，2016，34（4）：44-47.

［7］吴敏.以校园景观认知透析当代景观学实景教育［J］.合肥工业大学学报（社会科学版），2011，25（6）：98-102.

农业资源与环境专业复合应用型
人才培养模式探析[*]

李廷亮　张　鹏　李　彦^{**}
山西农业大学资源环境学院

摘　要： 在我国扎实推进农业现代化和对复合应用型卓越农业人才教育培养高度重视的大背景下，学院结合专业所面临的挑战与机遇，对复合型人才培养模式进行了探索和实践。从专业课程优化、教学方式改革、教学机制创新等方面构建"4-2-1-1"复合应用型人才培养模式，为业已开展此类人才培养计划的高等农业院校相关专业提供参考。

关键词： 复合应用型人才；农业资源与环境专业；培养模式

高校扩招以来，在校生规模不断增加，基本实现了高等教育由精英型教育向大众化教育的跨越。目前，全国高校毕业生已经由 2001 年的 114 万人增加到 2018 年的 8200 万人，2018 年预计毕业生可能高达 820 万，大学生就业形势严峻，尤其农科大学生就业更难。学生就业难的原因很多，既归咎于学生自身就业理念滞后，知识准备不够，创新能力不足；又与高校专业设置和快速变化的市场需求错位，知识陈旧有关；同时受到用人企业选人用人缺少标准，市场配置手段粗放的影响。农业院校作为国内诸多专业性特色院校，兼具高等教育的普遍性及农业教育的特殊性。尤其是在扎实推进农业现代化和新农村建设、对新时代"三农"问题高度重视的大背景下，如何做好农业院校大学生就业工作，做到人尽其

---

* 基金项目：山西省高等学校教学改革创新项目（J2017034）。

** 作者简介：李廷亮（1982-），山西大同人，博士，教授，山西农业大学资源环境学院系主任，研究方向为农业资源与环境专业人才培养；张鹏（1966-），山西文水人，统计师，山西农业大学资源环境学院党委书记，研究方向为思想政治教育、教育管理；李彦（1992-），山西静乐人，山西农业大学资源环境学院研究生，研究方向为农业资源与环境。

才、才尽其用，更好地服务于地方经济建设，是深化高等教育改革必须解决的突出问题，也是一个亟待解决的理论和实践问题。

一、复合应用型人才培养现状与机遇

复合型应用型人才是具有两个或两个以上专业或学科的基本知识和能力，具有较强实践能力，并能创造性地解决实际问题的人才，其特点是知识面广、能力强和素质高[1]。目前，有关复合应用型人才培养的研究与实践已经在工程建设、经济管理、文理语言类等专业领域取得一定成果，人才培养模式改革创新取得突破，推进了与培养卓越人才相适应的教师队伍建设，毕业生整体质量获得行业认可。2014 年，根据《关于推进高等农林教育综合改革的若干意见》要求，教育部、农业部、国家林业局共同组织实施"卓越农林人才教育培养计划"，确定第一批卓越农林人才教育培养计划项目试点高校 99 所，改革试点项目 140 项，其中复合应用型农林人才培养模式改革试点项目 70 项（教高函〔2014〕7 号）。"复合应用型卓越农业人才教育培养计划"的特点在于：一是按照通用标准和行业标准制订人才培养方案；二是加大与企业、科研院所的合作力度，通过产学研结合共同完成学生培养过程；三是强化学生的实践能力和创新能力[2]。从各高校和相关单位的反馈来看，卓越系列人才教育培养计划实施过程中仍存在若干共同问题，包括配套政策措施还不够充分，经费投入不足，企业和行业部门参与机制不够健全，高水平师资短缺，培养特色不够鲜明，标准和管理有待统一。

习近平总书记在党的十九大报告中首次提出，实施乡村振兴战略，要求坚持农业农村优先发展，加快推进农业农村现代化。李克强总理也在 2018 年政府工作报告中，对大力实施乡村振兴战略的重点任务做出具体部署。乡村振兴战略的提出，会为大学侧重发展什么、建设什么样的学科、培养什么样的人才指明方向，让大学生学到的知识能与社会实践紧密结合，更实用，也使农科类大学的教育体系更合理。2018 年，中央一号文件强调优化农业从业者结构，加快建设知识型、技能型、创新型农业经营者队伍。同时，在教育部《关于做好 2018 年全国普通高等学校毕业生就业创业工作的通知》中，强调深化高校创新创业教育改革，各地各高校要把创新创业教育改革作为高等教育综合改革的重要突破口。将创新创业教育贯穿在复合应用型人才培养全过程，强化创新创业实践，培养一大批具有创新精神和较强实践能力的复合应用型农林人才，对全面提高人才培养质量具有重要意义。

二、农业资源与环境专业复合应用人才培养模式改革探索

学院根据教育部与农业部下发的《国家林业局关于推动高等农林教育综合改革的若干意见》的要求，坚持科学发展观，坚持"改革创新、突出特色、强化实践、分类指导、统筹推进"的基本原则，以培育复合应用型人才为目标，深化人才培养模式改革，强化实践教学环节，探索复合应用型人才培养的规律和有效途径。

1. 构建"4-2-1-1"复合应用型人才培养模式

针对过去实践教学过于依附于理论教学或与理论教学相脱节的状况，不断强化实践教学环节在培养复合应用型人才中的作用，真正实现理论教学与实践教学的有效结合，构建"4-2-1-1"复合应用型人才培养模式（见图1）。将全部实践教学内容按基础、专业、实训、生产实习及研发创新五个层次合理贯穿于学生的大一到大四的全过程。

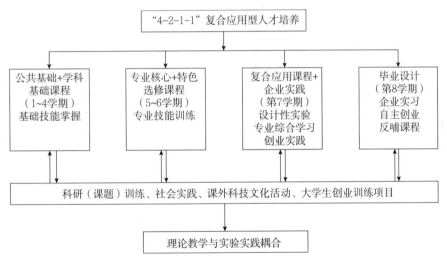

图1 农业资源与环境专业"4-2-1-1"复合应用型人才培养模式

"4-2-1-1"人才培养模式是指，在大学1~4学期学习并设置公共基础课程和学科基础课程。使学生打下扎实的数学、化学、计算机、外语基础以及掌握丰富的人文社科知识，同时完成绝大部分农业资源与环境专业的学科基础知识，包括土壤学、植物营养学、地质地貌学、微生物学等。培养学生认知土壤—植物系统基本特征的能力，掌握常见矿物岩石的鉴别方法，了解土壤形成规律与土壤类

型特点，明确土壤的物理、化学及生物学性质，熟悉植物的营养生长特性，让学生掌握基本理论、基本知识和基本技能。在5~6学期学习专业核心课程，培养学生的专业知识应用能力，开展课程包括土壤农化分析、施肥原理与技术、试验设计与统计分析、环境监测。培养学生土壤、植物、肥料分析化验能力，农产品产地环境监测与评价的能力，让学生掌握专业知识、创业实践技能及科学研究方法。在第7学期开设复合应用课程，复合应用课程均为实践课程，学生可以根据学习兴趣，选择1~2项实践课程。课程考核以各自开设专业实践课程的教师根据实际情况量定。除上述学院开设的专业实践课程，学生也可以校外的一些企业进行实践，强化实践与科研训练，以培养"技能型""管理型"和"经营型"的复合应用型人才，从而增强毕业生的创业实践能力和就业能力。在第8学期返校进行毕业设计，同时学生可根据自己在实践过程中的兴趣及所学到的知识的不足，对自己的专业知识进行查漏补缺，真正使本专业培养的人才与科学技术和社会经济迅速发展的需要相一致。

2. 优化专业课程设置

课程设置需符合卓越农林复合应用型人才培养需求，开设的学科（专业）基础课程包括农业气象学、植物生理学、地质地貌学、土壤学、微生物学和植物营养学，让农业资源与环境专业学生系统性掌握"地质—土壤—微生物—植物营养—植物生理—气候"整个生物小循环系统之间的物质和能量循环规律和特征。专业必修课包括施肥原理与技术、土壤地理学、土壤农化分析、植物营养诊断、环境监测，培养本专业学生解决农业资源与环境领域常见的土壤、植物养分丰缺化验能力，水、土、气环境质量监测与评价能力。

同时，在农业资源与环境专业原有课程的基础上，强化核心课程，增加专业选修课选择范围，将课程设置优化至培养适应地方经济发展的复合型人才需求。通过施肥原理与技术、土壤农化分析、农田水利学、土壤学、土壤肥料学、肥料工艺学、微生物学等课程的开设，培养具有测土配方施肥技术、低产田改造、耕地质量提升能力、新型肥料研发能力的应用型人才；通过土壤退化、土壤改良、土地复垦与生态重建、水土保持学等课程的开设，培养具有矿区土地复垦、生态环境改良、土地资源规划管理能力的应用型人才；通过环境监测、环境质量评价、绿色食品概论、土壤污染与防治固体废弃物处理、清洁农业生产等课程的开设，培养具有环境监测评价、环境污染治理和废弃物农业资源化利用能力的应用型人才。

在第7学期，开设复合应用型课程，目的是将之前6个学期所学专业知识系统地应用到系列专题实践中，重点培养学生的知识应用能力和分析解决问题能力。根据农业资源与环境专业的专业课程教师的科研方向设置了15门复合应用课程（见表1）。

表1　农业资源与环境专业复合应用型人才专业素质培养复合应用课程

实践课程名称	学分	周数	学期
1. 测土配方施肥	1~2	1~2	7
2. 肥料加工与应用	1~2	1~2	7
3. 土壤与植物分析化验	1~2	1~2	7
4. 植物营养诊断	1~2	1~2	7
5. 土壤污染调查与评价	1~2	1~2	7
6. 农业废弃物资源化利用	1~2	1~2	7
7. 土地复垦与生态修复	1~2	1~2	7
8. 土壤微生物	1~2	1~2	7
9. 土壤侵蚀与水土保持	1~2	1~2	7
10. 保护地土壤养分管理	1~2	1~2	7
11. 中低产田改良	1~2	1~2	7
12. 农产品产地环境监测	1~2	1~2	7
13. 农田水肥高效利用	1~2	1~2	7
14. 土壤资源调查与制图	1~2	1~2	7
15. 农业项目可行性方案编制	1~2	1~2	7

3. 课程教学方式改革

实施启发式、研讨性、互动性教学方式，注重调动学生的积极性和主动性。逐步树立以学生为中心的教学思路，增加学生的自主讨论环节。充分利用学校的在线教学平台，逐步引入"翻转课堂""慕课""微课"等先进的教学方法；根据教学资源，可以将一门课程分解为几个不同的主题，然后由具有相关科研基础的教师来讲授；鼓励教师开展双语教学，提高学生对专业知识学习的兴趣。

4. 产学研结合，提升就业创业能力

根据卓越农林复合应用型人才培养的需求，加大实践教学培养环节，实现学生的理论知识和实践技能有效结合和应用。鼓励教师将自己的最新科研内容转化为实验实践教学素材，增加研究型、创新型实验项目的比例，保持实验内容的先进性，丰富教学内容，使实验内容与科研、社会实践密切联系，形成良性互动，将科研优势转化为实验教学优势。同时，鼓励学生根据自己的兴趣爱好和知识背景，在教师指导下开展自主的开放创新实验或实践教学活动。在实施产学研相结合的教学方法过程中，以培养学生优良素质、综合能力和就业竞争能力为核心目标，在以学校的教学资源为主体的前提下，充分利用企业、科研单位等多种不同的教育环境和教育资源以及在人才培养方面的各自优势，通过产学研相结合的方式培养学生测土配方施肥技术、低产田改造、耕地质量提升的能力，培养学生矿区土地复垦、生态环境改良、土地资源规划管理的能力，培养学生农产品产地环境监测评价和农田环境污染治理的能力，培养学生废弃物农业资源化利用及新型肥料研发和推广的能力。拓宽学生与企业之间的沟通途径，为学生提供了广阔的实习、就业平台，为学生走向工作岗位夯实了基础。

5. "小班建设"与"双师型"培养机制

"小班建设"是指农业资源与环境专业的重要学科基础课程以及专业课程实行小班教学，同一年级不同班级配置不同授课教师，且教师必须为副教授以上职称。"双师型"培养机制是指采用双导师指导学生进行大学生创业实践，选拔校内指导教师，对学生在创业实践过程中遇到的问题、校内的课程进行指导。聘请农业企业的一线人员为指导教师，对学生在生产实践中的技术问题进行现场指导。

6. "导师+自主研学"制

"导师+自主研学"制是根据目前农业资源与环境专业授课教师的科研方向，采用双向选择机制，从2年级开始配置学业导师，每个导师指导学生不超过10人。学生在导师科研课题内，配合完成指导教师的部分研究内容，也可以自主设计试验，导师负责全程指导与帮助，该措施一方面提高了本科学生学习的积极性和创新能力，另一方面也缓解了目前研究生招生对口生源不足的问题，保障导师科研项目的顺利进行。

7. 假期"小学期"实践教学

针对目前学生学习期间，部分课程教学与实践教学在时间上存在矛盾，学生实践教效果不太好的问题。在原有课程设置的基础上，将该学期所有课程的实习内容全部放在考试结束后两周的"小学期"统一进行实习，考试时间较原来适当提前，该措施的实施可进一步突出专业知识综合性实践的效果。

8. 复合应用型人才"四位一体"素质体系构建

围绕复合应用型人才基本素质培养需求，结合现有基础优势和改革培养目标，构建农业资源与环境专业复合应用型卓越人才"四位一体"素质体系。其中"四位一体"，是指通过课程体系改革，从"政治素质、身心素质、文化素质和专业素质"四方面培养农业资源与环境专业复合应用型人才。除专业素质外，具体通过开设党课教育课程，并举办报告会、座谈会、研讨会、评比、比赛、走访、慰问等手段来增强大学生思想政治工作的多样性，增加学生的政治素质；身心素质培养主要针对大学生的心理健康、体魄强健来组织集体活动，缓解其社会、家庭压力，增强人际交往与沟通能力，同时组织学生积极参加体育锻炼，保持身体健康，此外，学院还专门设置大学生心理活动教育室，具体有心理老师为学生梳理思路，解决困惑；文化素质培养是指要求大学生在了解农业资源与环境专业科技国际发展现状的同时，掌握传统我国传统文化，在提高人文素养的同时实现人生价值，了解自然环境与社会发展，实现文明对话，拓展国际视野。

三、人才培养模式改革预期目标

坚持"以人为本、德育为先、能力为重、全面发展"的办学思路，本着"厚基础、重实践、宽口径、高素质"的人才培养原则，遵循"加强基础，拓宽面向，优化结构，减少学时，更新内容，重视实践，提高素质"的基本原则[3]，结合高等农业院校的优势和特色，强调学生的主体地位和教师的引导作用，实行"4-2-1-1"复合应用型人才培养模式。

针对地方经济或我国现代农业发展的急需解决的现状，把农业资源与环境专业的学生培养成为具有测土配方施肥技术、中低产田改造知识，具有农产品产地水土气监测、环境质量评价、环境污染治理知识，具有矿区土地复垦与生态重建知识，具有废弃物农业资源化利用和新型抗旱保水肥料研发知识的四种技能复合应用型人才。使本专业成为解决新时期"三农"问题的人才培养摇篮，为我国经济发展提供人才支撑、科技贡献和智力支持。通过农业资源与环境专业复合应用型人才模式改革的实施，在学生掌握基础性知识和专业知识的基础上，通过课堂教学、实验教学和实践教学的有机结合，提高学生的学习知识能力、应用知识能力和创业实践能力，进而提高学生的政治素质、专业素质、身心素质和文化素质，构建复合应用型人才"四位一体"素质教育体系。

参考文献

[1] 张海燕，吴风庆. 复合应用型人才培养的目标定位与解析 [J]. 教育探索，2008（2）：78-79.

［2］潘俊波，樊东，张鑫琳．基于复合应用型卓越农林人才培养目标的师资队伍建设措施［J］．东北农业大学学报（社会科学版），2015，13（2）：87-91.

［3］李旭霖，崔德杰，史衍玺等．农业资源与环境专业学科群建设及课程体系设置［J］．高等农业教育，2008（10）：56-58.

机械类专业学生实践教学模式的探索与应用

张秀全　葛健煜　张　静　郑德聪　张晋平*

山西农业大学工学院

摘　要：为了更好地培养学生的工程理念和创新能力，结合山西农业大学工学院多年的探索，提出了"3-5-1"的实践教学培养模式，在信息化技术的支持下，将工程理念、设计技术及制造方法递进式渗透到金工实习、课程设计及毕业设计等各个环节，并在实践教学中得以应用，取得了良好的效果。

关键词：实践教学；创新能力；培养模式

引言

当下，"大众创业、万众创新"已经成为时代鲜明的主题[1-3]。教育部出台的《新时代高教 40 条》文件指出，把深化高校创新创业教育改革作为推进高等教育综合改革的突破口，面向全体、分类施教、结合专业、强化实践，促进学生全面发展。推动创新创业教育与专业教育、思想政治教育紧密结合、深化创新创业课程体系、教学方法、实践训练、队伍建设等关键领域改革。强化创新创业实践，搭建大学生创新创业与社会需求对接平台。

实践教学环节是高等院校组织教学的一种重要形式，是有效促进学生融会贯通所学基础理论知识和专业理论知识的重要环节，是培养机械类专业学生解决复

---

* 作者简介：张秀全（1980-），山西平定人，讲师，研究方向为机械设计制造，农业装备设计；葛健煜（1991-），山西太古人，助教，研究方向为机械设计制造，农业装备；张静（1976-），山西太古人，副教授，研究方向为机械工程材料，生物质能源新技术；郑德聪（1965-），山西寿阳人，教授，山西农业大学工学院院长，研究方向为旱作农业装备技术，杂粮作物全程机械化技术；张晋平（1962-），山西太谷人，实验师，研究方向为机械制造技术。

杂工程能力、增强就业竞争力的根本来源[4-7]。

一、"3-5-1"实践教学模式

经过工学院多年来对机械设计制造及自动化、农业机械化及其自动化、交通运输和车辆工程等专业的实践教学方法的探索和应用，逐步形成了"3-5-1"实践教学模式（见图1）。"3"主要指工程理念、设计技术、制造方法3项内容；"5"主要包括金工实习、机械设计课程设计、机械加工工艺课程设计、生产实习、毕业设计5个实践环节；"1"主要指信息化技术。"3"项内容递进式渗透到"5"个实践环节的各个方面，"1"项技术全方位融合到"3"项内容和"5"个环节中。

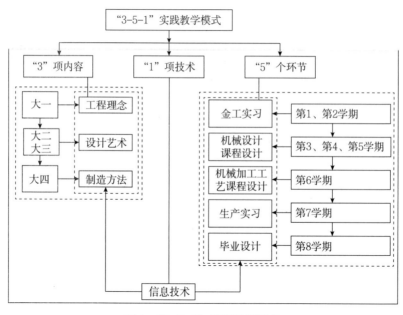

图1 "3-5-1"实践教学模式

二、实施方案和内容

1. 实施方案

在"3"项内容中，工程理念从大一开始进行传授，设计技术在同学们有了工程理念的基础上在大二、大三进行实践训练，制造方法的训练在大四进行；"5"个环节从第1、第2学期的金工实习开始，经过第3、第4、第5学期的机械设计课程设计，第6、第7学期的机械加工工艺课程设计和生产实习，第8学期的毕业设计，全学期全程化实施；"1"项技术即信息化技术，全方位融入"3"项内容、"5"个环节，贯穿整个实践教学过程，如图2、图3所示。

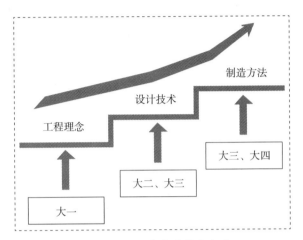

图2　"3"项内容递进式渗透

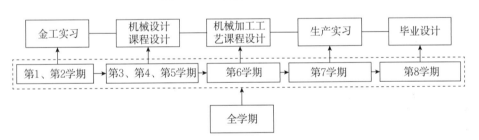

图3　"5"个环节全程化实施

金工实习是基础训练环节，在实践过程中学习各种加工方法，初步尝试进行技术设计，萌发工程意识，培养工程理念；机械设计课程设计是设计技术的基本训练，注重理论知识的掌握和使用；机械加工工艺课程设计和生产实习是设计技术和制造方法的初步融合，训练基础的工程能力，培养工程思维；毕业设计是最后一个实践教学环节，这一阶段是制造方法、设计技术和工程能力的综合训练。

2. 具体实施内容

（1）注重基础训练，培养工程理念。金工实习的基本要求是熟悉零件主要加工方法及所用的设备和工具，对毛坯和零件的加工工艺过程有一定的了解，熟悉有关的工程术语，了解主要的技术文件。传统的金工实习只注重于动手操作的能力，已不适应"双创"型人才的能力培养要求，需采用必要的措施对创新意识加以引导、开发，思考设计技术，培养工程理念。

传统实习工种分为五个模块：车削加工模块，铸造、焊接模块，锻压、钳工、热处理模块，切削基础知识、铣、刨、磨削加工模块，现代制造技术模块，每个模块实习时间为4天，学生分组轮换进行实习，实习时间为4周。现将实习内容修改为"3周的基本操作训练+1周的创新训练"。在基本操作训练阶段，通过规定零件的加工，学生熟悉零件的加工方法，掌握操作规范及注意事项，进行操作技能训练，掌握制造方法。在基本训练过程中，学生根据所学的加工方法，构思一个非规定性的简单零件或者工艺品，组内讨论分析加工的可行性，包括加工方法及工具的选择，形成零件图。在创新训练阶段，进行创新件的加工实现。通过构思件的设计，进行设计技术的培训，构思件的制作过程，培养工程意识。这一改进，能够有效地调动学生实习实践的积极性，减少任务式的学习态度出现。

考核方式也做了相应的调整，实习考核内容包括两个部分：基本操作技能和基本理论知识。两部分均应取得及格以上的成绩，金工实习的成绩才能及格。基本操作技能成绩包括操作考核成绩、实习报告成绩和实习中的表现、学习态度、安全纪律、出勤等。其中，在实习报告中，要求学生必须将创新和技术收获加以说明。

（2）结合生产实践，综合训练强化。机械设计课程设计为期3周，主要设计内容是二级减速器的设计，学生根据使用情况不同，设定不同的设计参数，区别每位同学的设计任务，设计过程以基础理论知识的应用为主，注重参数的分析计算、工程图纸的绘制、工程手册的查阅和使用，是设计技术的初步尝试。

传统的机械加工工艺课程设计为期3周，主要内容是机械零件的加工工艺规程设计，学生对指定零件进行加工过程安排，加工方法选择，工艺装备选择及工具的选择，是理论知识和生产实践的一次深度结合。多年的实践发现，将生产实习与课程设计分开进行，学生的创意容易跟生产实践脱节，不利于工程能力的提高，主要靠指导教师的意见来加以纠正，许多学生的创意被大幅度修改，影响学生创新思维的培育。

为此，学院将机械加工工艺课程设计和专业生产实习进行调整，将为期1周校外生产基地的生产实习安排在课程设计的中期进行，先进行1周的课程设计，学生对设计任务和设计内容分析研究，了解要做什么，构思设计方案，形成创意。第2周进行校外基地的生产实习，对生产一线的加工工艺、加工方法，加工设备、工艺装备进行观察分析，学生自发地通过生产实践来对自己的创意加以修改调整，形成自己的创新。实习结束后，形成实习报告，并将创新实施到课程设计的成果中。学院积极与生产企业长期合作，每年组织学生进行生产实际的参观分析。为了避免内容的单一性、局限性，选择不同特色的企业，建立校外生产基地，丰富实践内容，开阔学生视野，为学生创造性思维的形成创造良好的条件。

工学院与中国一拖集团有限公司长期合作，建立校外实践教学基地，共同搭建校企联合培养的实践教学平台。学院特聘该企业的优秀技术骨干为实践教学导师，进行联合培养，企业也为应届毕业生提供就业机会。机械类专业每年在该企业进行为期1周的机械类专业综合生产实习。

在实习过程中，学生有针对性地对小件加工生产流水线进行跟踪观察记录，分析传统生产工艺规程；通过对发动机、变速箱、齿轮、各种拖拉机的装配线深入了解和分析，制造工艺中工序设计、工装设计、设备选用、装配设计等方面都得到很好的训练；观察现代加工生产线，对现代化的自动生产有了很好的认识，和传统生产线对比分析，将新旧工艺对照，工程能力得到了很大的提高。通过多年的实践，学生的创新思维培养效果有显著提升。

（3）加强实际运用，工程能力提升。毕业设计是高等学校毕业前夕总结性的独立作业，是实践性教学最后一个环节，旨在培养学生综合运用所学理论知识和工程技能解决实际工程问题的能力。对于工程能力和工程理念的培养，这一环节尤为重要。通过前期的训练，工程思维已经初具规模，还需在生产实践中加以凝练。

为了保证毕业设计论文质量，在毕业设计选题来源上确保多样化，题目来源包括生产实践、科研项目、自拟题目和其他，针对专业特点，主要选择设计类题目。学生可以根据科研项目和生产实际在预先拟订的题目中进行选择，部分学生已经明确就业意向，可根据就业岗位设定相符合的设计项目，鼓励学生根据自己的创新目标进行自拟题目，做到人手一题。

在选题过程中，通过选题和项目的可行性论证，结合工程实际，找出问题的关键，锻炼学生发现问题、分析问题的创新能力，创新目标明确。在设计过程中，以学生为主导，鼓励学生进行设计思路与方案的构思，进行多方案的设计与优劣分析比较，强化优化设计的意识，指导教师从生产实际出发，提出合理性修改意见。在设计过程中，教师尽可能地寻找生产实践的机会，让学生多接触生产实践。在设计过程中，通过解决生产实际问题的训练，学生的设计技术、工程能力、工程理念、创新能力得以综合提升。

（4）信息化技术的全方位融合。综合培养工程理念、工程能力、创新能力，必须实现信息化技术的全方位融合。在实践教学环节，学院注重信息化技术的全方位融合。在金工实习中，创新件的绘制需要学生利用信息化技术，查阅相关文献，寻找合适的制造方法，鼓励运用计算机绘图软件，完成零件图的绘制。在机械设计课程设计、机械加工工艺课程设计过程中，鼓励学生应用计算机软件辅助设计，培养现代设计的工程理念，毕业设计要求查阅大量相关文献，了解市场动态和新技术信息，所设计的项目具有创新性，要求用计算机软件辅助设计，根据需要，应用相关工程软件进行虚拟仿真、参数优化、结构分析、图纸绘制等，实现新技术、新材料、新工艺的应用实践。

（5）加强师资队伍建设，提高教师实践教学能力。为了实现课程教学改革与建设、科研与教学研究、学生实践与创新创业能力培养等目标，在师资引进、师资培养、团队建设及特色建设方面继续加强教学队伍的建设，努力建设成一支热爱实践教学、教育理念先进、教学科研能力强、信息技术水平高、实践经验丰富、勇于创新的实践教学队伍。

一是教师队伍引进"985""211"毕业的硕士、博士研究生来学院工作，补充师资力量，形成结构合理人员配备齐全的学科专业人才梯队；进一步加强兼职教师队伍建设，结合特色专业、特色课程和实验实训基地建设的实际需要，有计划、有针对性地构建一支相对稳定的高水平教师队伍。

二是师资培训。学院制订了近十年的教师培养规划，以保证后续青年教师都能得到较好的进修；强化青年教师培养制度，鼓励年轻教师攻读博士学位或进修深造；充分发挥老教师的"传帮带"作用，为新引进的年轻教师配备专业导师，指导和帮助他们过好教学关和科研关。

三是中心管理改进措施。①发挥实践课教师个体优势，充分利用每一个老师的特点；②给年轻老师提供各种培训机会，保障他们对新设备、新实验拥有充分消化的机会。学院每年安排数名年轻教师，参加相关培训，更新知识储备，满足创新实践教学的需求。

三、实施效果

经过多年的探索与实施，学院实践教学模式基本成型，多方面、多阶段、多层次、开放性地融入学生在校期间的实践教学过程。学生掌握基本的加工操作技能，具有了初步的加工能力；通过对毛坯和零件的加工和装配等机械工程基本训练，学生养成发现问题、分析问题、运用所学过的知识和技能独立解决问题的能力和习惯；通过创新环节的实习，培养了学生的创新意识和创新能力。主要表现在以下几个方面：

（1）在实践过程中，学生主动提问的现象越来越多，能针对生产实际，发现问题的存在，并能提出一些设想，进行讨论。

（2）近年来，学生积极参与各种创新活动，参与学院为学生开设的创新项目，已有多名学生获得国家专利；参与各种竞赛的人数明显增多，参与学生达到300人次，而且均有斩获，各种竞赛也收获丰富。

（3）从毕业设计的选题情况来看，越来越多的学生在选题阶段就有创新方案，个别同学在一开始就已经将实施方案及关键问题和解决方法有了一定的构思，毕业设计质量得到了提高。

（4）从学生就业后的情况反馈来看，越来越多的用人单位对学院毕业生给予认可，多家企业积极要求来学院开展专场招聘，录用需求较大。

参考文献

［1］薛春江，徐文利．创新背景下的高校工程训练铸造工艺教学改革研究及其实践［J］．中国铸造技术与装备，2018（53）：68-72．

［2］陈咏华，李丽荣．工程训练实践教学研究与探索［J］．实验室技术与管理，2011，28（3）：118-126．

［3］郭刚，丁政．关于对工程训练中铸造教学的思考［J］．装备制造技术，2014（3）：235-236．

［4］朱松豪，周映江，申景金．基于应用型人才培养的集中性实践课程教学改革探究［J］．高校论坛，2018（28）：10-11．

［5］任治胜，何骥．机械工程训练铸造工艺的改革和探索［J］．科技信息，2008（24）：370-371．

［6］瞿敏．德国"双元制"教育体系对我国职业教育的启示［J］．江苏科技信息，2016（34）：42-43．

［7］姜大源．德国"双元制"职业教育再解读［J］．中国职业技术教育，2013（33）：5-14．

加强实践教学，培养电气工程类学生创新能力

郝称意　郑德聪　吴　锴　郭海霞　冯俊惠　李志伟*

山西农业大学工学院

摘　要：加强实践教学，完善实践育人体系是新时代本科生教育的基本要求。本文在实践课程体系建设、课程实验、课程设计、专业实习、毕业设计等方面对电气类专业实践育人体系建设进行了总结和探索，为实践育人平台的建设和完善打下了基础。

关键词：实践教学；课程设计；实习；毕业设计

引言

山西农业大学是全国首批深化创新创业教育改革示范高校，是国家中西部基础能力建设高校，也是山西省高等教育综合改革试点高校。历经百年教学，山西农业大学逐渐形成围绕实践育人办学的特色。电气工程及其自动化专业是山西农业大学工科专业中的优势专业之一[1]，在十几年的教学实践中，在课程体系建设中突出实践教学地位，在教学过程中加强课程实验教学、课程设计、实习、毕业设计等实践环节的教学，为国家培养了一批有用人才，并逐渐形成具有专业特色的"1-2-3-4"实践教学体系，如图 1 所示。

在"1-2-3-4"实践教学体系中，"1"个目标实践育人；"2"组设计突出

---

　*　作者简介：郝称意（1979-），山西太谷人，讲师，研究方向为农业信息化及检测技术、智能农机装备；郑德聪（1964-），山西寿阳人，教授，山西农业大学工学院院长，研究方向为旱作农业装备技术、杂粮作物全程机械化技术；吴锴（1981-），山西太谷人，讲师，研究方向为农业信息技术；郭海霞（1977-），山西平遥人，讲师，研究方向为传感器及检测技术；冯俊惠（1988-），山西太原人，讲师，研究方向为机器视觉、图像处理；李志伟（1969-），山西太谷人，教授，山西农业大学工学院副院长，研究方向为计算机控制技术、智能农机装备、生物环境测控技术。

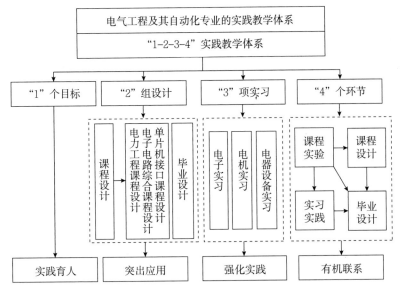

图1　电气工程及其自动化专业实践教学体系

应用；"3"项实习强化实践；"4"个环节有机联系。围绕"实践育人"这一培养目标，本专业从课程体系建设、两组设计、三项实习，四个环节入手积极探索，构建了"教学实验→生产实践→技术实践→社会实践"的完整的实践教学系统，使之与理论教学有机结合、相互渗透，进一步完善了"1-2-3-4"实践教学体系。

一、以实践育人为目标，构建实践课程体系

课程体系的设置是由人才培养目标决定的，而课程体系的合理化程度又会影响到人才的合格化程度[2]。本专业围绕实践育人这一目标，不断改革和深化实践教学的内容，使学生形成完整的知识结构和全面的专业技术能力，主要体现在以下几方面：

一是加强电气工程方面的训练，开设电路计算机辅助设计、MATLAB 程序设计、电子线路 CAD、试验设计与统计分析等课程，为学生课程设计、毕业设计等实践环节提供必要的技术支持。

二是注意相关课程的衔接，将实习、课程设计相关课程提前设置，以促进实习教学的顺利实施。例如，将"电气控制技术""电机与拖动"课程设置在第五学期，让学生在掌握继电器—接触器控制系统、电机学等知识的基础上，在第六学期进行电气设备实习、电机实习，使学生对实习内容有更深的认识，并进一步

促进专业知识的学习。

三是强化实践教学环节，将变电工程课程设计修改为电力工程课程设计，增加了单片机及接口技术课程设计、电子电路综合课程设计等环节；要求课程设计内容结合实际，如电力工程课程设计结合农村电网的实际特点，进行新的尝试与变化，以提高学生综合运用所学理论分析问题和解决问题的能力。

二、加强课程设计、毕业设计两组设计，加强学生应用能力培养

在"1-2-3-4"实践教学体系中，"2"组设计突出应用。本专业从课程设计选题、考核方式，毕业设计指导、答辩等环节积极进行探索，全面加强学生专业知识应用能力的培养。

1. 改变课程设计选题方式，改进考核方法，加强课程设计环节

抓好课程设计工作，有利于学生对课堂理论学习进行阶段性总结，本专业从制订培养方案、课程设计选题、教师辅导、考核方式多个方面加强课程设计环节，为提升学生应用能力不断进行探索，主要体现在以下方面：

一是本专业定位侧重于弱电技术的应用，在制订培养方案时与专业负责人、专业教师围绕专业发展、毕业生就业需求进行讨论，结合课程与专业实际设置"单片机及接口技术课程设计""电子电路综合课程设计"以及"电力工程课程设计"三门课程设计，在注重弱电控制的同时兼顾电力工程能力的培养。制订培养方案是一个不断调整改进的过程，在今后的教学过程中本专业会根据科技的发展、专业培养的要求对课程设计项目内容、数量进行调整，以适应新时代对学生提出的要求。

二是与生产生活实际相结合，合理拟订课程设计题目，优化选题过程，激发学生的学习兴趣。例如，"单片机及接口技术课程设计"及"电子电路综合课程设计"采用导师命题和学生自主选题相结合的方式：导师在命题时一方面考虑实际生活中常见电子电路如温度采集电路、数字时钟等电路，另一方面从电子竞赛或科研角度出发，这样题目的范围可以覆盖到很多相关专业知识；学生可以根据自身兴趣爱好选题，从而调动学生的学习主动性和积极性。

三是改进考核方法，实现答辩与课程设计论文相结合的考核方式。每个课程设计最后的环节是学生答辩，每个学生有5分钟的自我陈述时间，通过PPT展示和讲解设计思路、方案和整体电路，对整个设计的过程和结果进行介绍和总结[3]；教师通过5分钟提问了解学生的设计思路、总体方案、元器件选型及整体电路等内容。利用答辩过程促进学生再学习、再提高，而撰写设计论文可以进一步使学生对设计过程进行总结，并初步掌握撰写学术论文技巧，为以后的毕业设

计乃至将来的工作打下良好基础。

2. 提高毕业设计质量，综合提升学生实践能力

毕业设计是本科生教育中重要的综合实践环节，也是提高学生创新能力和综合素质的关键环节，它要求学生能够综合运用大学四年所学专业知识完成一个完整的设计作品[4]。本专业从合理毕业选题、完善毕业指导等方面来实现毕业设计质量的提升。

第一，合理选题，使学生能够学以致用。毕业设计命题要遵循毕业设计的内容，要符合电气工程专业这一原则，命题完成后题目要由院系两级领导及有经验的教师审核，不满足条件的应重新拟订题目。另外，为了提高学生的兴趣，促进学生的进一步发展，毕业设计选题采用导师命题和学生自主选题相结合的方式。导师命题从两方面考虑：一是可结合自身科研命题；二是可从学生就业或考研方向考虑。学生选题可以从自身角度出发进行选择，这样可以最大限度地调动学生的积极性，让他们为以后的工作或攻读研究生打下良好的基础。

第二，完善设计指导过程，提高论文质量。本专业严格按照选题、开题、中期检查、答辩等环节来进行毕业设计工作的安排。教师在指导毕业设计过程中定期组织学生开展进展汇报，检查学生毕业设计进度；指导学生的毕业设计方案制订、系统电路设计、PCB 设计、制版到实物制作的完整流程；指导学生按格式完成论文撰写。通过提高毕业设计的质量，完善毕业设计实践环节使学生对电气类岗位技能有充分认识，并通过毕业设计使学生掌握更多的实用工具，为以后的工作打下良好的基础。

三、深挖潜力，加强三项实习，强化学生实践能力

作为农业院校中的工科专业，电气工程及其自动化专业底子薄，实习经费较少，校企合作机会少。为了克服诸多不利因素，进行校内实习基地的建设就显得极其重要。专业拥有电机实验室、电力电子技术实验室、微机测控实验室等专业实验室，各实验室设备齐全，能够满足学生的生产实习的需要[5]。基于这个原因，本专业利用已有实验室设备并购置高效能焊台、万用表、拔线钳等实习设备，实现校内实习基地建设，并结合实习课程的选择、实习内容的安排、实习考核方式的改进等方面，全面深化校内实习教学，提高学生的动手能力和综合实验能力。

第一，深挖自身潜力，合理选择实习项目。电气工程及其自动化专业实验经费较少，没有强电相关实验室，教学定位侧重于弱电控制方面，从这一情况考虑并结合实验室具体情况，在本院实验室完成"电子实习""电机实习"

"电气设备实习"三个实习。其中，"电子实习"主要完成收音机电路的焊接和调试，锻炼学生的焊接能力及其电子线路调试能力；"电机实习"主要完成鼠笼式电动机的拆装与调试，使学生熟悉电机结构，制造、安装要求，性能、质量检测等，学会电动机的拆卸与安装工艺技术，电机的绝缘测试与摇表的使用知识；"电气设备实习"完成铣床各部分控制电路的连接与调试，锻炼学生的分析电路图、电气接线图设计及其电路调试能力。通过三项实习，尽最大努力强化学生实践能力。

第二，合理安排实习内容，全面激发学生主观能动性。在实习的内容及其安排上，重视学生视野开拓，淡化实习教师讲解，突出学生动手实践。例如，"电气设备实习"第一阶段由老师简要说明实习要求，对电路图进行简单讲解，时间不超过2小时；第二阶段参观铣床实际电路连接情况，拓宽学生对机床电气控制技术的认识，并对接线要求有初步认识；第三阶段由老师随机指定8～9人为一大组负责整个接线图的连接，而每个大组内部学生自行分成三个小组，每个小组负责一个板的电路连接；第四阶段每个大组将三个分离的电路连接成一个完整电路，由老师组织调试；利用这种安排能够使每个学生明确自己的职责，充分调动每个学生的积极性，并培养他们的合作意识。

第三，改进实习考核方式，全面考查学生。实习考核不再单一地利用实习报告进行，重点考查学生的实习过程、实习态度。例如，"电子实习"考核一方面检查收音机焊接情况及其是否调试成功，另一方面考查学生焊接练习情况及收音机的焊点是否合格。"电气设备实习"与"电机实习"的考核同样不局限在某个方面，这样使老师对学生实习情况有更全面的了解，也更能激发学生的学习热情。

仅靠三个校内实习无法满足本专业的要求，为适应学生学习与就业的需要，本专业还组织学生到校外变电站参观学习，使学生了解电力工程更多的知识。但这仍不能满足要求，以后要加大与企业合作的力度，让学生有更多的实习机会，为学生就业创造更好的条件。

四、围绕"实践育人"办学，以课程实验教学为基础，四个环节有机联系

在十几年的教学实践过程中，电气工程及其自动化专业围绕实践育人这一主题，专业课程实验、课程设计、实习、毕业设计四个环节有机联系，构建了具有专业特色的"1-2-3-4"实践教学体系，并围绕该体系开展教学活动，取得了很

好的教学效果。在四个环节中，课程实验教学为基础，只有抓好课程实验教学才能更好地完成课程设计、实习、毕业设计三个实践环节。

1. 优化实验项目，改进实验教学方法，强化学生实践基础

本专业课程实验项目设置以验证性实验为基础[6]，积极拓展设计性、综合性、创新性实验，勇于探索实验项目的优化；在课程实验教学中，改进实验教学方法，以全面提升学生实验技能、提高综合设计能力为目的，进一步促进学生对专业知识的认识。

（1）实验项目的优化。本专业设置实验项目时充分体现核心知识点并考虑实验项目是否对教学目标、毕业要求达成度形成支撑作用。实验项目的设计应反映电气专业与学科特色，并体现系统化、层次化，使学生在教师的指导下全面而循序渐进地进行实践训练[7]。在设置验证性实验时，充分考虑学科基础知识教育，使学生通过此类实验加深对课程知识的认识，熟悉常用软件环境，锻炼如按图接线，程序编制、电路图绘制等实验技能，为下一步的设计性实验、课程设计、实习、毕业设计等实践环节打下良好基础。设计性、综合性实验项目设置时应充分考虑知识点的衔接与综合运用及其实验内容与实际工程问题的联系，加深学生对课程实际应用的认识。例如，"电气控制技术"课程中增设选做实验"车床控制电路"这一综合性实验，就是为了使学生在完成验证性实验的基础上通过这一实验了解继电器—接触器控制系统在机床电气控制技术中的应用。

（2）改进实验教学方法。改变传统的重知识传授轻能力培养的"以教为主"的教学模式，树立以学生为中心的教育教学理念[7]。在教学过程中应根据课程性质的不同及实验内容的特点采取不同的教学方法。专业基础课程及验证性试验的实验教学应侧重提升学生学习兴趣，培养学生基本实验技能及其数据分析计算能力。教师在鼓励学生动手操作的同时，应强调操作规程传授经验，确保安全[8]。例如，在讲解"电路"课程中"三相电路功率的测量"这一实验时通过与三相实际电路功率测量结合，使学生掌握"二表法""三表法"的应用范围及其功率表的具体连接方法；综合性、设计性实验应注重培养学生的综合设计能力，如"数字电子技术"中"数字秒表"这一实验，实验教学过程中教师只介绍实验要求，实验方案的确立、实验电路的设计、实验电路的连接及验证等实验内容都由学生独立完成。利用这种教学方法可培养学生独立思考和设计的能力，提升学生自主学习水平。针对危险性高的实验、数据获取困难的实验，通过虚拟仿真实验与实际实验项目的结合，可进一步提高学生实验技能和综合设计能力。

2. 四个实践环节有机结合，提升教学效果

通过课程实验、课程设计的进行，学生对专业课程的认识不再局限在对书面知识的掌握，学生通过实践环节能将课程知识灵活运用到实际设计中，对专业知识的认识更加深刻。

通过实习这一实践环节，学生的动手能力和软件工具的使用能力得到很大加强，部分学生毕业后进入企业工作能够很快进入角色，将他们在本科四年学到的知识很快运用到工作实践中，并在深厚的知识支撑下迅速掌握新知识、新技能。

通过四个实践环节的有机联系，学生在实践过程中能够发现问题并利用所学知识解决问题；在设计过程中不仅能综合应用专业知识还能提出具有创新性的设计方案，这为很多学生毕业后继续攻读研究生、参与科学研究打下了坚实基础。十几年来，不管是用人单位还是高等院校都对本专业的毕业生评价良好，愿意持续接受本专业毕业生。

五、结语

教育部在《关于加快建设高水平本科教育　全面提高人才培养能力的意见》中提出"加强实践育人平台建设"。根据这一指示，本专业将继续从课程实验、课程设计、专业实习、毕业设计多方面加强实践教育，为建立完善的"1-2-3-4"实践教学体系、培养更多的创新人才不断努力。

参考文献

［1］冯俊惠. 电气工程及其自动化专业人才培养的实践与思考［J］. 河北农业大学学报（农林教育版），2017，19（4）：22-25.

［2］潘再平，黄进，赵荣祥等. 全面优化本科教学平台，培养电气工程创新人才——浙江大学电气工程及其自动化特色专业建设［J］. 电气电子教学学报，2010，32（s1）：20-23.

［3］陈璨，任旭虎，李林，张旭等. 电气卓越班电子技术课程设计改革与实践［J］. 中国教育技术装备，2016，14：96-97.

［4］李文杰，郗战等. 新形势下电气信息类专业毕业设计的思考与实践［J］. 中国教育技术装备，2015，8：72-74.

［5］王洪坤，李宏伟，冯力，蔡新红，聂晶等. 电气工程校内外联合生产实习模式的研究与实践［J］. 农业网络信息，2018，260：33-36.

［6］曲丽萍，庄严，刘海波等. "基于实践教学一条主线"的电气信息类工科专业改革与实践［J］. 辽宁行政学院学报，2014，16（9）：98-100.

［7］张诗阁，周美兰，李文娟，周永勤，耿新等．基于工程教育专业认证的电气专业实验教学改革研究［J］．高师理科学刊，2018，38（6）：90-93.

［8］李明，王润涛，房俊龙，果莉等．电气工程及其自动化专业层进式实验教学模式探索［J］．河北农业大学学报（农林教育版），2017，19（1）：102-106.

"机械制图与计算机绘图"
课程实践教学改革*

张淑娟　郑德聪　贺俊林**

山西农业大学工学院

摘　要：为适应现代农业工程及科学技术领域应用型人才培养的需求，在总结多年教学改革经验的基础上，学院通过基础认知、组合体拼装、装配体拆装、装配体及零件测绘、创新性实验等，构建了与理论教学同步的机械制图与计算机绘图实践教学体系，并且在实践教学过程中运用基于实际问题和案例等多种研究性的教学方法来调动学生学习的积极性，注重培养学生的工程意识和实践能力，有利于培养学生空间思维能力和工程综合素质，实践教学改革结果表明，该实践教学设计合理、有效。

关键词：机械制图与计算机绘图；实践教学；实践能力

引言

机械制图与计算机绘图课程是农业院校理工科专业学生必修的一门技术基础课，实践性强是这门课程的特点。通过该课程的学习，学生应具有绘制和阅读机械图样的能力，较强的三维形体空间想象能力。该课程一般在大学一年级开设，刚进入大学的学生由于缺乏工程实际方面的感性认识和实践经验[1-5]，在课程学习的过程中会有许多内容难以理解和掌握，如组合体、机件的表达方法、零件工

---

　* 基金项目：国家级精品资源共享课项目；山西省精品资源共享课项目；山西省教学研究项目（项目编号：J2011025）；中华农业科教基金教材建设研究项目（项目编号：NKJ201203001）。

　** 作者简介：张淑娟（1963-），山西襄汾人，教授，主要研究方向为工程图学、计算机辅助设计、农业机械设计；郑德聪（1965-），山西寿阳人，主要研究方向为农业机械设计及应用；贺俊林（1964-），山西太谷人，主要研究方向为农业机械设计及应用。

艺结构、标注尺寸的合理性、零件的技术要求、装配结构、计算机绘制机械图技巧等为本课程的学习难点。依据教育部、农业部推进高等农林教育综合改革的若干意见等，强调要着力创新高等农林人才培养机制，加快创新人才培养，加大应用型人才培养[6-7]。在多年的"机械制图与计算机绘图"课程的教学过程中，学院开展了一系列的教学改革与实践，从培养学生的工程意识、工程素质和工程应用能力和创新能力出发，建立了"机械制图与计算机绘图"课程教学新模式，即围绕保证基本绘图、读图能力培养的基础上强化工程应用及创新能力培养的教学目标，将传统理论教学与现代设计方法相结合，将手工绘图和计算机绘图相结合，将校内实验与校外企业"实景式"实践相结合，将课堂（线下）学习和网上（线上）资源学习相结合，构建了有利于培养学生工程意识、实践能力和创新能力的"机械制图与计算机绘图"课程实践教学新体系，并取得了较好的效果。

一、机械制图与计算机绘图课程实践教学体系与内容

1. 机械制图与计算机绘图课程实践教学新体系

在实践性教学方面，构建贯穿教学全过程、与课堂教学同步配套实施、与培养和训练学生实际动手能力和创新实践能力的机械制图与计算机绘图课程实践教学新体系，其结构如图 1 所示。

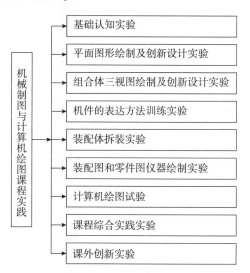

图 1　机械制图与计算机绘图课程实践教学体系

2. 机械制图与计算机绘图课程实践教学内容

（1）基础认知实验（4学时）。与学院开展的新生的专业入学教育相结合，在开设"机械制图与计算机绘图"课程之前，教师带领学生参观"机械加工实习中心"，使学生对机械设备、机械加工、制造技术等有一个感性认识和初步了解。

（2）平面图形绘制及创新设计实验（4学时）。绘制配套习题集上提供的常见平面图形，熟练掌握各种绘图工具的使用方法和平面图形的绘制方法以及机械制图国家标准的基本规定，牢固树立贯彻国家标准的意识。再通过生活中对各种仪器面板及用具等表面的分析，绘制并创新设计其表面的平面图形。

（3）组合体三视图绘制及拼装设计实验（4~6学时）。结合组合体理论课中画组合体内容的学习，学生利用实验室提供的几百种模型，从简单到复杂，循序渐进，根据自己的实际情况，自主选择组合体模型徒手绘制其三视图。对学生来说，既增强了他们组合体三视图的绘制能力，又丰富了他们对立体的感性认识，同时培养了他们的空间想象能力。在此基础上，实验室购置了多套积木式的模型，让学生自己动手拼装组合体，并绘制其三视图；学生也利用买来的大萝卜和牙签，设计制作了包含20~30个尺寸，并且考虑相交、相切、相贯、叠加，切割等典型的构型设计的复杂组合体。为了配合这一部分内容的实践，学院设计了组合体三视图绘制百例系统，该系统既包含了百个组合体立体动画模型，也包含了对应的三视图。学生可以在实验室使用，也可以在网上自主使用，还可以在个人电脑上使用。

（4）机件的表达方法选择实验（4~6学时）。结合机件的表达方法理论课内容的学习，学生利用实验室提供的几百种模型，依据各种表达方法的应用范围，根据各个机件的构型特点，自主选择机件模型徒手绘制其表达方案，既增强了学生对机件表达方法的选择能力，又加强了他们的徒手绘图能力，还培养了他们的空间想象能力。在此基础上，学生根据习题集上提供的复杂机件的三视图确定其形状表达方案。为了配合这一部分内容的实践，学院设计了机件的表达方法选择案例系统，该系统既包含了立体动画模型，也包含了对应的图样表达方案选择。学生可以在实验室使用，也可以在网上自主使用，还可以在个人电脑上使用。

（5）装配体拆装实验（2学时）。在标准件和常用件内容学习之前，为学生安排一级齿轮减速器拆装实验，使他们对部件工作原理，标准件和常用件、一般零件间的连接、定位及装配顺序等有一个初步的了解。在该实验的前后，安排进行4周的金工实习。

（6）零件图及装配图仪器绘图实验（8~12学时）。结合零件图内容的学习，让学生读懂教材中的零件图，并用仪器绘制四类零件的零件图（见图7）；结合装配图理论课内容的学习，根据习题集上提供的铣刀头装配图拼装练习，用仪器绘制铣刀头装配图。

（7）计算机绘图实验（8~10学时）。建立了 AutoCAD 和三维软件认证基地。要求学生结合计算机绘图理论课的学习，完成样板图设置、平面图形绘制、三视图绘制、零件图绘制、三维建模等内容的实验，还可以参加认证考试。

（8）课程综合实验（停课一周完成）。该实验是在该课程结束理论课教学的基础上，以设计、测量、手工绘图和计算机绘图、公差实验为一体的综合性实践（实验）教学环节，是最基础的工程训练之一。这一环节的设置可使学生更好地巩固和应用已学到的理论知识，而且在工程测绘、草图设计和计算机绘图的技能方面得到训练。这对于学生初步的工程设计能力和工程素质培养具有非常重要的作用。结合装配图和计算机绘图理论课的学习，根据不同专业安排学生对齿轮泵、虎钳、减速器等装配体及其全部非标准件进行测绘，画出其装配示意图及全部一般零件和常用件的三维立体图和零件草图，并用计算机绘图软件绘制其零件图和装配图，训练学生徒手绘图和利用计算机绘图软件绘制机械图的能力，以及初步的部件设计能力。

（9）创新性实验。开设 3D 打印专题，让学生初步感受机械制图与现代设计、制造方式之间的密切关系；指导部分学生参加课外科技活动，如参加全国信息技术应用水平大赛、全国大学生先进成图大赛与产品信息建模创新大赛、全国机械创新设计大赛以及山西省科技创新项目的研究；利用科技特派员的机会，让学生参观和服务企业；与山西省农业机械新技术中心合作，参观新型农业机械，学生在生产实践中增强对制图课程的学习兴趣、增加专业认知和增长实践能力等。

二、实践教学方法及实施

机械制图与计算机绘图课程实验教学运用基于问题和案例的研究性教学方法来调动学生学习的积极性，充分发挥学生学习的主动性，通过学生与老师、学生与学生的互动，让学生们在实践中去学习、总结和不断提高。采取的措施主要有以下几点：

1. 注重分层教学和学生自主学习

针对每个实验学生可以根据自己的兴趣选择难易不同的题目，如组合体三视图的绘制可以依据自己的基础选择不同难易程度的组合体模型；组合体拼装实验由学生自主确定；装配体测绘实验提供给学生的部件有千斤顶、齿轮泵、球阀、平口钳、一级齿轮减速器等，学生自主组建小组，真正成为实验的主人，自主解决相关实验问题。

2. 注重工程意识的培养

针对每个实验，从工程实际出发来提出要考虑的工程实际问题，引导学生思考和讨论。例如在分析装配结构时就提出一系列问题：零件之间的装配连接是螺纹连接，还是销连接、键连接？零件间的配合关系如何？为什么要选择这种配合？零件的结构特点和它在部件中的功用有什么关系？学生通过在实验中自己去分析、思考并讨论提出的这些问题，就可以找到问题的答案。对于实验中出现的各种问题，教师应指导学生自己动手查阅相关标准、教材等资料，并及时发现错误和提出修改意见，使学生学会自主思考和解决问题的能力，而且保持严肃认真的工作态度和工作作风。

3. 加强综合绘图能力的训练

在实验教学中，学生完成了大量的绘图工作，对工科学生必须掌握的仪器绘图、徒手绘图和计算机绘图技能都将得到充分的训练，且非常重视培养学生绘制草图能力的培养，大大提高了学生们徒手绘图的速度和质量；培养学生查阅设计资料的能力和严格执行国家标准的良好习惯；学生在计算机绘图能力方面有了大幅度的提高。

4. 加强创新能力的培养

针对每一个实验都鼓励学生树立创新意识，促进学生创新能力的培养，鼓励学生自己提出问题，想办法解决问题，从而获取知识。例如在进行平面图形绘制时，自己依据日常生活中的积累设计新的实用的平面图形；在组合体组装时，自行设计满足一定要求的组合体。引导学生参加本校组织的 CAD 大赛；参加国家和山西省组织的机械创新设计大赛等，通过创新实践训练，使学生们体验创新设计的初步过程，培养和锻炼学生的工程素质、创新意识和实际动手能力。

5. 成绩评定

以学生上交的作业质量和答辩情况为主要依据，并综合考查学生平时的工作态度、分析问题和解决问题的能力情况，以百分制计算评定成绩。

三、实践教学效果分析

基于上述实践教学体系的内容及课时的安排，结合农业工程本科各专业教学的特点，2010 年制定了新的"机械制图与计算机绘图"课程实践教学体系和内容，并在农机、运输专业 2010~2012 级 6 个班学生中进行了试点，实践教学实践初见成效，现已推广应用在工学院机械类各专业。实践教学取得的成效主要体现在以下几方面：

1. 培养了学生的主动探索兴趣

在实验中，教师始终引导学生主动探索、主动解决实验中遇到的问题和困难，学生通过提出问题、讨论、查找资料，找到了解决问题的方法，这提高了学生的学习热情，他们感觉收获很大，愿意花费更多的时间留在实验室，继续探索。

2. 培养了学生的实践应用能力

实践教学体系的建立使学生巩固了所学的理论知识，并且将理论与实践紧密结合，提升了课程知识的综合运用能力，提升了该课程的教学质量，也为后续专业课程的学习奠定了较好的基础。通过实践教学，大大增强了学生们的动手能力、创新意识和能力，学生们在各大类竞赛活动中获得了较好的成绩。例如，参加全国大学生机械创新设计大赛获山西省赛区 2014 年一等奖和国家二等奖各 1项、2018 年获一等奖 2 项；参加全国大学生先进成图技术大赛等获得 56 个奖项，其中 1 等奖 8 项、二等奖 34 项、三等奖 14 项；参加全国信息技术应用水平大赛获一等奖 1 项、二等奖 3 项和三等奖 3 项。

3. 培养了良好的团队协作精神

在许多课程实验教学过程中，尤其是在课程综合实验中，学生的学习和工作以小组为单位，通过小组成员相互协调合作完成任务，这就在一定程度上培养了学生的集体观念和团队精神，以及相互沟通协调与组织的能力，同时培养了学生们团结互助、取长补短、相互学习的优良作风。

4. 促进了学生就业

由于学生专业基础知识扎实、实践能力强，受到了用人单位的欢迎。就学院 2011 级毕业生就业情况来看，除考取研究生的学生之外，其余 90% 以上的学生都从事和机械有关的管理、设计、制造等工作，就业率位居全校第二。

5. 促进了教学团队的发展

给学生一碗水，教师必须有一桶水。多年来，学院已形成机械基础系列课程教师相互交融的教师团队，既解决了农业院校工科专业学生数量少，教师在每门课上配备少的问题，又更好地培养了具有工程意识的应用型人才。随着课程综合实践和创新能力的加强，教师团队也在迅速成长，目前团队已有教师 13 人，全部拥有硕士以上学位，其中有五位老师是博士毕业，有两位老师是博士生导师。

6. 获得多种荣誉和多种媒体宣传

由于特色的实践教学，"机械制图与计算机绘图"课程 2010 年教育部批准为国家级精品课程，2016 年批准为国家精品资源共享课程，2018 年荣获山西省教学成果特等奖。2011 年 9 月，张淑娟教授被邀请在全国农业工程学科专业与本科质量工程项目建设研讨会上做该课程建设经验的主题发言，得到了与会院士等专家和领导的高度肯定。该课程的建设经验还在《山西日报》、新华网等全国多个媒体上进行了宣传。

四、结语

在 2018 年全国教育工作会议上，习总书记强调教育引导学生培养综合能力，培养创新思维。李克强总理强调，坚持以教学为中心，突出创新意识和实践能力，培养更多创新人才、高素质人才。2018 年 10 月，教育部发布《关于加快建设高水平本科教育全面提高人才培养能力的意见》（教高〔2018〕2 号），提出增强学生的社会责任感、创新精神和实践能力，强调课堂教学革命。新的"机械制图与计算机绘图"课程实践教学体系的建立和实施，有利于提高学生对所学理论知识的工程实际理解能力，有利于培养学生的创新能力和动手能力，有利于提高学生的工程意识和专业素质，为学生今后相关专业课程的学习及未来工作奠定了扎实的基础。新的机械制图与计算机绘图实践教学体系的实施，还需要与信息技术深度结合，建立更好的实践基地，需要"走出去"，或者"请进来"，与相关专业企业相互交融，这是一个提高学生工程意识和实践能力的有效途径，有待于在以后的实践中进一步去拓宽和深入。

参考文献

［1］童秉枢，高树峰. 谈工程图学教学中学生创新能力的培养［J］. 工程图学学报，2008（6）：1-6.

［2］王秀英，白海英，张秀芝. 面向创新人才培养的工程图学综合实践［J］. 工程图学学报，2009（5）：148-152.

［3］付成龙，杨小庆，田凌. 机械制图研究型小课题的探索与实践［J］. 工程图学学报，2010（4）：156-160.

［4］冯涓. 美国高校工程图学教育特色分析［J］. 工程图学学报，2008（3）：139-144.

［5］莫春柳，唐超兰．从工程化的视角构建工程制图的教学模式［J］．工程图学学报，2009（6）：153-157.

［6］教育部，农业部，国家林业局．关于推进高等农林教育综合改革的若干意见．教高〔2013〕9 号，2013，12.

［7］教育部．关于加快建设高水平本科教育全面提高人才培养能力的意见．教高〔2018〕2 号，2018，10.

创新创业模式下实践育人的探索与实践[*]

——以山西农业大学工学院无人机创新团队为例

武志明　马金虎　王秦俊[**]

山西农业大学工学院

摘　要：2018 年 9 月 10 日，习近平总书记在全国教育大会上发表重要讲话，强调党的教育事业要遵循教育发展规律，培养时代新人。如何落实总书记坚持深化教育改革，培养大学生创新精神，加强大学生创新创业教育成为教育界关注的热点。本文以大学生"创新创业"活动为背景，以山西农业大学工学院大学生无人机创新创业活动为例，总结了学院在大学生创新创业活动中的实践平台搭建、建强工作队伍、创新创业能力培养的思路和方法，为创新创业模式下实践育人的人才培养提供经验和借鉴。

关键词：创新创业；人才培养；实践育人

引言

2015 年，李克强总理在政府工作报告中提出，在全面深化改革的征途上，推进大众创业、万众创新[1-3]。2017 年 12 月 6 日，教育部召开新闻发布会介绍《高校思想政治工作质量提升工程实施纲要》，提出切实构建包括实践育人在内的"十大"育人体系。2018 年 9 月 10 日，习近平总书记在全国教育大会上发表重要讲话，强调党的教育事业要遵循"九个坚持"的教育发展规律，要从"六

　　* 基金项目：山西省农业科技成果转化和推广示范项目（项目编号：SXNKTG201804）；山西省教学研究项目（项目编号：J2011025）；山西省高等学校教改项目（项目编号：J2015033）。

　　** 作者简介：武志明（1975-），山西河曲人，副教授，山西农业大学工学院，主要研究方向为农业航空工程、智能农机装备；马金虎（1967-），河南武陟人，副教授，山西农业大学工学院党委书记，研究方向为思想政治教育；王秦俊（1963-），山西闻喜人，副教授，山西农业大学三农服务中心主任，研究方向为"三农"政策。

个"下功夫上培养时代新人。要落实深化教育改革创新，就要在增强学生综合素质上下功夫，教育引导学生培养综合能力，培养创新思维。在创新创业教育等方面，国内众多学者在大学生创新创业团队培养模式探索[4-6]、大学生对创新创业教育的认知[7-9]、创新与实践等方面进行了探索研究[10-12]。作者近年来担任学院无人机创新创业团队的指导老师，指导团队在大学生创新创业方面开展了大量的实践活动。在大学生创新创业活动的平台搭建、学生创新创业能力培养等方面进行了思考和探索，初步形成了以行业应用为目标的人才培养思路和方法。

一、创新创业实践平台的搭建

山西农业大学工学院无人机创新团队的前身为山西农业大学工学院航模团队，最初由五名志趣相投的工学院学生自发组成。2015 年，学院为团队指定专职指导教师并申请专项经费搭建了实践教学平台，为团队配备了一架植保无人机与四架航拍机，为团队的发展提供了良好的平台，搭建平台以后，团队成员刻苦训练，强化实践技能。团队以服务农业为宗旨，以行业应用为导向，把航模团队发展壮大为无人机创新团队，团队队员秉持"吃苦能干，听从指挥，积极主动，团结创新"的原则，利用周末与暑假，迎着朝霞下地，踏着月色返程。在校院两级领导的高度重视以及指导老师的带领下，无人机团队开始了跨越式发展，虽然经费紧张，条件艰苦，但队伍从未退缩，挥汗如雨，把论文写到田间地头。

二、加强团队建设

农业科学是一门实践性很强的科学，田间的问题在实验室与训练中很难遇到，自然也很难被发现。只有先发现问题，进而才能解决问题；而发现问题，最好的办法就是到田间实践，脚踏实地，求真务实，做好每一个细节，发现具体问题，进而解决问题，在实践中形成闭环。行业的发展需要更多人的参与。以兴趣为起点，是团队招新的原则，也是队伍发展壮大的原动力，吸收各个学科中立志为农业进行服务的新成员，学科融合，传承理念，携手奋进，队伍越来越壮大。经过四年多的发展，团队目前有成员 280 多人。

三、实行校企合作，强化实践技能

在队伍壮大的同时，学院积极推行校企合作。迄今为止，团队与全国多家知名无人机企业签订了校企合作协议，与深圳大疆、河南安阳全丰、山东风云航空、北京天翼合创等无人机企业，山西飞象农机制造有限公司、山西农谷飞农植保科技有限公司、江西昌久世纪病虫害防治有限公司等服务企业都进行深度合作，为学生提供了大量的实践机会，有利于他们进一步强化实践技能。四年来，团队作业过的田块遍布全国十多个省市，累计面积达 50 万亩次以上，经验积累越来越多，对田间的复杂情况判断越来越准确，实战能力越来越强，在全国范围内形成了唯一——支由在校大学生组成的飞防团队，为行业培养与储备了大量优秀人才。

四、强化学生实践能力、创新能力的培养

"创新创业"是社会进步的永恒动力。农业的现代化离不开现代化的农业机械，创新对于现代化农业机械的发展也起到尤为重要的推动作用。多年来，学院坚持以培养学生的创新创业能力为抓手，鼓励学生多实践、勤动脑，以解决问题为目的。团队成员在实践中发现诸多具体问题，如植保无人机风场与雾场的混合与分离，作业环境的改变对作业模式的要求，速度与流量的匹配，专用喷头、无人机结构等具体问题。团队成员认真总结在实践中遇到的每一个问题，凝练问题本质，申报创新项目，培养创新能力，力求解决作业中的实际问题。团队始终坚持在实践中探索，在探索中创新，在创新中发展，在发展中育人的原则，不断提高学生的创新创业能力。

1. 鼓励申报创新创业项目与科研项目

近年来，团队成员本科生承担国家级创新创业项目 2 项（植保无人机喷头雷达控制系统的设计，植保无人机药箱剩余量实时监测系统、省级项目 1 项）植保无人机脚架系统的优化设计及改进，承担 2018 年山西省农业科技成果转化和推广示范项目"植保无人机叶面肥喷施技术的示范与推广" 1 项。截至目前，团队共申请发明专利 3 项、实用新型专利 4 项，这些项目与成果都来源于作业过程中的实际问题，对植保无人机作业效果有着明显的提高，对植保无人机应用技术的推广起到了积极的推动作用。

2. 以赛促学提高实践技能

在团队的发展过程中，为了进一步提高与强化实践技能，向同行与专家学习，学院支持团队参加了多项无人机相关赛事，如 2016 全国大学生无人机创新大赛、中国无人机与机器人应用大赛、中国大学生无人机与机器人创业创新方案赛、第十届全国大学生创新创业年会等。大赛对提高学生技能、拓展学生思维、培养学生能力方面起到了良好的催化作用，学生在实践、创新、创业等方面的能力和意识显著提高。

五、实践育人结硕果

团队成员经常在迎酷暑、顶烈日的环境中作业，吃着防中暑药下地，汗流浃背返程，晒黑了皮肤，磨炼了意志。经过大量的实践锤炼后，他们的经验与技能得到了大幅的提高，在多次大赛中都取得了优异的成绩，社会服务效益明显，社会影响巨大。

1. 团队参加大赛成绩显著

团队在参加的多项无人机相关赛事中均取得了优异的成绩，2016 年 11 月参加"2016 全国大学生无人机创新大赛"，以领先第二名 20 秒的成绩夺得喷洒竞技项目一等奖第一名，并入选了"山西省十大科学新闻"，被《山西日报》报道；2016 年 10 月参加"中国无人机与机器人应用大赛"，以优异的成绩入围决赛；2017 年 5 月，团队研制的"植保无人机喷头雷达定向系统"在"中国大学生无人机与机器人创业创新方案赛"上获全国二等奖；2017 年 9 月，"中国无人机与机器人应用大赛"总决赛中获得"植保无人机作业全国最佳服务队"称号，CCTV-7"科技苑"和"聚焦三农"栏目做了相关报道，《山西日报》和《人民日报》也对本次赛事做了相关报道；2017 年 10 月 27~29 日，"植保无人机雷达喷头定向系统"项目代表山西农业大学在"第十届全国大学生创新创业年会"在年会上做报告和成果展示。

2. 社会服务效益明显

在社会服务方面，团队坚持科技服务到山区，到田间地头。2016 年 7~8 月，航模团队派出七名优秀队员在江西昌久世纪进行了 40 多天的飞防作业，作业 6 万余亩次；2017 年 3 月，团队加入了"国家航空植保科技创新联盟"，并为理事单位；成立了"山西科普惠农农翼大学生飞防大队"；2017 年 4 月底，团队派出六人两架植保机参加"河南安阳百万亩小麦统防统治项目"，历时九天，作业面积 7800 余亩次；2017 年 7~8 月，团队在山西晋中市太谷县作业玉米蝗虫统防统治项目 1 万余亩次，在忻州市神池县参与忻州市政府扶贫"谷子富硒"项目，暑假期间共作业四万余亩；2018 年 7~8 月，团队派出 16 名队员赴江西省进行了 30 多天的飞防作业，累计作业面积 8 万余亩次；同时，团队有 20 多人留守山西太谷，进行了太谷县万亩玉米大斑病统防统治项目；还有 10 多人于山西省忻州市神池县进行谷子富硒作业 1 万余亩次，在山西太谷黑峰村牡丹园作业 2000 余亩次。期间，太谷县电视台、汾西县电视台、壶关县电视台、山西卫视等多家媒体对团队社会服务进行了报道。

3. 创新创业能力不断提高

学生通过农业生产一线的锻炼和参加一系列的竞赛活动，团队成员的学习能力与实践技能都得到了显著提高，有 2 名团队成员以专业第一的成绩推免到 985 院校（中国农业大学、东北大学）攻读学术型硕士，有 5 名学生考取硕士研究生（中国农业大学、吉林大学 2 名、中科院南京农机研究所、中北大学），有 8 名学生从事植保无人机相关工作，取得了良好的育人效果。培养本校无人机相关研究硕士研究生 4 名（毕业 1 名），本科生毕业生设计 12 名。截至目前，授权无人机相关实用新型专利 4 项。在实践中创新，在创新中育人，达到了良好的效果。

4. 社会影响巨大

2017 年 9 月，团队被山西省发改委、山西省科学技术协会评选为 2017 年"创响山西"十大创业创新团队。2018 年 9 月初，团队接到 CCTV7 农业频道的邀请，导演组希望在首个"中国农民丰收节"陕西杨凌分会场的直播现场展示植保无人机的编队飞行，在有限的空间内进行高密度的植保无人机编队飞行表演，对于飞手的心理素质和飞行技能和熟练程度要求极高。团队进行了反复的训练，尝试了多套飞行方案，从彩排到直播，克服重重困难，为保证飞行安全，还设置了一系列应急预案。9 月 23 日，由山西农业大学工学院无人机创新团队操纵的十架大疆 MG-1P 植保无人机代表现代化农业机械圆满完成了此次编队飞行表演，接受了全国人民的检阅。CCTV-2、CCTV-7"乡约"等多家媒体进行播出，社会影响巨大，对行业的促进效果明显。

六、结语

在经费紧张、条件艰苦、环境恶劣的条件下，团队成员迎难而上，砥砺前行，为乡村振兴贡献自己的力量。坚持以团队为核心，以传承为理念，携手奋进持续发展。从面朝黄土到仰望天空，让农民更轻松，让农业更智能，这是无人机创新团队一直努力的方向。农业的进步需要全行业的人共同推动，在山西农业大学实践育人的办学理念下，团队扎根黄土地，脚踏实地践行实践育人，符合时代需求。在摸索实践育人的模式同时，为社会培养了大量的优秀人才，为创新创业模式下实践育人的人才培养提供经验和借鉴。

参考文献

[1] 解读李克强大众创业万众创新：少不了一个"众"字. 中央政府门户网站 [引用日

期 2015-08-12].

[2] 国务院办公厅印发《关于建设大众创业万众创新示范基地的实施意见》. 中国政府网 [引用日期 2016-05-13].

[3] 国务院关于推动创新创业高质量发展 打造"双创"升级版的意见. 国务院 [引用日期 2018-09-26].

[4] 叶欣欣, 王德宽, 王晓亮. 艺术类大学生创新创业团队培养模式探索 [J]. 太原城市职业技术学院学报, 2018 (5): 159-160.

[5] 岳丽红, 武冬梅, 刘向东, 张跃华. 应用微生物领域大学生科技创新团队建设的专业引领 [J]. 科技创业月刊, 2017, 30 (10): 21-23.

[6] 彭晓帆, 许思杭, 徐梦翔. 高校全生态创业团队建设探索 [J]. 现代商贸工业, 2017 (14): 64-65.

[7] 周晓焱. 发挥"五老"作用 探索高职生创业就业服务体系——以昌吉职业技术学院为例 [J]. 党史博采 (理论), 2017 (12): 54, 57.

[8] 赵萨日娜. 关于数学建模竞赛中融入创新创业教育的思考 [J]. 文化创新比较研究, 2017, 1 (29): 62, 64.

[9] 张斌, 王东生. 大学生对创新创业教育的认知调查 [J]. 农村经济与科技, 2018, 29 (8): 260-261.

[10] 谢志远, 朱赛萍, 刘巍伟, 张呈念. 高职导师制的创新与实践——"导师+项目+团队"模式案例分析 [J]. 高等教育研究, 2014, 35 (4): 52-55.

[11] 陈国清, 刘静. 创业型大学建设探讨 [J]. 边疆经济与文化, 2014 (2): 107-108.

[12] 刘刚, 李庆亮, 王庆材, 张会. 林科类高校创新创业教育模式的探索与实践——以山东农业大学林学院开展创新创业教育为例 [J]. 张家口职业技术学院学报, 2013, 26 (2): 11-13.

物流管理专业实践教学

——顶岗实习模式的实践与思考

丁丽芳　王广斌　解晓悦*

山西农业大学经济管理学院

摘　要：顶岗实习是综合性实践教学环节，是培养学生专业实践能力和职业素养、促进学生就业的有效途径。本文通过介绍和总结物流管理专业在苏宁北京物流中心的顶岗实习模式的实践，分析了顶岗实习这一模式在物流管理专业学生实践能力培养中的意义、效果及顶岗实习中存在的主要问题，对于物流管理专业如何开展实践教学进行了思考并提出了建议。

关键词：物流管理；顶岗实习；实践教学

一、物流管理专业及实践教学基本情况

山西农业大学经济管理学院物流管理专业（120601）属于管理学门类（12）、管理科学与工程专业类（1206），是学院最新成立的专业之一。2007 年 12 月，专业申报农林经济管理（物流管理方向）获得批准，2008 年招生 44 人，2013 年备案批准成立物流管理专业，2017 年通过学位授予专家评审，现已毕业学生 10 届（其中物流管理专业有 2 届共计 241 名毕业生）。截至 2018 年底，物流管理专业有 2015 级和 2016 级在校生 173 人（2017 年停招，2018 年按工商管理大类招生还未选专业）。

物流管理专业始终坚持以教学为中心，以科研为支撑，以学科建设、师资队

---

* 作者简介：丁丽芳（1971-），山西长治人，副教授，山西农业大学经济管理学院物流管理系主任，研究方向为农产品物流、农产品供应链；王广斌（1960-），山西运城人，教授，山西农业大学经济管理学院院长，研究方向为区域农村发展、农林经济管理；解晓悦（1966-），山西太谷人，副教授，山西农业大学经济管理学院副院长，研究方向为农产品营销、农业经济管理。

伍建设、实践能力培养为抓手；始终坚持扩大学生知识面，强化实习实践环节，培养学生专业实践能力，努力培养基础扎实、适应面宽、应用能力强的高级应用型人才的育人理念。

物流管理专业实践教学环节主要包括课程实习、专业实习、毕业实习，学生在四年学习中实践"不断线"，一、二年级以课程实习为主，以模拟、演示、案例分析、观看教学光盘等方式进行；二、三年级以专业实习为主，以模拟、演示、实习基地实地参观、企业顶岗集中实习及学院推荐实习单位学生自主选择分散实习等方式进行；四年级以毕业实习为主，实行导师负责制。

近年来，在学院的努力下，和北京苏宁物流中心（以下简称为北京苏宁）、山西汾阳贾家庄生态园区、山西太谷通宝醋业有限公司等签订了校企合作协议，建立了物流管理专业稳定的校外实习、实训基地。特别是自2016年以来，每年8月，物流管理专业的学生都到北京苏宁物流中心进行为期十天的顶岗实习，三年共计291人参加了顶岗实习。此外，还会有其他的物流企业在企业业务繁忙时期接收学生进行短期顶岗实习，如2016年有33名同学到远成物流公司进行了为期2个月的实习，2018年有十多名同学到京东物流实习1个月。

二、物流管理专业实践——顶岗实践的运行模式

为了解决教学设施资源有限、实验器材不足的情况，学院经协商与北京苏宁物流中心签署校外实习基地协议，通过让学生进入物流企业进行顶岗实习，帮助学生结合学校所学的理论知识，更好地认识物流、了解物流，探索物流管理的核心思路和方法，锻炼意志，积累经验，实现复合应用型物流人才培养的教学目标。

1. 顶岗实习单位简介

顶岗实习的单位为北京通州区马驹桥物流产业园区融商四路六号的苏宁易购北京仓。该企业成立于1990年，历经空调专营、综合电器连锁、全品类互联网零售三个阶段，在中国和日本拥有两家上市公司，年销售规模超过3000亿元，员工18万人，是中国最大的商业企业，位列世界五百强第485位，中国五百强第二位、零售业第一位。在互联网、物联网、大数据时代，该企业实施"一体两翼三云四端"的互联网零售战略，坚持顾客服务、商品经营的零售本质，O2O融合运营，开放物流云、数据云和金融云，产品线从家电、3C拓展至超市、母婴、百货、数据、金融、内容等产品，通过四端协同实现无处不在的一站式消费体验。物流是零售发展的基础能力，因此苏宁建立了覆盖全国的物流网络，实现立体化存储、自动化拣选、可视化配送，进一步完善跨境物流和农村物流，重点

突破航空物流、冷链物流，为开放平台商户、上游供应商和社会用户提供安全、高效的物流服务。

北京苏宁注册资金53062.85万元，现已建成物流基地一、二、三期三代物流基地，有效面积近30万平方米，存储能力达几千万件商品，单日发货能力可达百万件，主要承担北京苏宁有限公司覆盖北京15个城区郊县及河北廊坊、保定、张家口地区的连锁网络的配送服务。

2. 顶岗实习实施方案

在教学期内，老师和学生都有既定的教学任务要完成，所以将顶岗实习的时间选择在了假期，又考虑到学生有考研复习及物流工作强度较大的因素，所以选择了十天的实习期。经过协商，顶岗实习主要集中在8月14日到8月25日，北京苏宁"818"大促销活动期间，苏宁免费给提供住宿及餐饮，按日支付实习工资并承担每人300元的往返交通费用，多出来的部分由学院全部承担。顶岗实习的实施方案如下：

（1）往返交通安排。学生去程选择合适的车次由太谷到北京，然后由苏宁派大巴到北京西站接到物流基地；返程由苏宁派大巴送到北京西站，坐火车从北京到太原，然后校车到太原去接站返回学校。

（2）实习活动内容。第一，物流方向。参与北京苏宁物流货物入库、上架、分拣、扫描、打包、出库、盘点、复核、配送、运输等物流环节岗位的工作。第二，售后方向。具体工作职责：负责北京售后服务商费用结算跟进及基础客服问题处理。第三，客服方向。具体工作职责：负责北京客服日常客户服务处理工作。

（3）实习活动说明。第一，专业实习工作时间。物流二班倒，售后、客服正常班次，十天总工作时间不超过八十小时。第二，专业实习期间福利待遇。实习生薪资2016年为70元/天，2017年及2018年为90元/天+实习生签订实习协议，企业给每位学生交纳雇主责任险，学院为学生购买短期意外保险。企业提供免费住宿，住宿条件为八人间，配有暖气、空调、封闭阳台、24小时饮用开水，免费洗浴。提供一日三餐。三餐标准为：早餐2~3元，中餐、晚餐每餐12元，中、晚餐标准为四菜一汤、主食管饱、免费提供汤及水果。

三、物流管理专业实践——顶岗实践的育人效果分析

1. 顶岗实习提升学生的综合能力

顶岗实习的实践教学方式符合学校"培养应用型、复合型的物流管理高级人

才"的教学目标。在实习的过程中，学生可利用岗位上相关的物流器材、物流信息系统软件、流程手册，结合自己的实践体验加深对相关理论知识的理解和应用，在实践中把握物流运作流程和操作要点，形成系统性、整体性的管理思维，提升综合能力。

实习是大学生学习专业中的重要组成部分，是学生锻炼动手能力的可贵机会，尤其是进入大企业实习，可以充分发挥和展示学生的才华，并且是学生将学校里学到的专业知识进行应用的重要途径[1]，可以加深对所学专业的了解，确认喜欢或擅长的行业，学生实习是在真实的工作环境中进行，可以发现自身的一些不足和工作中的不熟悉的知识，意识到自己技术的欠缺，能够在具体的工作中提高自己的技术技能、在与同事们共同工作中提升自己人际交往能力、培养团队精神，在工作中培养吃苦耐劳的精神，积累工作经验，提高综合素质。

2. 顶岗实习增强学生的就业竞争力

顶岗实习这一方式，切实符合学生强烈的就业实践要求和学校就业实践目标[2]。当下社会大学生就业难的现象已经不是一个新鲜的话题，如何在纷繁复杂的就业情况下提升并保持学生和学校的就业竞争力，显得尤为重要。对于物流行业而言，工作经验尤为重要，通过顶岗实习可以对学生进行就业技能实践培训，在学习专业技能的同时积累工作经验，增强学校物流管理学生在就业竞争中的竞争力。学校和职场、学习和工作、学生和员工的身份转变都是质的改变，它们之间有着很大的差异，实习提供了一个从学生变成员工，从学习变成工作，从学校走进职场的机会，让大家真实地接触职场。有了实习的经验，学生以后就业的道路就会少走很多弯路。

3. 顶岗实习为实践教学开辟新的方向和道路

顶岗实习的实践教学方式切实符合创新型教学的要求，为实践教学开辟新的方向和道路。学院之前组织过集体实训，但是就规模和时间而言，顶岗实习规模大、时间长[3]，比到企业参观更能让学生对企业有深刻了解。在企业顶岗实习的工作经历也可以切实帮助学生就业，顶岗实习是实践教学在创新型教学实践道路上的一次积极的探索。学生通过实习一是增加见识，可以真正地去探索理论表述中的内容，了解物流收、发、存的全貌；二是锻炼沟通能力，通过上下级、同事间的沟通也可以提升自己的人际交往水平，不论以后是否从事物流行业，都有助于学生的职场发展；三是提高技能，在实际作业的过程中，除了装卸搬运之外，还有入库签收、堆码、发料配送等多方面的技能知识，也有利于工作处理逻辑思维的形成；四是创新，现实生活中的物流存在诸多浪费、不合理、高成本的现象，可能是因为公司的管理机制也可能受限于现有设备、厂房、人员的配置情况，正是这种不足才给了物流管理专业学生以更多的空间去改变和创新，对于学生而言，同样对于一名即将步入职场的新人而言，这种去发现、去改变的态度和精神尤为重要。

4. 顶岗实习的实践教学取得的成果

通过课程培养和教学实践，学生综合素质、综合竞争力不断提升。2016～2018 年，物流专业毕业率、授学位率均为 100%；毕业生就业率分别为 93.40%、94.33%、95.23%；考研率分别为 9.4%、15.8%、16.67%。

物流管理专业学生就业单位地域范围广、入职行业多样，涵盖生产、销售、科技、物流、金融、教育、文化等企事业单位，在不同的工作岗位上贡献了专业所学，实现自身社会价值，专业对口度相对较强，符合本专业人才培养服务方向。在毕业生就业单位中，民营企业所占比例最高为 73.23%；其次为外资、合资企业，比例为 19.51%；国有企业所占比例达到 5.23%，党政机关、科教文等事业单位占 2.03%。根据学院对毕业生就业后电话回访，多数毕业生对工作薪酬、工作环境比较满意。

学院通过问卷、电话回访等途径了解用人单位对物流专业毕业生的职业能力、职业素养等综合素质、毕业生工作表现的满意度，"吃苦耐劳、踏实肯干、诚实守信"方面受到了用人单位的一致认可，满意度达 90% 以上。

四、关于物流管理专业实践教学的建议与思考

实践教学是巩固理论知识和加深对理论认识的有效途径，是培养具有创新意识的复合应用性物流人才的重要环节[3]，是理论联系实际、培养学生掌握科学方法和提高动手能力的重要平台，有利于学生素养的提高和正确价值观的形成，通过近几年实践教学，主要的建议与思考有如下几个方面：

1. 改革传统的教学方法和考核方法，构建以社会需求为导向的教学体系

物流教学体系与社会需求严重脱节。物流企业普遍要求毕业生有实习经历，注重基础业务的动手操作能力，高等院校把培养高层次物流人才作为主要目标，人才培养模式与物流岗位实际需求相脱节，培养出来的毕业生往往综合能力较差，操作能力不强，难以适应岗位要求，而学生对就业环境给予过高期望，企业提供的就业环境有限，因此学生就业困难，导致很多人不得不放弃学习多年的物流专业，从事与专业不对口的工作，造成人才的浪费[4]。物流专业是一个实践性很强的专业，学校要大力培养物流专业人才的实践能力，构建社会需求导向的教

学体系，逐步完善实践教学体系，培养学生物流职业技能，社会需求的岗位和技能是物流学科建设过程中的偏重领域，学院应根据企业岗位设置的技能要求，进行课程设计开发，引入岗位技能施教的教学理念，设计契合企业岗位的教学方案，改革传统的教学方法和考核方法，构建以社会需求为导向的教学体系[5]。

2. 物流教学资源的改善迫在眉睫

虽然大部分高等院校都建有校内物流实训室，但受限于场地和投资，只是简单地配备计算机机房，模拟软件和硬件，与高速发展的物流实践无法同步，如自动化仓储、自动分拣线、配送小车等先进的物流设施因为投资有限而无法配备，少数配备的院校的物流实训室又未能有效利用[6]。

很多高等院校用的物流专业教材过于理论化。在物流课程设置中，物流专业实践课比较少，比较缺乏专业化的实践环境，物流教学软件资源的开发可以辅助教学动画视频案例，教学软件等教辅资源的开发可以给学生提供模拟的实践环境，对教学方法的改革起到了促进作用，慕课、翻转课堂、微课等教学方法、越来越受到教育工作者的关注，但是物流管理专业的师资大都没有企业从业经验，实践经验缺乏，实践水平及现代化教学水平迫切需要提升[3]。

3. 校企合作不充分

由于许多因素的制约，校企合作和产学研结合的良好局面并未打开，与苏宁的合作才刚刚开始，物流专业的学生到苏宁去顶岗实习只有十天，时间比较短，出于对于培训成本的考虑，企业只让实习学生做些初级的工作，学生能学到的技能有限，也影响其实习的积极性。还需要对学生的实习需求进一步了解和分析，积极引进物流相关企业，第三方物流、仓储运输、货代等企业，让学生有更多的实习选择，得到相应的锻炼。并且，根据学生的个人情况，请企业应尽量为他们提供发展的空间，让能力突出、表现优秀的实习生担任见习领班或主管，还可以在实习结束后评选优秀的实习生给予奖励，这既可以锻炼实习生的管理能力，也可以激发他们的工作热情，增强学生毕业后留在实习企业就业的信心。同时，企业通过实习期的磨合与观察，可以发现一些有培养价值、有发展潜力的梯队骨干，为其储备管理人才。此外，还需要与物流企业加强沟通，了解企业存在的困惑，让相关专业的物流教师深入企业进行调研，为企业解决实际问题，加强校企合作的力度。

4. 分层次、分需求提供多样化的专业实习方式

物流管理专业的专业实习需要安排在大部分专业课程学习完之后的大三暑假进行，此时有许多同学开始了考研的复习课程，所以即使实习期只有十天，仍与

暑期考研复习时间有冲突，考研的同学在参加时有顾虑。而对于不考研的同学，又认为实习时间太短且只能在一个岗位工作，无法对物流中心所有的工作岗位进行学习，且学到的知识有限，同时因为企业分工较细，所以在顶岗中容易对工作产生片面的理解。再有就是物流工作强度大，特别是夜班工作，对于没有接触过社会的学生而言，有很多人无法适应，感觉很累，加上第三方物流企业在促销的两三天内工作量激增，有个别同学无法适应，从而产生抱怨。还有很多的学生家住得比较远，假期到北京实习，来回路费成本较高。因此，需要积极"走出去"与更多的物流企业建立校企合作关系，能够提供多个时间段、多个地域的实习岗位，如寒假、暑假，太原、北京、上海、内蒙古、东北等地多种选择方案，让学生有更多的选择，满足学生多样化的实习需求。

5. 加强对学生的思想教育和顶岗实习的组织工作

第一，做好心理疏导，帮助学生做好角色的转换。一方面，在实习前给学生普及心理学常识，引导学生掌握基本的心理自我调节技巧。鼓励学生积极参加社会实践等活动，培养和锻炼学生的人际交往能力，掌握人际交往知识和技巧，正确处理各种人际交往问题，提高学生的抗挫折能力。加强学生岗前指导，重要的一点就是帮助学生做好心理定位，引导学生分析自身的优点和缺点。顶岗实习关键是要有一个良好的心态和勤奋肯干的韧劲。要勉励学生从身边的小事，从不起眼的工作做开去，天道酬勤，激发在校学生参与实习的自信心和责任感。

另一方面，在实习中要特别强调学生在企业顶岗实习期间所具有的双重身份，他们既是学校学生又是企业的准员工，让他们充分认识到身份、角色变化所带来的差异，加强他们的学习自觉性和工作主动性。还要引导学生不断地调整自己的心态，尽快完成从学生到职业工作者的角色转换，了解实习企业管理的基本职责和各岗位的工作流程，掌握实习企业管理服务工作的基本技能，掌握实习企业各相关部门的运作程序，通过实践锻炼，进一步端正与巩固专业思想，巩固所学的专业知识，培养认真负责的工作态度和踏实肯干的工作作风，学会与人相处交往，尽快适应工作环境、工作角色和人际关系。

第二，和实习企业一起可以开展丰富多彩的活动，增强学生的归属感。学生顶岗实习单位如果能重视学生的心理需要，积极开展适合学生的各类活动，学生就会比较安心工作；反之，如果企业完全把学生当作一名员工，除了工作外没有业余活动，学生就比较浮躁。从心理学角度解析，即一个人到一个陌生环境后的归属感决定了学生的工作情绪。所以，学生在顶岗实习期间，企业的工会要为学生搭建活动平台，开展提升其各项素质的拓展训练，参加关于企业文化的培训，参观具有地域特色的景点，组织学生与企业职工参加联欢等，以提升学生的企业归属感。企业要有较为完善的实习生管理制度，有专门的人事部门和工会成员负责实习学生的日常管理工作。当发现学生存在心理上的不安定因素时，及时与实习指导教师沟通。企业还应举办一些面向实习生的文体活动，如球赛、歌舞晚会等，丰富学生的业余生活。

第三，充分发挥学生干部作用，形成良好团队精神。从多年来的实践经验来看，如果能在班级组建之初，就形成一支得力的学生干部队伍，将会为后续的班级管理及思想工作开展带来很大的益处。班干部不仅能及时了解学生的思想动态，且在给予充分授权的前提下，还能帮助班主任应对和处理一些简单的同学间的思想、情绪问题。因此，通过推动和激励学生干部群体发挥模范带头作用，使他们在各项工作及实习过程中为其他同学树立榜样，从而带动全体同学逐步养成积极主动、独立自强的良好团队氛围和职业行为规范，并最终达成顶岗实习的目的。

物流行业正在飞速发展，虽然中国物流行业粗放式增长，但全球物流及供应链的发展，必定带来中国物流业的集约化增长，物流行业的快速发展和转型升级，对物流人才形成巨大需求，如何在数量和质量方面培养出符合社会各行各业需要的各种类型的物流人才，已成为进入 21 世纪后教育主管部门，物流行业，物流企业和院校共同关心的问题，由于历史的原因，目前我国物流从业人员整体基础薄弱，行业从业人员接受系统教育的程度偏低，对现代物流，电子商务等新方法，新技术了解还不够深入，不能适应物流行业发展需要，而物流教育的发展也相对滞后，无论是物流学历教育，还是物流职业教育，在教学内容、教学方法、实训环境等方面还有很多不足，不能满足物流行业高速发展的需要，物流科研也没有跟上物流行业发展的脚步，物流行业百花齐放，而对行业标准，运营方式，应用技术的研究，缺乏理论引导规范，必须正视物流教育中存在的问题，结合物流行业的发展过程，通过一系列的改革，实施物流教育解决方案，构建社会需求导向的物流教育体系。

参考文献

［1］刘利猛，夏利利. 地方本科院校物流管理专业顶岗实习存在的问题与对策 ［J］. 中国市场，2015（50）：14-15，17.

［2］许正环. 目标管理视角下创新大学生顶岗实习管理方式研究 ［J］. 价值工程，2018，

37（6）：50-53.

　　［3］张伟坤，罗一帆，张长海．创新顶岗实习模式，助推教师教育改革［J］．实验室研究与探索，2016，35（1）：206-208.

　　［4］李明亮，李文斌．"企业项目案例实践+顶岗实习"IT创新人才培养模式探讨［J］．当代教育实践与教学研究，2017（11）：89，79.

　　［5］李科生，肖林根．应用型本科顶岗实习"教—考—评"教务管理平台构建探讨［J］．湖南大众传媒职业技术学院学报，2016，16（3）：107-110.

　　［6］韦皓恩．移动互联网在顶岗实习管理中的应用探究［J］．时代教育，2018（2）：61.

食品科学与工程学院实践教学改革的探索与思考[*]

冯翠萍　程　刚　王晓闻　赵水民[**]

山西农业大学食品科学与工程学院

摘　要：针对当前人才培养方面学生实践能力不足的突出问题，食品科学与工程学院经过多年探索与实践，形成了"124N专业实践育人体系"，确定了学院牵头管总、各系负责实践内容、分团委负责学生思想教育的运行模式。通过专业实践锻炼，使学生的专业认识、专业能力、意志品质、团队协作、自主意识、未来规划等得到了综合的提升。

关键词：实践教学；人才培养；124N

以习近平同志为核心的党中央坚持教育优先发展战略，对教育工作做出一系列重大决策部署，我国的高等教育也进入了"以提高质量和效益为中心"的内涵发展新阶段。

在这个大背景下，食品科学与工程学院重新梳理本科教学和人才培养现状，通过分析研判认为，人才培养中存在的突出问题仍然是学生实践能力的不足，解决问题的突破口和重要抓手就是以专业为依托深化实践教学改革[1]。根据这一思路，食品科学与工程学院近年来改革创新，积极探索，主动作为，围绕学生专业实践能力培养这个总目标，把实践教学改革作为"牛鼻子"工程，重点加强校

---

* 基金项目：山西省高等学校教学改革创新项目（J2019070，J2019060）。

** 作者简介：冯翠萍（1970-），山西应县人，教授，山西农业大学食品科学与工程学院副院长，研究方向为食品营养与安全；程刚（1974-），山西武乡人，讲师，山西农业大学食品科学与工程学院党委书记，研究方向为思想政治教育；王晓闻（1968-），山西朔州人，教授，山西农业大学食品科学与工程学院院长，研究方向为食品营养与安全；赵水民（1971-），山西闻喜人，副教授，山西农业大学党委常委，副校长，副教授，研究方向为思想政治教育。

内、校外两个实践平台的建设，分层次对全体学生进行实践锻炼，探索形成了"124N 专业实践育人体系"，极大促进了学院教育教学改革和学院各项工作，学院的人才培养质量和办学育人水平得到了显著提升。

一、基本情况

食品科学与工程学院历来重视学生专业实践动手能力的培养，学院的人才培养质量和用人单位的满意度也借此得到了提升。党的十八大以来，学院对照国家关于高等教育的新要求对学院的人才培养工作重新梳理定位，以实践教学改革为突破口提升了专业实践育人的成效[2]。

通过几年的探索总结，食品学院基本形成了覆盖全体学生、四年不断线的完整的专业实践育人体系，即"124N 专业实践育人体系"。其中，"1"即一个目标，就是一切紧紧围绕专业实践能力培养这个总目标；"2"即两个基地，就是加强建设校内校外两个实践基地，充分用好校内校外两种实践育人资源；"4"即四个层次，就是对全体学生分四个层次进行实践能力锻炼和培养：大一年级开展专业认知实习，大二年级开展暑期驻厂实习，大三年级开展科技创新训练，大四年级开展毕业设计科研锻炼；"N"即多种形式，就是积极引导和鼓励全体学生根据兴趣爱好，自主参加多种形式的"微实习""微实践"创新创业活动。

二、运行模式

通过几年来的探索实践，食品科学与工程学院"124N 专业实践育人体系"的运行模式基本确定为学院"牵头管总"、各系负责实践内容、分团委负责学生思想教育的模式。

1. 学院"牵头管总"

学院负责专业实践总体方案的制订，主要包括基地建设、实践调整、教学计划调整、人员调配、安全保障、思想教育。

在校领导的大力支持、教务处的具体指导下，学院的专业实践总体方案通过几年的探索检验基本定型。

（1）实践基地建设。在抓好校内基地建设的同时，加大力度侧重于与食品企业联合建设校外实践基地。经过几年的积极努力，学院的校外实践基地由 2014 年的 10 多个扩展到 2018 年的 40 多个，其中省外的实践基地超过了 10 个，还有 2 个海外实习基地正在积极洽谈。

（2）实践时段调整。学院将实践教学的重点放在大二阶段，实践时间自

2014年起由大三暑期调整到了大二暑期，更加贴合了学生的考研、就业安排和学校的教育教学安排，使学生的自我规划和学院的总体安排更加协调与契合。

（3）教学计划调整。在教务部门的指导下，学院对教学计划进行重新设计，对第五学期的开课时间做了重大调整，将葡萄与葡萄酒专业的开课时间调整为10月底，食品科学与工程专业、食品质量与安全专业、生物工程专业及生物工程专业（食用菌方向）开课时间调整为10月8日。

（4）指导老师调配。学院成立实践教学领导组，成员由院领导、教授代表、系主任、辅导员、党政办与教学办人员组成。根据各专业特点，领导组下设了四个实践教学小组。实践教学的指导老师由领导组共同商讨确定，根据不同内容由一个或几个老师来担任。

（5）实践思想教育。思想是行动的先导，只有认识到位，行动才会自觉。学院探索建立了思想教育体系：一是利用会议来进行思想引导和教育。在大一入学教学中增加实践教育的内容，目的是让新生对学院的实践教学体系形成总体认识。在大二第二学期初学院召开"吹风会"，期中召开大型动员会，期末召开安排会，出发前对每个小组进行再动员。二是利用学院网站和微信平台开展思想教育。重点将各实践小组的学生情况、进展情况等进行及时播报，达到凝聚师生对专业实践的共识、赢得家长及社会支持的目的。

（6）实践安全保障。安全是一切工作的生命线。实践安全保障从两个主体、三个层次进行：两个主体就是学校和企业，三个层次就是交通安全、岗位安全、食宿安全。学院从两个方面来确保安全，一是从思想方面进行教育，事实证明这是安全当中极其重要的一环；二是为学生购买相应的保险险种，以期化解潜在风险。企业着重从岗位安全和食宿安全方面负责。

2. 各系负责专业实践内容

根据学院的总体安排，各系就所负责专业分年级对学生专业实践进行总体研究安排，开展专业思想教育，与企业对接岗位。

（1）大一年级安排。大一的实践内容为专业认知，实践时间基本确定为第二学期期末考试之前的周末，用时半天到一天。实践内容与相关企业共同确定，实践目的重在让学生对专业有基本认知，对所学专业的行业情况基本了解，重点不在于对专业行业了解的深入，而在于了解专业行业的全貌。

（2）大二年级安排。大二实践内容为专业能力培养，这也是四年的专业实践教育当中最重要的阶段，实践地点主要在校外企业，实践内容由企业根据情况安排到多岗位学习锻炼，时间从暑期开始，为时4~10周。实践期间学生以员工身份接触真实工作场景，与员工同吃、同住、同劳动，各系安排有关教师到企业进行具体指导。

（3）大三年级安排。大三的实践内容主要由大学生科技创新项目、参加校内外创新创业大赛组成。系里安排专业教师与学生结对，重点指导学生开展科技创新项目的申报与实施，或者组织学生外出参加科技创新比赛。

（4）大四年级安排。大四的实践内容主要围绕毕业论文设计展开，重点在科学研究，系里安排教师指导人数不等的学生在实验室开展具体研究。

3. 分团委负责思想教育

分团委在学院总体安排和指导下，在学院党委副书记具体领导下开展专业实践工作的思想教育、宣传动员、分组安排、送行陪伴、日常管理、实习总结等。

思想教育工作分年级展开，主要通过班团例会和年级大会的形式开展，利用微信、QQ 等即时通信媒体进行教育内容的推送。分组安排工作主要根据企业需求情况进行，如人数多少、男女生比例等，负责组长的培养和确定等。送行陪伴工作的重点是进一步消除学生不良情绪，协调到达实习企业的食宿安排，负责出行的交通安全等。日常管理工作的内容主要是帮助学生进行实习与学校安排的外出比赛、补考等的协调和请销假等，负责解答学生疑问、回复家长咨询等。实习总结工作内容主要是组织学生撰写实习报告、开展优秀实习生评选表彰等。

三、育人效果

通过专业实践教育，学生的专业认识、专业能力、意志品质、团队协作、自主意识、未来规划等得到了综合提升[3]，毕业生就业率、考研率持续提高，用人单位的反馈越来越好，学院也赢得了家长及社会的广泛认可和赞誉。

1. 专业实践能力的提升

通过专业实践，学生的能力在以下方面得到了提升：一是由笨拙到娴熟，同学们的动手操作能力和专业技能有了很大提升；二是在实践当中磨炼了意志，学会了吃苦，学会了如何面对困难，学会了工作方法，让自己实实在在接了地气，做事态度变得更加踏实；三是促进了独立思考，可以用学到的知识分析解决现实当中的问题，对未来有了更多自信；四是强化了团队意识，学会了沟通，学会了团结协作，对团队的集体荣誉感有了更深的认识；五是学会了感恩，通过亲身实践对父母有了更深刻的理解，对老师和学校的关心教育有了更多理解，也加深了对社会的责任感。

2. 专业理论知识的完善

通过专业实践教育，同学们将课堂理论知识切身应用到实践中，在实践中加深对理论知识的了解和掌握，同时也在实践中学到了课本上没有的知识，丰富和完善了既有的理论知识体系，增强了专业自信，激发了专业学习的兴趣和动力[4]。

3. 综合素质的提升

学生的综合素质在以下方面得到了提升：一是实践教育，学生对食品行业和社会有了深刻了解，对未来的工作岗位和规划有了清晰的定位，便于及早积蓄将来所需的知识和能力，进行科学的生涯规划；二是通过锻炼，学生参与创新创业的积极性得到极大提高，近年来学院大学生科技创新的申报项目、获批数量均位居全校前列，学生的就业率、考研率持续保持在高位，并在 2018 年双双跃升至全校第一位；三是通过实践，学生深切明白了责任、使命和担当的含义，为学生们成长为有理想、有信念，敢担当的社会主义建设者和接班人奠定了基础。

四、建议与思考

专业实践对学生培养的重要性无须赘言，因此实践教学的改革还需要进一步完善，围绕这一改革目标还需要进行课程体系改革、专业内容调整改革等一系列教育教学改革，最终实现把学生培养成高分、高能、高素质人才的教育教学目标。

一是学院要继续做好人才培养顶层设计，加强本科教育教学，加强学院综合改革，集聚育人力量，满足创新型、复合型、应用型人才培养目标的需求。

二是重视校内实践基地建设，更要重视和利用企业的力量加强校外实践基地建设，使更多社会优质资源转化为育人资源，为学生提供更多、更好、更安全的实操机会。

三是加强对学生的专业思想教育，树立"实践出真知"的导向，科学有效地引导学生对实践的认识、对学院实践育人的理解和支持。

四是加强宣传，营造更加浓厚的氛围，引导学生情绪，引导家长理解和支持，赢得社会认可，提供坚强的思想保障。

五是继续探索与行业企业的协同育人机制，通过实习实践将人才培养与社会经济发展结合得更加紧密。

比认识更重要的是决心，比方法更关键的是担当。今后，学院将继续抓实践教学"牛鼻子"，育用人单位"香饽饽"，聚焦人才培养核心使命，围绕激发学生学习兴趣和创新潜能，提升学生实践能力和综合素质，进一步深化教学改革，引导青年学生够敏锐洞悉未来、自信拥抱并引领未来，努力成长为德智体美劳全面发展的社会主义建设者和接班人。

参考文献

［1］刘明贵．实践教学在应用型本科高校人才培养中的地位和作用［J］．高等农业教育，2010，2（2）：6-9.

［2］魏好程，倪辉，翁武银等．"卓越人才"实践教学改革探索与实践——以食品科学与工程专业为例［J］．集美大学学报，2016，17（5）：72-76.

［3］伍军，党登峰，敖日嘎等．强化创新实践能力培养打造食品科学与工程专业卓越人才［J］．高等农业教育，2016，4（4）：57-59.

［4］高斌，罗均华，周亮．实践教学融入创新创业教育教学的研究［J］．教育现代化，2018，52：42-44.

中药资源与开发专业实践教学环节改革的总结与思考[*]

乔永刚　孙晋红　牛颜冰^{**}

山西农业大学生科学院

摘　要：中药资源与开发专业旨在培养复合应用型人才，提高专业实践能力是提高教学质量培养复合应用型人才的重要途径。山西农业大学中药资源与开发专业自 2006 年开始招生，大力推进实践教学改革，整合各类实践资源，着力构建多途径实践育人协同体系。本文详述了专业特点与培养目标；讨论了实践教学与人才培养的关系；介绍了中药资源与开发专业实践教学的改革和探索。该专业绘制了实践能力培养路线图，建立了安国药市实习体系、庞泉沟高山实习体系、药用植物生产实习体系；建设了专业实验室、公共实验平台和实习训基地。通过实践教学改革，完善了实践教学体系，提升了育人能力；提高了学生对专业的兴趣，增加了育人深度；培养了学生创新能力，拓展了育人宽度；增强了学生综合素质，提升了用人单位对毕业生的认可度。学生在参与中获得能力，提升了自身素质，培养了专业情怀。

关键词：中药资源与开发；实践教学；实践育人；教学改革

在新时代背景下，各行业对创新型和应用型人才的需求更加迫切[1]，提高专业实践能力是培养创新型和应用型人才的重要途径。实践能力培养也是培养创新意识、锻炼学生实践动手能力的重要环节[2]。教育部中药类教学质量国家标准明确要求中药类专业实验学时不少于 520 学时，实训、实习时间不少于 22 周，并

---

* 基金项目：山西省高等学校教学改革创新项目（J2015028，J2017031，J2017027，J2018079）。

** 作者简介：乔永刚（1979-），山西榆社人，副教授，研究方向为中药资源与开发；孙晋红（1967-），山西屯留人，讲师，山西农业大学生命科学学院党委书记，研究方向为思想政治教育；牛颜冰（1968-），山西壶关人，教授，山西农业大学生命科学学院院长，研究方向为中药资源与开发。

达到教学计划与教学大纲的要求[3]。教育部《高校思想政治工作质量提升工程实施纲要》提出构建"十大育人"体系，扎实推动实践育人，要求坚持理论教育与实践养成相结合，整合各类实践资源，构建实践育人协同体系。

一、中药资源与开发专业简介及专业培养目标

山西农业大学中药资源与开发专业始建于 2005 年，于 2006 年首次招生，至 2018 年已有 9 届毕业生共 672 人走上工作岗位。本专业现有省级教学名师 1 人，省级精品课程与省级精品共享课程 2 门，设有农业农村部中药材产业体系试验站 1 个。

中药资源与开发专业涵盖中药学与生物学两大学科，该专业对实践教学要求较高，注重培养学生动手能力，要求中药学与生物学理论能结合生产实际。该专业的培养目标为：适应社会主义现代化建设和中医药事业发展需要，具备中药学基础理论、基本知识、基本技能，掌握一定的人文社会科学、自然科学知识，具有良好思想道德、职业素质、创新创业意识和社会服务能力，掌握相应的科学方法，具有自主学习和终身学习的能力，达到知识、能力、素质协调发展的毕业生。该专业毕业生还能够从事中药资源的调查、鉴定、生产、保护、管理、开发、利用等方面的工作。

二、实践教学与人才培养的关系

实践环节是高等教育教学中非常重要的环节，实践教学有助于检验学生对理论知识的理解程度，使学生在理论与实践的互动中形成正确的价值取向，增强学生分析问题、解决问题的能力。大学生只有参与实践、深入到生产一线，才能了解社会、感知国家的需要和企业的需求、培养创新能力，从而形成正确的价值观和就业观。创新源于社会实践，服务于社会的需要，同时被社会实践所检验[4]。实践教学方法更加灵活，给学生提供自主学习的空间与条件，摒弃了"灌输型"教学观念，极大地提高了学生学习的积极性。实践性教学是培养学生创新意识、锻炼其实践动手能力的重要环节[4]。

高等农业院校肩负振兴"三农"的历史使命，培养学生的实践动手能力、创新思维、创新精神，造就一批适应时代发展要求、基础扎实、知识面广、能力强、素质高、符合"一懂两爱"要求、愿为"三农"服务的应用型创新型人才[4]。

三、中药资源与开发专业实践教学改革探索

1. 中药资源与开发专业实践能力培养路线

（1）实践能力培养路线图设计原则。坚持通识教育与专业教育相结合的原则。既要培养学生的科学素养和人文精神，又要培养学生的专业素养和专业技能[5]。坚持以学生为中心因材施教的原则。注重学生个性的培养，增加学生自主选择的空间，兼顾学生的兴趣、就业志向和市场的需求，使其灵活地选择适合自己的发展方向[6]。坚持以应用为本、创新提高的原则。以准确的办学定位和不同的服务对象为指南，把培养创新型与应用型高级专业人才作为目标[7]。

（2）实践能力培养路线图绘制方法与措施。成立中药资源与开发专业实践能力培养指导小组。由中药科学系老师、相关专业课教师、辅导员和班主任组成中药资源与开发专业实践培养指导小组，负责绘制实践能力培养路线图、编制实践教学大纲并指导学生完成实践教学内容。

指导小组按照基础能力、专业核心能力和拓展能力三大模块绘制实践能力培养路线[8]（详见图1）。

2. 建立科学的实习教学体系

（1）安国药市实习体系的建立。河北省安国市中药材市场，实习资源丰富。有安国中药材交易大厅、安国市中药文化博物馆、安国药王庙、安国药材种植试验场、药博园等。安国药市实习可依托安国药材种植试验场、药博园等基地，辐射安国市其他实习资源[9]。

实习内容主要包括以下四类：

一是药市信息与资源调查实习。调查安国中药材市场的商品类型、市场规模、交易方式、中药材的供需情况以及市场内的中药种类和药用植物种子种苗的种类，希望学生通过对药市信息与资源的调查，形成对我国中药材市场以及中药产业更加准确的认识，激发同学们对专业的兴趣[9]。二是药用植物学实习。实习地点为安国市药材种植试验场与药博园，要求同学们能够熟练运用细胞、组织、器官与形态学知识对药用植物进行识别与鉴定；将药用植物分类学知识应用于实际中来；掌握药用植物重点科属主要分类特征和部分大宗常用药材的原植物特征；熟悉生态环境与物种的相关性[9]。三是中药鉴定实习。中药鉴定实习的主要内容为中药材识别与真伪鉴定，要求学生将已学习的中药鉴定学的基本理论、基本知识和基本技能进行熟练的应用，熟悉中药材性状鉴定的一般方法，熟悉常用中药的主要性状鉴别特征[9]。四是安国道地药材栽培实习。道地药材栽培实习要

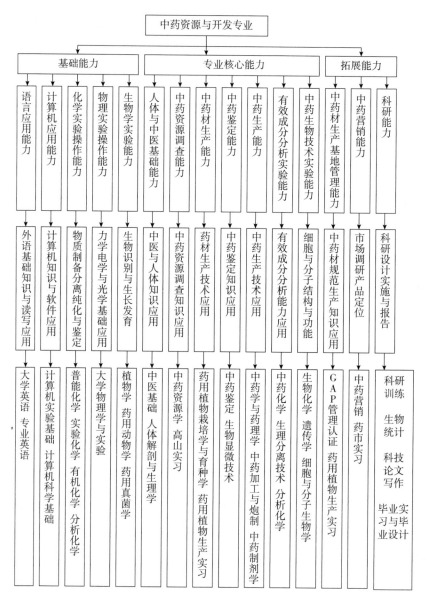

图1 中药资源与开发专业实践能力培养路线

求学生重点掌握安国"八大祁药"的栽培技术,能利用已学习的药用植物栽培学理论来分析栽培技术与中药材产量与质量的关系。通过实习掌握农事操作技术,培养学生理论联系际、分析问题、解决问题的能力,并强化动手能力的培养,培养"一懂两爱"的中药农业专门人才[9]。

（2）庞泉沟高山实习体系的建立。庞泉沟自然保护区年平均温度 3~4℃，无霜期 100~130 天，年平均降水量在 800mm 左右[10]。保护区有高等植物 88 科 828 种，其中蕨类植物 7 科 128 种、裸子植物 2 科 7 种、被子植物 78 科 809 种，另有丰富的地衣、苔藓等低等植物资源。保护区内药用植物资源丰富，有大量的甘草、黄芪、苍术、连翘、乌头、黄芩、柴胡等药用植物[10]。

高山实习主要内容包括以下三类：

一是中药资源考察与收集。调查该地区植被的类型与群落；调查野生植物的生态环境、生物学特性、经济性状和繁殖方式等；收集有关的野生植物种苗，对稀有珍贵濒危的野生植物及优良类型提出具体的保护措施[10]。二是药用植物识别与蜡叶标本制作。对庞泉沟保护区常见药植物进行识别与分类，每小组采集 20 种药用植物并制作蜡叶标本；进行鉴定与记录，同时详细观察记录该种植物的植物学特性与生物学特性[10]。三是药用植物生态调查。主要进行药用植物生态系统特征调查，本部分内容是在中药资源调查的基础上开展的，重点进行生态系统调查。主要内容包括物种调查、种群调查、群落调查和生态系统调查[10]。

（3）药用植物生产实习体系的建立。药用植物生产周期较长，无法集中完成，根据学院校内实习基地条件与课程性质，与药用植物栽培学与药用植物育种学课程同步进行，给每位同学分一块实习用地，要求学生完成从播种、田间管理到采收与产地加工一整套药用植物生产环节。通过实习，学生可以了解农事操作，熟悉药用植物的生长发育，提高对药用植物生产的认知度，从而增加对专业的兴趣。本专业同学在第三、第四学期不停课，分班进行。每位同学都有负责的地块，完成一整年的药用植物生产管理，由药用植物栽培学、药用植物育种学授课教师作为指导教师指导完成[11]。

3. 中药资源与开发专业实验室建设

中药资源与开发本科教学实验室有植物学实验室、植物生理学实验室、中药标本室、中药功能实验室、公共平台实验室 5 个专业实验室和学院基础实验室。另将 311、409 实验室设为中药资源与开发专业开放实验室，配置相应的仪器设备，让学生带着问题进入实验室。该专业现拥有实验设备 150 台套，设备总值 240 余万元。各类功能的教学实验室配置基本完善，利用率较高，基本满足中药资源与开发专业实验及实践教学需要；实验室管理制度健全，运行有序、高效。

4. 实习、实训基地建设情况

生命科学学院与本专业与河北省安国药材种植试验场、庞泉沟国家级自然保护区、山西省屯留县民康中药材开发有限公司、太原科创生物技术公共服务平台有限公司、恒丰强集团、山西振东制药集团等企业建立了合作关系，签订了合作协议等43个单位签订协议，校内外实习基地稳定、完善，运行有序；场地、设施能基本满足实践教学需要；管理制度健全、执行有力；建设规划合理。

四、实践教学改革育人成效

1. 完善实践教学体系，提升育人能力

中药资源与开发专业实践能力培养路线图构建了专业实践能力培养框架，确定了各实验、实习、实训环节之间的关系，明确各项实践能力培养任务定位，确定各项实践能力培养的时间进程。通过加强实践能力培养，近年来山西农业大学中药资源开发专业就业率一直在较高水平上下波动，本专业学生近三年就业率均高于90%。本专业升学考研去向以双一流高校和学科为主，研究方向包括中药学、生命科学和中药农业三大方向。

2. 提高学生对专业的兴趣，增加育人深度

专业综合性实习，涉及多门专业核心课程。通过实习，学生们接触了药用植物的野生环境，了解了中药资源的分布状态，认识了药用植物，加深了同学们对中药资源与开发相关理论的理解，提高了对中药资源与开发专业的认知度，从而增加了对专业的兴趣。对于实践性较强的专业，综合性实践实习是重要的教学手段，可以更好地融合不同课程的知识，使理论知识更主观更系统[11]。中药资源与开发专业实践教学通过近年来不断改进教学内容与手段，取得了良好的实习效果，得到本专业师生的广泛认可。

3. 培养学生创新能力，拓展育人宽度

中药资源与开发专业学生通过实践教学，提高了科学素养及创业意识。部分学生在校期间还进行了较好的科研与创业训练。张志红的《日常中药饮食》和赵慧亮的《互联网+智能农场》获得山西省"互联网+"大学生创新创业大赛省级优秀奖。胡艳改同学的《黄芪（Astragalus）优质种源种质筛选及评价》和武文君同学的《不同处理对重楼种子萌发的影响》获得山西农业大学第十三批大学生创新创业训练项目省级立项（2015）；张惠丽同学的《丹参丙酮提取物无公害化杀虫剂研发的研究》和安娜同学的《红树林根际富油菌株的筛选及特性研究》获得山西农业大学第十四批大学生创新创业训练项目省级立项（2016）。

4. 增强学生综合素质，提升用人单位对毕业生的认可度

通过课程实验、教学实习、科研训练和社会实践等多种途径完成实践教

学。任课教师将专业理论与实验实践紧密结合，提升学生对专业的认知、创新意识与科研素养，辅导员与班主任全程参与实践教学，将学生的核心价值观教育、综合素质与专业教育相互融合。近年来，我们对汉广集团、九州通集团、康美集团、天士力集团、陵川县农业综合开发局、屯留县民康中药材开发有限公司、孟县启耀中药材种植专业合作社等 10 余家主要用人单位，采用电话约访、问卷调查和实地走访等方式开展毕业生就业反馈调查。总体分析看，用人单位对本专业毕业生道德水准、业务水平、身心素质等方面给予高度评价，认为中药资源与开发专业毕业生在工作中都表现出较高的职业素养，对他们的吃苦耐劳的精神和团队协作能力等方面都给予了较高的评价；对我院毕业生的理论基础和专业知识等方面给予充分肯定，多数单位都认为我院的毕业生可以胜任自己的工作。

中药资源与开发专业深化实践教学改革，扎实推进实践育人，坚持理论教学与实践教学相结合，建立实践老师指导小组，利用实验、实习、社会实践和科研训练等平台，丰富实践内容，创新实践形式，严格按照专业培养目标培养合格人才，让学生在亲身参与中提升实践能力，了解社情民意，学农知农爱农，在实践中树立家国情怀。

参考文献

［1］李雨星，曹李海．高校研究型创新人才培育的路径探讨［J］．高等教育与学术研究，2008，9：105-108.

［2］付和忠，郭青．加强高校实践教学的若干思考［J］．中国成人教育，2008，12：143-144.

［3］教育部高等学校教学指导委员会．普通高等学校本科专业类教学质量国家标准（上册）［M］．北京：高等教育出版社，2018.

［4］常敬礼，杨德光，王国光．高等农业院校实验教学改革与学生创新能力培养［J］．黑龙江生态工程职业学院学报，2006，19（5）：67-68.

［5］霍晓婷，任广志，谭金芳．试论实验教学在培养创新人才中的作用［J］．高等农业教育，2002，133（7）：79-80.

［6］司贺龙，张靖，孙志颖等．基于专业实践能力培养路线图的生物技术专业应用型人才培养［J］．河北农业大学学报（农林教育版），2014，16（2）：51-53.

［7］王志刚．整合资源绘制专业实践能力培养路线图［J］．中国高等教育，2014，5：28-29.

［8］乔永刚，牛颜冰，梁建萍等．基于专业实践能力培养路线图的中药资源与开发专业

创新型与应用型人才培养［J］. 轻工科技，2016（12）：166-169.

［9］乔永刚，牛颜冰，刘建东等. 中药资源与开发专业安国药市实习体系的建立［J］. 药学教育，2011，27（2）：56-58.

［10］乔永刚，牛颜冰，梁建萍等. 中药资源与开发专业实习体系的建立——以庞泉沟高山实习体系为例［J］. 河北农业大学学报（农林教育版），2014，16（6）：83-85.

［11］乔永刚，牛颜冰，梁建萍等. 药用植物栽培学实验实践教学改革探索［J］. 轻工科技，2017（1）：132-133.

山西农业大学法学本科专业"四进互动"实践教学模式的反思*

李 静**

山西农业大学公共管理学院

摘 要: "四进互动"实践教学模式是山西农业大学法学本科专业开展的创新性实践教学模式,是指在教学中通过"四进"方式开展实践教学活动,加强"互动"增强实践教学效果。其实现形式主要有法律实务人员进课堂、法庭进校园、学生进法律实务部门、学生进社区。"四进互动"实践教学模式实施的积极效果主要体现为激发了学生学习法律知识的兴趣,提高了学生的法律职业技能,增强了学生的法律职业责任感;消极效果体现为实践活动形式效果大于实际效果,学生的参与积极性依然不是很高。因此反观"四进互动"实践教学模式的实施,法学实践教学依然需要进一步探索:首先明确法学实践教学的定位,旨在通过实践教学,使学生养成法律思维方式、法律职业认同、初步掌握法律技能;其次要合理制订法学实践教学的实施方案。

关键词: 四进互动;法学实践教学;实践育人

法学专业人才培养要坚持立德树人、德法兼修,适应社会主义法治国家的实际需要。培养德才兼备、具有扎实的专业基础理论和熟练的职业技能、合理的知识结构的复合型、应用型、创新性法治人才。因此,法学专业教育是素质教育和专业教育基础上的职业教育[1]。在法学教育职业化的背景下,法律职业技能训练对提高法律人才培养质量尤为重要,法律职业技能训练的重要途径即是法学实践

---

* 基金项目:山西省高等学校教学改革项目"农科院校法学本科专业'四进互动'实践教学模式研究"(项目编号:J2014033)。

** 作者简介:李 静(1976-),山西阳城人,山西农业大学公共管理学院法学系主任,副教授,硕士生导师,研究方向为法治乡村建设。

教学。因此，各法学专业院系纷纷进行法学实践教学改革，通过不同措施，采取不同形式提高法学实践教学效果。山西农业大学法学本科专业创新性实施"四进互动"实践教学模式，改革实践教学方法，提高实践教学水平。

一、"四进互动"实践教学模式的内涵与实现形式

"四进互动"实践教学模式是山西农业大学法学本科专业开展的创新性实践教学模式，是指在教学中通过"四进"方式开展实践教学活动：一是指法官、检察官、律师、调解员等法律实务人员进课堂，讲解典型案例、司法实践的最新问题以及立法和司法解释的最新动态，传授法律实务经验；二是指法庭、仲裁庭等进校园，彰显法律实践过程，宣传法律知识；三是指学生进法院、检察院、公安机关等法律实务部门，进行旁听，参与案件的辅助工作，与法律实务人员进行沟通交流，体验法律实施活动；四是指学生走出课堂，走出校园，进农村、进社区，进行法律宣传与法律服务，亲自实施法律。由此推动"请进来"和"走出去"的双向发展，实现理论教学与实践教学的互动，学生与法律实务人员的互动，学校学习与服务社会互动的一种创新性实践教学模式。此种实践教学模式通过多种实践教学形式，实现从最初的观念上感知、理论上接受，到直观的感受，再到亲身体验，最后亲自实践，使学生循序渐进地理解、掌握和运用法律知识，养成法律思维。

（1）法律实务人员进校园、进课堂，传授法律实务经验。例如，太原市第二届十大杰出青年律师、山西省恒驰律师事务所主任迟菲在讲座中结合自己经手的真实案例，紧紧围绕"什么是律师""如何成为一名律师"以及"成为一名优秀律师的必备因素"三方面展开具体阐述，深入浅出地说明律师作为一名社会工作者，要具备扎实的法学理论功底，并提醒学生把律师作为事业对待，把法律作为艺术追求，把案例归纳梳理作为自我提升的方式。又如，北京德恒（太原）律师事务所主任张培义在报告中表示，他始终坚持"德行天下，恒信自然"的工作理念，始终把公益理念融入法律服务，也希望同学们这样做。再如，山西省检察院金京海检察官凭借工作多年的丰富经验并结合案例，生动地为学生展示了检察官的职业技能、职业道德、职业理念。法律实务人员进校园、进课堂，直接又形象生动地展示了不同法律职业者的职业技能、经验、伦理，让学生获得了来自不同于课堂讲授、不同于教师思维的法律执业经验，提升了学生对法律职业的认同感。

（2）法庭、仲裁庭等进校园、彰显法律实践过程。法庭、仲裁庭等是法律

实务人员适用法律解决具体问题的主要法律形式。在审理过程中，当事人或其代理人、刑侦人员、鉴定人员、律师、检察官、法官等不同的人会根据自己的认知结构，充分适用法律，辨明案件实情，展示法律实施的过程。它以最直观的形式、最大化的人员参与、最直接的效果，体现法律的权威、公平、公正、公开。山西农业大学建设模拟法庭作为法律实践活动的场所，一方面，每个学年法学系组织学生参加两次校内模拟法庭活动，将之前获得的观念和理论上的法律认知和法律事务处理经验，通过模拟法庭活动转化成实践行动，获得亲身体验；另一方面，学院将真实法庭等请进校园，开展庭审活动，由学生帮助准备庭审、观摩庭审，最大限度地了解司法运行过程，同时学生通过和不同案件参与人的接触，真实地了解不同人群的法律意识、法律技能和法律理念，了解法治状况。

（3）学生进法律实务部门，体验法律实施过程。法学系与多家律师事务所、法院等建立了实践教学联系，每年暑假，法学系组织法学专业学生以集中或分散的形式，进入公安、法院、检察院、律师事务所、企业法务部门等进行至少一个月的专业实习，了解我国司法机关、司法行政机关、律师事务所以及其他从事法律事务机构的组织形式、业务运行规则等，系统性地参与辅助法律案件的审理、法律事务的处理活动，连续性地亲身体验法律实施过程。学生从中掌握法律技能，获得法律执业理念，感受法律职业伦理，体会理论和实践之间的差距，激发学生的法律责任感、社会正义感和努力学习的紧迫感。同时，法学系每年组织学生参加山西省大学生模拟法庭辩论赛，与全省法学专业大学生进行交流，体会法律的对抗性。比赛对手的未知、比赛时间的严格、比赛程序的严谨，以及评委的专业性，让学生对法律职业的尊严有更深的体会，对法律职业技能的要义有更深的领悟。

（4）学生进社区、农村、企业等，通过法律宣传、法律咨询等活动，亲自实践法律。法学系与司法局、消协等合作，每年的消费者权益保护日，都组织学生走出学校，走进中小学，走进社区，特别是进入农村社区，宣传法律知识，增强人们对法律的认知，提高人们的法律意识。尤其是通过活动学生可以为人们提供实际的法律咨询服务，进行真实的法律适用，而不仅是停留在体验阶段，提高了学生的法律责任感，增强了学法、守法、懂法的自觉意识。每年国家宪法日，法学专业学生都开展系列宣传活动，如宪法知识讲座、宪法宣传、法律知识竞赛、宪法演讲比赛等，特别是参加全国大学生"学宪法讲宪法"演讲比赛，加强了对法律知识和法律实务的认知。

二、"四进互动"实践教学模式实施的效果

"四进互动"实践教学模式实施以来，虽然取得了较好的效果，但也存在一些问题，分别体现在以下方面：

1. "四进互动"实践教学模式实施的积极效果

（1）激发了学生学习法律知识的兴趣。学生在参与模拟法庭的过程中，在提供社区法律咨询服务的过程中，发现许多生活中的问题看起来简单，解决起来似是而非、似懂非懂，自己所学的理论知识欠缺，不足以运用所学知识解决实际问题；在参加辩论赛的过程中，在进入法律实务部门实习的过程中，发现自己的思维方式还不是法律的思维方式。这些现象让学生产生了紧迫感和差距感，激发了学生学习法律知识的兴趣。

（2）提高了学生的法律职业技能。模拟法庭一直是法学院校所采取的一种广泛教学方法，教师组织学生对诉讼过程的庭审环节进行仿真式的模拟，学生通过角色扮演来实现专业知识的学习和专业技能的培养。学生通过参与模拟法庭活动，了解法庭庭审的过程，体会法律人的思维方式，锻炼口头表达能力、文字书写能力。法律实务人员的经验传授和法律实务部门的实习也使学生能够借鉴其他法律人的法律执业技能，来修正和提高自己的技能。毕业生开始专业工作后，能够在较短时间内进入法律岗位角色，并在后续工作中自觉学习意识强，发展潜力大。

（3）增强了学生的法律职业责任感。有理解才有认同，有认同才有责任意识。学生走出校门，进入社区进行法律宣传和咨询活动，处理社区法律问题，感受来自不同区域、不同生活状况、不同职业状况的人群的法律需求，了解他们的法治意识水平，接触到复杂多样的真实案件。这些客观现实活跃了学生的法律思维，强化了学生的职业素养，增强了学生的职业责任感。

2. "四进互动"实践教学模式实施的消极效果

"四进互动"实践教学模式虽然采取了多种形式，但并不能真正全部落到实处，实践教学效果和目的不能完全有效实现，主要存在以下问题：

（1）实践活动形式效果大于实际效果。首先，法律实务人员进校园没有形成常规化机制，在人员选定、课题选定等方面遇到一些问题，阻碍了实际效果的发挥。其次，法庭进校园活动受到体制机制的影响，难以常规化实现。再次，实践教学活动的开展受限于场地，常常要调整教学计划。并且模拟法庭活动的开展需要教师投入大量精力，精心组织，事实上法学专业教师工作量大，不能完全投入精力，使模拟法庭的活动流于形式。最后，学生进入法律实务部门实习，受山

西农业大学所处的地理位置以及实习经费所限，长期性实习无法落实住宿问题，所以实习部门多限制于太谷县，难以借鉴和学习到更大区域范围、更多法律实务人员的法律职业技能。

（2）学生的参与积极性依然不是很高。首先，法律实务人员进校园机会难得，组织者希望学生珍惜机会，组织全体学生参加，但学生由于各种原因，往往产生逆反心理，出现"人在曹营心在汉"的状态。其次，模拟法庭活动中，由于时间短，学生的专业知识能力有限，指导教师的组织指导又比较欠缺，部分学生并不想精心准备，直接从网上找到完整的案例，照本宣科就结束了，虽然程序完成了，但并没有学到知识，没有达到实践教学的效果。再次，学生进入法律实务部门实习，由于实务部门的工作任务繁重，许多情况下没有精力认真组织教学实习，会让学生做一些整理卷宗、打扫卫生等的"杂活"，也影响了学生参与的积极性。最后，学生进入社区进行法律服务，很多时候由于担心自己的能力有限，解决问题过程中出错等，在服务中并不积极。

三、"四进互动"实践教学模式的反思

蔡枢衡先生曾指出，法学教育同所有学科、专业教育一样，有三个根本问题："法律学教育的目的是什么？应该教些什么东西？最好怎样教？"实际上是指法学教育的目的、内容和方法，三者相互联系，互为因果。[2] 法学是以法律作为研究对象的科学，法律的特殊性决定了法学教育的特殊性，法律的实践性决定了法学教育的实践性。因此，法学教育需要在灌输法学知识体系的理论教学的基础上，强化法学实践教学，才能全面实现法学教育的目的。反观"四进互动"实践教学模式的实施，法学实践教学依然需要进一步探索，以达到实践教学的目的。

1. 明确法学实践教学的定位

"作为一种教学方式、方法，法学实践教学与传授学科知识体系的理论教学相对，本质上是课程的实践化，以问题解决为载体，以法律实践过程或模拟法律实践过程为手段阐明法律原理、法律规则。通过对法律实践过程的参与或模拟参与，受教育者在实际案例的解决过程中体验法学知识与方法的可能应用，养成法律职业素养，以形成解决法律问题的初步能力。"[3] 也就是说，法学实践教学本身所欲达到的目标，"并非在于通过四年的本科教育即可使法科毕业生在毕业后成为'成熟'的法律人，而应以本科毕业生在毕业后具备基本的法律分析和法律适用能力为目标。因此，法学实践教学只是在其所可达到的功能限度内给予学生更多的法律思维训练，其法律技能的进一步提高，在相当大的程度上，是需要

在其工作之后的实践中不断积累和养成"。[4] 诚如霍姆斯所言，"法律的生命在于经验，而非逻辑"。虽然市场上有各种形式的法律职业培训，如法律实务部门的入职培训、各种法律职业资格考试培训等，也被认为是法律职业技能训练，但不能等同于法学实践教学。法学实践教学是对法学理论教学内容的落实和贯彻，通过法学实践教学，让学生将理论教学学到的法律概念、法律规则、法律体系消化吸收，养成法律思维方式、法律职业认同、初步掌握法律技能。

2. 科学确定法学实践教学的实施过程

（1）设计合理的法学实践教学实施方案。科学合理的实施方案是实践教学顺利进行的保障。实践教学实施方案包括制定教学大纲、确定教学内容、明确教学要求、安排教学形式、确定教学组织实施人员、固定时间和场所等。例如，模拟法庭教学实践的教学内容可以确定为法律应用能力、文书写作能力、口头辩论能力、程序掌控能力，这样实践过程就不仅仅是形式上的表演。社区法律服务的实施方案包括前期规划、学习培训、社区服务、总结反思四个阶段。[5]

（2）确定实践教学的实施主体。涉及两个问题：第一，无论哪种实践教学形式，作为教学方法的法学实践教学都应由法学院系作为主导，设计实践教学内容、教学大纲和教学要求。这是因为法学院系对法学教育、法律知识体系、法学学科发展、法律实施过程有着明确科学宏观的把握，有能力安排教学过程。[6] 第二，法学院系不一定成为所有实践形式的具体实施者。例如，法学学生进入法律实务部门实习，教学大纲、教学内容和教学要求由法学院系协同法律实务部门设计，具体实践过程由法律实务部门根据教学要求具体实施，一方面充分发挥了法律实务部门的优势，另一方面解放了法学院系，可以更好地进行理论教学和科学研究。此外，模拟法庭也可由法律实务部门具体实施，这是法学院系与实务部门发挥各自的功能对法律人才进行联合培养的体现。法律咨询活动的实施应该由法学院系组织进行，观察学生提供咨询服务过程的状态，掌握实践教学效果。

（3）制定有效的实践教学保障机制。首先，建立长期、稳定的实践教学校外基地，确保校外基地有能力承担实践任务，有制度保障实践教学任务的实施。其次，建设一支专门的高效的实践教学师资队伍，包括有相应职业技能的法学院系专任教师、有相应教育能力的法律实务部门兼职教师。最后，建立科学合理的法学实践教学评价机制，设置合理的考核因素和方案，能引导学生积极参加法学实践教学活动，能激励法学院系教师积极参与法学实践教学活动，能鼓励法律实务部门人员积极从事法学实践教学活动。

山西农业大学法学专业"四进互动"实践教学模式即探索"课程体系+教学

团队+实践基地"的协同育人机制，创新法学本科专业实践教学形式，增强法学专业的竞争力，培养符合社会需要的法律专业人才。

参考文献

［1］普通高校法学本科专业教学质量国家标准［Z］. 2018-4-10.

［2］许章润. 清华法学（第四辑）［D]//蔡枢衡. 中国法学及法学教育［M］. 北京：清华大学出版社，2004：16.

［3］蔡立东，刘晓林. 新时代法学实践教学的性质及其实现方式［J］. 法制与社会发展（双月刊），2018（5）：97.

［4］房绍坤. 我国法学实践教学存在的问题及对策［J］. 人民法治，2018（16）：80.

［5］张翼杰. 社区法律服务：高校法学专业实践教学模式新探［J］. 陕西理工大学学报（社会科学版），2017（3）：95.

［6］蔡立东，刘晓林. 新时代法学实践教学的性质及其实现方式［J］. 法制与社会发展（双月刊），2018（5）：100.

TRIZ 理论指导农科院校信息类专业学科竞赛创新的实践探索*

刘振宇　杨怀卿　李林葳**

山西农业大学信息科学与工程学院

摘　要：夯实实践教学体系，培养创新创业人才，是如今高等院校完善专业课程体系，配合国家创新发展战略的有效途径。普通农业院校信息类专业主导地位薄弱，学科竞赛受到制约，缺乏竞争优势。本文提出利用 TRIZ 理论指导学生培养管理、课程以及创新等教学实践管理与过程的发展进程，从解决问题出发，分析当代大学生创新能力培养的方法、经验和规律；以山西农业大学信息科学与工程学院学科竞赛为基础，结合理论方法验证其方法可行，具有实践指导意义。

关键词：TRIZ 理论；学科竞赛；创新

引言

信息类专业主要是与通信、电子、计算机、网络等有关的专业。相较于理工科院校，地方农业院校信息类专业规模小、底子薄，实践教学开展通常只能进行常规教学，再加上全国范围内农业科学与工程方向"信息类"专业课程普遍存在开设时间短、数量少，内容不统一等问题，导致地方农业院校信息类专业教学与生产实际脱节，实践教学的力度不够大，特别是校企合作力度不够、实训课的内容不能适应岗位职业能力对学生信息化能力的要求。农业院校信息类专业一些

---

* 基金项目：教育部国家级新工科研究与实践项目；山西省教学改革项目（项目编号：J2018003）；山西省教育科学规划项目（项目编号：GH-17012）。

** 作者简介：刘振宇（1974-），山西汾阳人，教授，山西农业大学信息科学与工程学院副院长，研究方向为农业物料电磁特性；杨怀卿（1964-），山西稷山人，副教授，山西农业大学信息科学与工程学院院长，研究方向为计算机网络应用；李林葳（1989-），山西汾阳人，讲师，山西农业大学信息科学与工程学院教师，研究方向为农业信号与信息处理。

学生容易陷入反复进行理论学习而忽视动手实践能力的培养、课堂积极课后怠慢、根据分数结果衡量自身能力高低的怪圈，导致自信心不足、社会竞争力弱、主体地位欠缺、自主性学习积极性低等问题。另外，信息类专业课程的培养存在理论与实践脱节各自发展的问题，专业课本晦涩难懂、涉及面广、更新换代快，导致理论规律应用到实践中存在困难。

为了摆脱实践教学不足的窘境，改革和完善教学体系，积极鼓励和指导学生参加信息类竞赛成为推进地方农业院校信息类专业课程体系完善的建设性方法，指导信息类竞赛创新成为高校教师培养创新型人才的重要任务[1]。然而，对于在实践教学中如何激发学生的主动性、积极性和创造性，指导信息类竞赛创新，却没有系统性的方法。

TRIZ 也叫发明问题的解决理论，该理论揭示了创造发明的内在规律和原理，是基于技术的发展演化规律研究整个设计与开发过程，而不再是随机的行为。诸多学者也将其解释成萃智（萃取智慧）或萃思（萃取思考），生动形象、通俗易懂。TRIZ 理论是由苏联著名教育家根里奇·阿奇舒勒以及他的杰出团队在1946年提出的，他们将无数专利与创新方面的研究成果当作案例反复推敲与验证，得出重要的研究成果[2]。阿奇舒勒发现，只要涉及改进产品、变革技术、创新生产力问题，均与完整的生物系统类似，都会历经形成、生长、成熟、发展、老化、衰亡这一亘古不变的过程。人类一旦揭示并熟知这种内在规律，便会取得创新产品的主动权，设计样本与预测发展都不再成为阻碍，极其具有实用性[3]。在阿奇舒勒的引领下，苏联众多的高层、知识分子、研究机构纷纷组建 TRIZ 研究团队，分析与记录各个领域250万份有余的高质量发明专利，归纳得到多种技术开发形成可依照的内在规律，还有淡化多种技术问题以及完整体系与原理可循的物理问题。他们创造了一套实用性极强的完整理论体系，加之各领域学科法则的汇总与融合，一套经得起检验的 TRIZ 理论体系诞生了[4-5]。

一、TRIZ 方法与实践教学结合

本文将实践教学过程与管理和 TRIZ 理论相结合，采用工程化思想管理与激励学生参加竞赛，指导学生进行创新。

1. 体系构建

在体系构建上，基于系统论的观点，笔者将各个孤立的课程单元整合成一个信息类学科的有机整体，并进行分层管理，模块化的内容设置，实现构建原则、框架、运行及宏观管理模式的一体化，如图1所示。

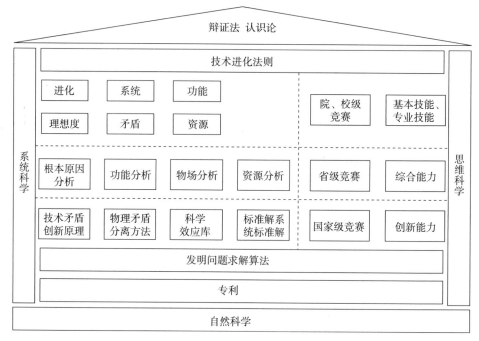

图1 TRIZ 理论与竞赛结合体系结构

2. 教授过程

在教授过程中，教师应将实践指导的作用尽力发挥到最大化，做到能灵活根据实践空间与环境的不同在教法中进行合理和及时的调整，以此满足学生的求知欲。运用多种教学方式方法授课，杜绝单一与重复，尊重学生个体差异性并因材施教，从个性中寻求共性，教学相长。与此同时，紧跟时代步伐，运用新媒体、新技术增加课堂的可接受性。

3. 学习过程

在学习过程中，学生应占主体位置，需认真对待求知这一关键过程。注重实践，注重书本知识与实际相结合的实践，尽力做好动手实践前的准备工作，该具备的知识点与实践所需的要求要做到了然于胸，切记不可两者脱节。在实践进程中多听、多看、多想，抓住要点，反复练习。实践后不可完全闲置，注重归纳整理，掌握内在规律，发现不足之处并加以改正。

二、基于 TRIZ 理论的竞赛指导体系

1. 构建适合地方农科类本科院校的科学、系统、切实可行的竞赛培养教学体系

开展学科竞赛培养教学活动，创建创新实践平台，将实践教学活动与创新实

践平台相结合，提升学生综合应用能力，突出学生综合职业素质，使知识真正转化为生产力，完成职业角色转换。进一步推进专业学习、综合应用、社会需求的促进融合，形成多层次完善学科竞赛教学体系架构。以山西农业大学信息科学与工程学院为例，学生参加的相关学科竞赛包括全国大学生电子设计竞赛、全国大学生数学建模竞赛、全国大学生智能汽车竞赛（飞思卡尔杯）、全国大学生高等数学竞赛、中国机器人大赛等。到目前为止，获得省级以上的奖励超过100项。学科竞赛培养体系架构如图2所示，获奖情况如表1所示：

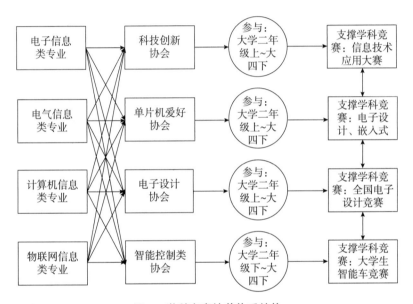

图 2　学科竞赛培养体系结构

表 1　2016~2017 年获奖情况

年份	获奖情况
2016	山西省全国大学生电子设计竞赛获山西省二等奖1项、三等奖5项；华北五省大学生机器人大赛舞蹈机器人（团体组）获山西省一等奖1项；山西省大学生电子设计竞赛获山西省二等奖3项；华北五省大学生机器人大赛获省级一等奖2项、三等奖1项
2017	国际水中机器人大赛全局视觉组—水中救援获一等奖1项、三等奖1项；国际水中机器人大赛2D仿真—花样游泳获一等奖1项；国际水中机器人大赛2D仿真—生存挑战获二等奖1项；国际水中机器人大赛2D仿真—抢球博弈获三等奖1项；全国大学生电子设计竞赛获山西赛区一等奖2项；世界机器人大赛格斗机器人大赛获一等奖1项、三等奖1项；全国大学生数学建模大赛获山西省一等奖1项

2. 优化提升学生社会竞争力的实践教学内容

优化实践教学内容，增加专业课程实验学时，加大实验室软、硬件设备结合的重视度并有效实施，多开设创新性、灵活性，能启发学生思维的实验。激发鼓励学生自主进行实验研究，不断充实与更新传统课程内容，与时俱进，避开传统的学科体系教学知识的分散性和独立性，将创新教育与工程建立思想得到双重结合体现，注重实践，培养独立思维能力。同时，学生应该加强理论在实践中的应用，解决实际问题，提高学生的分析与动手能力。

3. 探讨落实最佳地方农科院校信息类专业的实践教学模式

以"学科竞赛""专业认证""企业实践"为载体，项目研究模式与问题学习模式相结合的方式建立立体化的实践教学模式。针对多元化的学生能力提出了符合信息类专业特点的，合理运用多种教学方法相结合的方式培养学生独立思考能力以便解决学生自身存在的问题。学生要学会自学，提高独立思考的能力，可以独立解决与适应各种问题，这种方法可以培养自己的创新能力与动手能力，对学生的各方面提高非常重要。

4. 结合农业农科类院校信息类专业的特点开展工作

编写具有专业特色的实习实训教材、形成其他形式多样化的实践教学改革成果，组织编写、出版适合地方农业院校信息类专业的教材，发表相关教改论文，调研学生学习成绩、科研兴趣、竞赛参与度、升学就业率等数据，掌握教学改革效果。

扎实的专业基础理论知识是专业合格人才培养的基本条件，适当地将学科竞赛类题目引入课堂，引发学生思考，在思考、分析直至解决问题的过程中，培养学生理论联系实际、学以致用的能力。在专业课教学时，教学内容和教学方法都以培养学生应用能力为目的。同时，学院通过完善实验室安全管理条例、实验室设备安全操作规程、开放式实验室值班手册等管理制度，为学生开放了各类实验室等，为学生实践训练、课外活动、学科竞赛和科技创新搭建良好的平台。

三、实践与成果分析

下面以山西农业大学信息科学与工程学院为例进行成果实践与论证，学院设有计算机科学与技术、电子科学与技术、网络安全与技术、物联网工程四个专业。

1. 构建了适合地方农科院校信息类专业的实践教学体系

构建具有农业特色的"三层面、三平台"农科院校信息类专业的实践教学体系。"三层面"即学生学习的三个阶段：初期专业实验、中期实践操作、后期实习毕业，以此分别锻炼学生的基础知识掌握能力、动手操作能力以及应用提高能力；"三平台"专指以学生为主力的创新项目与学科竞赛相结合的创新平台，以学校为主力的基础教学的实验平台，以学校内外环境为主要因素的基地平台。因此，学生应发挥主观能动性多参与奉献其中，多元化的实践教学活动完善了农科院校理科专业的培养方式与体系，最大限度地缓解了前文所提到的重结果轻过程等突出问题。

2. 优化了适合地方农科院校信息类专业的实践教学内容

山西农业大学信息科学与工程学院现有计算实验室、电子实验室、网络实验室、物联网实验室及机器人实验室，开设了以"设计性+综合性"为主的专业实验课程，增加课程设计实践教学环节，强化对学生实践能力的培养。其中，实验、实训达到 500 学时，课程设计、实习、毕业论文（设计）以及其他实践达到 31 周，实践课时总数占总课时数的 30% 以上。此外，学院先后建立了在校外有多个能有效开展活动的实习基地，明确了实习、实训目的及内容，完备了实验室的管理规章制度和实践课程过程控制管理方法。

学校极其注重学生的创新思想以及亲身经历的实践能力，积极申报竞赛项目已是常态，如全国数学建模竞赛、国际水中机器人大赛、全国机器人制作、"蓝桥杯"、节能减排等创意科技竞赛等，这样的学习与参与方式能给学生带来很强的知识获得感与能力提升感。

3. 完善了适合地方农科院校信息类专业的实践教学模式

教学模式的完善与更新，将实践教学过程尽可能细化与具体化，突出问题意识，循序渐进，层层铺展开来剖析与解决，有效把握教学规律并指导相关实践，根据学生的个体差异性加以运用，有利于发现问题，对症下药。尝试多种教学实践方法，在实践中归纳与总结，提炼出最适合发展的教学方式，让学生从心底接受并逐渐培养自主探索的兴趣感。[6]

4. 取得了多样化的实践教学改革成果

出版农科院校信息类专业教材 2 部，发表教学论文 5 篇，研究报告 1 份。学院学生在信息类竞赛中取得的好成绩确实可观，能力的培养与获得突飞猛进。尤其是在自 2013 年来所参加的各类竞赛中均有突出表现，获得可圈可点的好成绩。

2013 年、2014 年申请多项科技创新项目。教师负责任，学生感兴趣，参与率呈上升趋势。在此项目的推动下，本院教师获得 7 项校级教改项目，相继发表十余篇专业教改文章，参与多部专业教改教材的编写与修订，毕业生成功就业率与优质考研率直线上升。

构建了适合地方农科类本科院校的实践教学体系，形成了合理的教学模块和教学内容。从"大工程观"的观点出发，加强数字化、综合化、系统化实训体系，建立农业工程背景下创新意识和工程实践能力为核心的现代农业信息化实践教学新体系；重视问题的深入挖掘、学科交叉的引入、设计方法学的变革，在软硬件建设、教学方法与教学手段改革等方面实现全面突破；实现学生各方面工程实践能力和综合素质的提高。[7]

5. 提高了学生就业率

学院注重培养学生端正的学习态度与学习兴趣，学院有许多社团，学院有多种政策支持和鼓励学生参加各类学科竞赛，为学生自主学习创造能动的环境和条件，调动其自主学习的积极性，激发学生的求知欲。通过采取以上措施，提高了学生的学习兴趣与各方面素质，学生就业率有了很大的提高，如表2所示。

表2　2016~2018年学院学生就业率

毕业年份	总人数（人）	就业人数（人）	就业率（%）
2018	258	247	95.74
2017	230	213	92.61
2016	225	202	89.78

四、结论

该项目总结分析了信息类专业的教学研究规律，结合地方农科类院校的特点，针对现在教学实践中存在的问题，以提高学生综合能力为培养目标，整合实践教学和学科竞赛培养人才模式。构建了适合地方农科类院校的实践教学体系，并形成了合理的教学模块和内容，教学和实践运行效果良好。以能力培养为目标，将学科竞赛与专业教学相结合，丰富和完善教学模式，推动教学体系的改革。以学科竞赛推动教学改革，利用教学改革提高学科竞赛成绩，相辅相成、互为促进、共同提高，形成互动的具有特色的创新人才培养模式。

参考文献

[1] 田艳兵，张民，赵瑞艳等. 以学科竞赛为驱动的电气信息类大学生创新能力培养的

课程体系研究［J］. 教育教学论坛，2017（33）：102-104.

　［2］郭鑫. 基于 TRIZ 理论和项目导向的计算机专业课程改革研究［J］. 济南职业学院学报，2014（2）：70-71.

　［3］卢俊，卢尚工，梁成刚. TRIZ 理论在创新教学中关于理想解的教学建议［J］. 科技视界，2017（10）：37.

　［4］黄琴. 基于 TRIZ 理论的高校学生管理创新方法探索［J］. 科技信息，2012（9）：22.

　［5］Savransky S D. Engineering of Creativity：Introduction to TRIZ Methodology of Inventive Problem Solving［M］. Boca Raton：Crc Press，2000.

　［6］杨智皓. 基于 TRIZ 理论的砖茶包装机创新设计［D］. 昆明理工大学硕士学位论文，2016.

　［7］成思源，王瑞，杨雪荣等. 基于 TRIZ 的专利规避创新设计［J］. 包装工程，2014（22）：68-72.

"3+1"培养模式中实践教学环节的探索

成丽君　秦　刚　李富忠*

山西农业大学软件学院

摘　要：本文主要从人才培养目标的整体规划、培养方案的优化设计，校外实践基地的完善等介绍山西农业大学软件学院实践教学基本情况；从课程安排、项目带动、团队式培训、管理培训生模式及组建实验班等总结实践教学运行模式。通过对实践教学育人成果的梳理，从改进培养方案、坚持项目驱动、深化双师培养、改革校企合作、重视效果考量五个方面提出进一步优化实践教学的针对性思考和建议。

关键词："3+1"培养模式；实践教学；校企合作

党和国家历来高度重视实践育人工作，坚持育人与实践有效结合，是党教育方针的重要内容。加强高校实践育人工作，对于深化教育改革、提高人才培养质量，具有重大而深远的意义；探索并贯彻执行实践育人，是高等教育自身发展，服务于建设创新型国家和人力资源强国的必要途径。

一、基本情况

软件学院自 2013 年成立之初发展至今，注重学思结合、行知统一、因材施教，以强化实践教学为办学基本宗旨，积极调动整合可利用的校内外资源，努力推进实践育人取得新成效、开创新局面。

1. 做好顶层设计，制定整体规划方向

山西农业大学软件学院于 2013 年经山西省人民政府批准成立，以培养国际化、复合型、实用性的创新型软件人才为使命，以产学研用紧密结合为主线，以

---

* 作者简介：成丽君（1980-），山西太谷人，副教授，山西农业大学软件学院副院长，研究方向为软件开发指导；秦刚（1977-），山西朔州人，讲师，山西农业大学软件学院党委书记，研究方向为思想政治教育；李富忠（1969-），山西浑源人，教授，山西农业大学软件学院院长，研究方向为大数据分析、区块链技术。

"技术与素质并重、理论与实践结合"为宗旨，从整体上构建"3+1"人才培养模式。软件工程专业学生在本科阶段前三年在校内学习，第四年在北京、上海、广州等一线城市的合作实训基地实训实习，学生毕业要求开发出有实际应用价值的软件并获得软件著作权。

2. 优化培养方案，强化实践教学环节

实践教学是深化课堂教学的重要环节，是学生获取、回顾，真正掌握知识的重要途径。根据软件工程不同专业、不同方向的教学需求，学院致力于从不同角度深化培养方案中的实践教学方法改革，重点推行基于问题、基于项目、基于案例的教学方法和学习方法，不断加强综合性实践科目设计和应用。在学院培养方案的总体规划中，专业课程中实验课时占总学时比例为 35.2%；实践专题课 4 门，共 128 课时，旨在培养学生动手能力；课程实践课 4 门，分别在 4 个学期开设、持续 5 个教学周，意在提升学生该学期相关课程的综合实践能力。

3. 打造育人平台，加强校外基地建设

通过持续努力，学院与多个国家计算机、软件行业权威机构建立合作：与国家电子计算机质量监督检验中心合作建立山西分中心；建立全球最大的企业软件公司美国甲骨文公司（ORACLE）的山西教育中心、中国大学生 ICAN 创新创业实践教学基地山西基地、中国计算机学会直属的山西农业大学学生分会、全球性三大 IT 测验与教学研究中心之一的 Certiport（思递波）公司在山西唯一的国际认证考试中心、大疆无人机山西培训中心等挂靠软件学院。此外，学院在一线城市还建立了 3 个有稳定合作的实训基地。通过对平台的运营和基地的建设，逐渐满足了培养专业知识扎实、应用能力强、行业技能熟练，且具有良好沟通协调能力的创新创业综合人才的需要，为实践育人提供了有力保障。

二、运行模式

实践育人工作是提高高等教育质量的重要抓手，是培养社会急需人才、推动学生就业的重要途径。立足软件行业发展对软件专业学生培养的需求，分析毕业生就业情况，明确实践育人目标，软件学院在创新人才培养模式、课程实践教学改革以及实践育人条件创造等方面展开了积极的探索与尝试。

1. "3+1"培养方案定基调

为提高学生的实践能力，实现学生从学校毕业到企业就业的无缝对接，增加毕业生就业机会，软件学院自成立之初就践行"3+1"校企合作人才培养模式：学生在校内学习 3 年，第 4 年赴企业实训实习。

在校学习的 3 年期间，学院始终坚持把实践育人工作摆在人才培养的重要位置，整体布局，宏观考量，系统设计实践育人教育教学体系，设定相应学时、学分，合理增加实践课课时，确保实践育人教育教学工作全方位、持续性开展。学生按照人才培养的规定完成公共基础教育课程、软件专业基础课程和软件专业技术课程的学习，掌握足够的基础理论知识。在此基础上，在大一至大二 4 个学期的学期末，教学计划中有固定的课程实践课，邀请企业的优秀项目工程师，与校内教师合作，带领学生对本学期所学重点内容进行串联回顾。通过 4 个学期累计 5 周的课程实践课，有目的、有针对性地重点培养学生基础理论与实际应用相结合的能力、分析问题和解决问题的能力，为即将面对的专业方向选择打好基础，同时为学生大四进入企业环境做好预期铺垫。除实践课程外，人才培养方案中还设置了 4 门共计 128 学时的实践专题课，分别是"计算机基础专题""应用软件专题""平面设计专题"和"网络技术专题"。四门课程相互配合，分别从硬件基础、审美提升、网站组建等方面入门引导，意在激发和培养学生的专业学习兴趣，对初次接触软件工程专业的学生给予系统的基础知识普及，极大地增强了学生的动手能力，尤其强调对学生"计算机思维"方式的训练，启发设计灵感，开拓设计思路，提高设计能力和创新能力，培养了学生用框架整合设计思想和"计算机思维"方式进行计算机编程。

与校外实训基地联合培养的 1 年，学院与达内集团、Oracle 甲骨文公司等大型上市企业开展了多种形式的合作，包括进行知名 IT 教育企业课程培训、教师到企业进修培训，完善校外实训实习基地建设，以多角度、多途径培养具有较强实践能力的应用型人才。在与实训基地的合作中，首先坚持"项目带动"，要求实训基地提供真实项目案例为学生毕业设计内容，让学生直接参与企业正在进行的项目研发、技术升级、设备改造、产品开发等项目并完成实习任务。实训期间，学生会分成若干个小组，每个小组分别完成一个指定任务，每项任务均有具体的运行目标和考核标准，要求学生根据所学理论、实践知识并结合市场需求，提出可行的解决方案，并在一次又一次的运行中寻求最佳方案；其次推行"团队式培训"，实训基地专门成立由高级项目经理、高级工程师、高级技术主管等项目核心人才组成的培训团队，定期有针对性地就学生在项目开发中遇到的问题进行指导，并穿插讲授技术研发、产品设计、知识产权保护等知识与技巧，加强学生对所学知识及企业运作、市场规律的了解；最后推行"管理培训生模式"，除了专业技术的学习与培训，在企业文化、时间管理、有效沟通、演讲技巧、团队精神等方面增加学生涉猎，促进学生全方位提高与社会实际环境的对接能力，减少毕业就业时身份转换带来的不适。

2. 实验班组建探新路

软件工程是一门科学性与工程性并重的学科。2017 年，学院成功申请到教育部产学协同育人项目实验班，与世界知名企业达内集团合作探索实践育人新模式。

2018 年 7 月，第一届实验班正式开班，以"课程设置模块化，教学过程一体化"为教学思想，通过学生自主报名、企业考察、专业筛选，最终有 193 名学生进入该实验班学习。该实验班单独编班、单独制订教学计划，强化培养学生的实践动手能力，更加贴近实际需求。采用模块化一体式教学，在教学内容上由校内教师和企业合作的专家团队共同确定，以实际项目为课程驱动，把所要学习的内容进行整合归类，形成理论化、系统化的模块教学体系。同时，在教学方法上打破理论课与实践课的界限，边学习边让学生动手操作，从而提升学生动手能力。在模块化教学中，学习目标是围绕实践技能需求，打破原有的学科界限来确定教学内容和需求，设置教学环节和进度，理论教学服务于实践训练，在实际项目推进中检验理论掌握程度。直接接触实际项目，让学生更早地与就业对接；在项目实践中检验理论知识的掌握程度，及时发现理论学习的薄弱环节，哪里不会补哪里，在实践中加深学生对理论的认知，进而提高学生独立解决问题的能力。第一届实验班在学习中以"飞机大战"、服务器、学子商城项目框架、前端、优化等为案例，贯穿了多线程编程、计算数据、控制数据的计算流程操作等知识点，针对页面技术打下坚实基础，提高学生页面实操能力。

本届实验班，以教育部高教司产教融合协同育人项目为依托，引企入校，让企业需求跟学校教学课程体系改革实现无缝衔接，真正实现产学研用一体化。让学生实现学中做、做中学，并且让学生掌握互联网应用开发的专业知识，具有较强的计算机操作和应用能力，具备良好的职业素质和职业技能，最终成为能够从事企业级应用及网站的设计、开发、测试、维护、运营、管理等相关工作，并能适应全球化企业需求的高素质应用技术人才，以促进学院教学内容课程体系教学改革。

三、育人效果

学以致用，知行合一，服务社会，成就自我。通过学院师生的坚持努力，虽然软件学院建院时间较短，但在以下几方面取得了一定成果：

1. 实践技能强化

综合性、实践性较强的实践教学，能够让学生在本科教育期间获取更多计算机基础技能，培养动手能力，熟悉日常办公相关的计算机技术，同时激发对本专业的学习兴趣，使学生能够在掌握软件功能和制作技巧的基础上，启发设计灵感，开拓设计思路，提高设计能力、创新能力，为进入社会奠定基本技能基础。

2. 应用成果显著

软件学院的实践育人，采用"理论基础+实践技能+人文素养"的方式，准确定位培养目标，把学生的专业发展定位与区域产业发展、岗位任职要求、企业人力资源需求相对接。这种专业与产业对接、毕业设计与实际项目对接的模式，为学生提供了更多的实习、实践机会和就业岗位，让学生能较早地接触到未来工作环境。从选好专业的那一刻，学生就可以有目标地边学习边实践，实现了学校与企业的无缝对接。截至目前，学院毕业生的毕业设计已经在校园管理、物联网应用、生活助手、求职助手、农业信息化等方面取得了可直接转让的著作权，成为"看得见"的成果。

3. 未来前景广泛

受山西省科协委托，学院学生在教师的带领和指导下，开发农业技术在线实时问答平台"农科110"，普惠农业技术知识，解决了农科专业远离一线生产、一线生产缺少最新技术成果的矛盾。基于智能无人机控制的植保飞防，截至目前，已为吕梁、永和等地近千亩山林农田提供智能化药物喷洒服务。

近年来，学院对实践育人的坚持取得了丰硕成果。学生累计获得国家软件著作权240余项、专利5项。学院成立了学生竞赛办公室，每年拨出10万元的经费用于支持大学生参加各级学科竞赛。2016～2018年学生参加省级以上比赛累计700余人次；获得国家级一等奖5人、二等奖10人、三等奖14人、优秀奖23人，省级一等奖34人、二等奖45人、三等奖74人、优胜奖40人，各类奖项合计110余项。学院有创新创业团队30余支，毕业生就业率保持在96%以上。

四、建议与思考

在探索新途径的过程中，必然会遇到一些新课题，在推进学院实践育人建设的过程中，学院也发现了一些亟待解决的问题。针对这些问题，结合软件学院实践育人做法，笔者提出如下建议与思考：

1. 改进人才培养方案，构建实践育人体系

结合市场需求和能力要求，不断修订人才培养方案，持续完善实践育人模

式，实行"一年一级一方案"，构建实践能力、创新精神的培养体系，以德育实践为引领，以专业实践（含课内实验、课程实践、实践专题、实训实践）为主干，以文体实践、社会实践为"两翼"，以全程化、全方位、全员化、协同化为特征的"六位一体"实践育人体系。

建立科学的多级管理体制，充分利用现代化科学技术手段进行实践教学的监督与管理，使实践教学管理工作信息化、规范化、透明化；合理制定教学大纲，完善并保存相关文档，严格执行各项规章制度；确保实践经费充足，加强实验设备的维修与保养，提高设备的完好率；组成"院、系、教研室"三级领导班子，指导和监督实践教学过程，同时负责实践教学环境的不断改善。

2. 坚持项目驱动方式，完善育人合作平台

实践教学环境在实践教学过程中有举足轻重的作用，是实践教学的前提条件。能否建立固定的校内外实习、实训基地，是否有协议保障，是否有长期合作计划，是否有良好的教学与研究环境，是否有工程化实训平台等，都是科学量化考核的具体方面。

学院要紧密结合学生成长成才需求，整合实践资源，以项目为驱动，建设多元一体化的实践育人服务平台。实施"就业引导推动计划"，面向全院学生提供工程实训、科研训练、创业实训与模拟、创新创业大赛、创新创业成果转化等各类服务。大力实施实践特色项目，将往届毕业设计作为案例素材贯穿于实践教学中。

3. 深化双师导师培养，强化理论实践结合

结构合理、能力强、视野广，特别是有工程经验的实践教学队伍是保证实践教学的关键。软件学院结合"三基"建设，制定《教师能力提升培养计划》，组织教师赴企业进行工程项目学习，提高教师的实践能力，逐步向工程化、实践能力强等为重点的素质教育转变。学院指定并推行"双师型导师陪伴"计划，实施全过程、全方位、个性化"校内导师陪伴"计划，组建"企业+专业"的企业导师团队，发挥校内导师在学业与专业指导、自我认知与管理，企业导师在职业能力训练与提升等方面的独特影响，推动价值塑造、人格养成、能力培养、知识探究的有机结合。

4. 改革校企合作模式，整合企业实践资源

改革校企合作模式，在大学四年中开展深度合作，构建实践育人协同体系。实施校内教师能力提升计划，"走出去、请进来"，构建企业广泛参与、学校着力实施的实践育人协同体系。积极推动实习实践基地建设、创业孵化、职业技能

与素养训练等实践性合作项目。探索校企合作学生社团化运营方式，充分发挥企业"Open Day"在学生就业探索和实践中的作用，定期组织学生参与企业活动，鼓励学生深入企业开展访谈、行业调研、岗位实习等多元化实践探索。

5. 重视育人效果考量，建立科学评价体系

实践教学的评价不同于理论教学，不能简单地以最终考试结果衡量，而应该突出对动手能力、创新能力、分析和解决问题的能力等综合性能力的考核。通过对实践教学效果的评价，主要考察实践教学过程是否激发了学生对本学科的浓厚兴趣，是否培养了学生良好的学习习惯和自主创新的实践能力。实践教学应该使学生全面掌握大纲规定的内容，促进学生重视实践教学环节，积极参加实训活动和各种竞赛。

根据现阶段实践育人发展情况来看，大学生实践育人在整体高等教育育人过程中是非常重要的组成部分。大学生通过参与实践育人，可以认识到自身的不足和优势，改进不足的同时发挥优势，尽早接触社会实际需求，根据实际情况规划、调整，实现人生目标。软件学院在实践育人工作中取得了一定的成果，但同时面临着严峻的现实挑战，对今后的工作提出了更高的要求。因此，学院要在总结经验的基础上，进行反思、探索和创新，寻求现实困境的突破口，谋求软件学院实践育人的新方法、新途径。

构建实践教学体系　增强实践育人效果

赵志红　靳　岷　崔清亮　何云峰　富阳丽[*]

山西农业大学教务处

摘　要： 为培养具有"高尚品德、自信气质、务实精神、专业本领"的农大风格、农大气派，引领和支撑山西现代农业和推动经济社会发展的高素质人才，经过长期的探索和实践，学校构建了"四个层次、四个结合、五个模块"的实践教学体系，不断推进实践教学改革，着力培养学生的创新精神和实践能力，取得了良好的实践育人效果，为地方经济建设和社会发展提供智力支撑和人才保障。

关键词： 实践；教学体系；实践育人；效果

《教育部等部门关于进一步加强高校实践育人工作的若干意见》（教思政〔2012〕1号）指出，加强高校实践育人工作，对于不断增强学生服务国家服务人民的社会责任感、勇于探索的创新精神、善于解决问题的实践能力，具有不可替代的重要作用[1]。实践教学是实践育人的主要内容之一，强化实践教学环节是推进实践育人工作的重要抓手。山西农业大学在办学实践中，始终以培养学生的实践能力为核心，不断优化人才培养方案，强化实践教学环节，丰富第二课堂活动，构建了"一个目标，四个层次、五个模块、四个结合、四年不断线"的实践教学体系，使人才培养过程不断得到完善、优化和提升。

---

* 作者简介：赵志红（1978-），山西古交人，讲师，山西农业大学教务处副处长，研究方向为教育管理；靳岷（1980-），山西太谷人，讲师，山西农业大学教务处副处长，研究方向为教育管理；崔清亮（1968-），山西繁峙人，教授，山西农业大学教务处处长，研究方向为教育管理；何云峰（1973-），山西翼城人，教授，山西农业大学公共管理学院教师，研究方向为教育管理；富阳丽（1992-），甘肃民勤人，助教，山西农业大学教务处科员，研究方向为教育管理。

一、"四个层次、四个结合、五个模块"实践教学体系的内涵

学校依据内涵发展、融合发展的理念，发扬实践育人的优良传统，构建并实施了"一个目标，四个层次、五个模块、四个结合、四年不断线"的"14544"实践教学体系，即强化学生综合实践能力培养的总目标，按照基础实践、专业实践、第二课堂实践、综合实践由低到高、由浅入深递进发展的四个层次，抓住基础训练、专业实验、专业实践、双创和社会实践、专业综合实习五个模块，坚持理论与实践相结合、坚持校内课堂与社会课堂教育功能相结合、专业实践与第二课堂实践相结合、专业实践能力培养与创业实践能力培养相结合四个结合，通过实践各环节的互补衔接、互动融合，实现实践教学四学年不断线，凸显实践育人的优势与特色（见图1）。

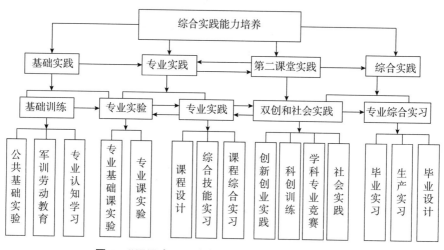

图1　"四层次、四结合、五模块"实践教学体系

"一个目标，四个层次、五个模块、四个结合、四年不断线"的实践教学体系，各有特色又相互联系，其中"四个层次"是实践教学体系的实现路径；"五个模块"是实践教学的主要内容；"四个结合"是实践教学体系的运行模式；"四年不断线"是实践教学体系的设计理念，它们互补衔接、互动融合，使学生通过循序渐进的实践活动，从理论验证、加深理解，到综合设计、融汇知识，再到推理求解、发现新知，实现知识积累和实践能力的阶梯状提升[2]，最终实现学生综合实践能力培养的目标。

二、"四个层次、四个结合、五个模块"实践教学体系的运行

学校坚持把实践能力培养融入人才培养的全过程，按照"基础实践—专业实践—第二课堂实践—综合实践"四个层次设计实践教学体系，整合专业课程实验教学内容，独立设置专业实验课，针对不同的专业培养目标，设计差异化实践环节，实践教学体系进一步优化，为学生综合实践能力培养提供坚实的基础[3]。

1. 基础实践

基础实践是强化学生的基础素质、基本技能训练的重要环节，多为认知、验证型实验和实习，主要通过军训、劳动教育、公共基础实验、专业认知实习等让学生掌握基本技能，培养基本素质。2017年，学校积极争取到中央支持地方高校改革发展资金2400万元，建设了分子生物学、实验化学、生物化学、普通物理学、遗传学、土壤与肥料、植物学、生物统计学、植物生理学9个校级公共基础课实验平台，整合了实验课程资源，推动了学校实验教学改革，优化并拓展了公共基础课实验内容，对学生实验操作能力，专业认知能力的提高起到了重要作用。此外，从1998年开始，学校坚持20年开设劳动教育课，培养了学生自觉劳动、吃苦耐劳的精神。

2. 专业实践

专业实践是培养学生的专业核心能力的重要环节，学校充分利用专业实验室、校内外实践教学基地，通过课程设计、综合实习、课程实习等，使学生专业技能得到训练。此外，学校一方面依托国家级实验教学中心、省级实验教学中心和各类实验室，整合实验课程，优化实验内容，以强化学生专业实验操作能力；另一方面为学生提供广阔的实践途径与空间，依托农作站、动科院试验站、林业站、农业资源环境站、园艺站、花卉实践教学基地、金工实习中心、食品科学与工程基地等校内实践教学基地以及300余个校外实践教学基地，与不同模块的实践教学体系相结合，构建了多类型的专业实践平台，加强学生实践能力的培养。

3. 第二课堂实践

第二课堂实践是以双创和社会实践为主要实施形式，侧重于素质拓展，通过科研训练、创新创业实践、学科专业竞赛、社会实践等活动，着重提高学生的科研素养、创新创业能力和实践能力。

第一，学校依托实验教学资源，通过选拔本科生参与教师科研课题等方式，引导学生"走进实验室、参与教师科研"。学校推动专业实验室和科研平台面向本科生开放，开放项目包括毕业论文（设计）、大学生创新创业训练计划项目、

科研项目、学科竞赛等。在此基础上，学校鼓励和提倡教师承担的科研项目吸收本科生参加。例如，农学院本科学生毕业论文的选题大部分来自教师科研项目，提高了本科生毕业论文（设计）质量。同时，学生也在参加科研训练的实践中深化了理论知识，提高了实践能力和创新能力。

第二，学校将创新创业教育作为教育教学改革的切入点和着力点，通过大学生创业园、创新创业训练项目、科技创新项目等方式，引导学生参与双创实践。学校有大学生创业园、"山西大学生互联网+农业"创业园两个"省级众创空间"。大学生创业园先后有90多个团队入驻，500余名大学生开展创新创业实践；"山西大学生互联网+农业"创业园先后有100余支团队入驻，2000余名大学生开展创新创业实践。2016~2018年，学校在创业园区建设和团队孵化上累计投入超过1400万元。依托"项目+园区"的模式，在校学生在实践中增长创业经验和能力，为创业就业奠定了基础。

第三，学校每年设立20万元的学科竞赛经费和200余万元的"金银焕创新创业基金"，主要用于扶持大学生科技创新和创业项目，形成了以"互联网+"创新创业大赛、数学建模大赛、机械类创新大赛等国家级比赛为依托，以机器人大赛、嵌入式大赛、软件竞赛、英语竞赛、动物医学专业技能大赛、农业建筑环境与能源工作相关学科专业竞赛为平台，通过"以赛促练"的形式，着力提升大学生的实践能力、创新意识和创新能力。

第四，学校把社会实践活动纳入人才培养体系，形成了项目化运作、社会化合作的服务"三农"的具有农科院校特点的学生社会实践体系，引导和鼓励学生深入农村磨炼意志、增长能力。近年来，学校共组建100余支社会实践团队依托各自专业优势，深入山西省的30个国定贫困县，开展理论普及宣讲、省情社情观察、科技支农帮扶、教育关爱服务、调查研究、推广联盟"农天下"手机互联"三农"服务平台等暑期社会实践活动。其中，五个社会实践项目入选团中央"千校千项"成果。在服务社会的同时，学生自身的科研水平和实践能力也得到了有效提升。

4. 综合实践

综合实践以专业综合实习为依托，以双创和社会实践为拓展，侧重于学生综合实践能力的锻炼和培养。学校不断规范和加强生产实习、毕业实习等环节管理，制定了生产实习、毕业实习等制度，从实习、实训的组织、管理，到实习、实训的考核、总结等各个环节，都有明确要求，组织修订并汇编了专业实习大纲。重视毕业论文（设计）的改革与建设，依据学校人才培养目标的要求，以提高学生实践能力为目标，推进毕业论文（设计）选题与大学生创新创业训练计划项目、教师科研课题、社会生产实践相结合，鼓励学生尽早参与到科研训练和实验当中[2]。

三、实践教学的育人效果

在近年来的办学实践中，山西农业大学扎根三晋大地，服务"三农"，"四个层次、四个结合、五个模块"实践教学体系培养了大批具有创新精神、创业能力的高素质人才，学校为社会输送了大批优秀人才，涌现出了众多扎根基层、自主创业、服务农村农业的优秀学子，为国家和地方经济建设和社会发展做出了重要贡献。例如，江利斌毕业回到家乡长治市黎城县创业发展，承包荒山，立足野核桃嫁接、林下食用菌栽培等产业，带领父老乡亲致富，受到党和国家领导人刘延东的接见，荣任十二届山西省政协委员；受国务院表彰的就业创业优秀个人黄超自主创业发展，创立"太谷县绿能食用菌专业合作社"，产业辐射全省16个市县，该合作社获2017年度山西省最具成长型企业，先后带动160余名在校大学生创业；全国扶贫先进个人刘清河发挥专业特长，成立"清韵戏曲盔饰生产专业合作社"带领村民脱贫致富；"中国大学生自强之星"马红军，在就读本科期间就组建"微美曲辰"创业团队，从事特色果蔬的生产、管理、销售、技术推广和培训，带动了一大批学生投入到创业实践中。

此外，学校本科毕业生就业率始终保持在92%左右，在对用人单位的调查中，用人单位对毕业生专业技能方面评价较高。2017年，学校获批国家级首批"全国深化创新创业教育改革示范高校"，全国仅有99所高校获此殊荣。近年来，学生共获各类奖项116项，参与的省级国家级创新创业项目116项。"智慧阳台蔬菜种植有限公司"项目获全国首届"互联网+"大学生创新创业大赛银奖，"天行创意有限公司"项目获全国大学生"创青春"挑战杯创业大赛银奖，"温室智能监控系统"获第十一届iCAN国际创新创业大赛二等奖，校航模团队在首届全国大学生无人机创新大赛中获得喷洒竞技赛一等奖，动物科学学院学生在第二届全国大学生动物科学专业技能大赛中获得团体二等奖和单项一等奖。

但是，实践教学体系在运行过程中也存在实践教学顶层设计仍需强化，实践教学平台的建设不足、实践教学队伍有待提高等问题，推进实践教学改革，加强学生创新创业能力和实践能力的培养是个系统、长期的工程，需要全校上下多管齐下，共同推进。

四、深化实践教学改革的思考

"新时代高教 40 条"提出，紧紧围绕全面提高人才培养能力这个核心点，加快形成高水平人才培养体系[4]，实践教学是人才培养体系的重要环节，是学生获取知识的重要手段，也是培养创新型人才的重要途径，为此高等农业院校要进一步深化实践教学改革，深入思考实践教学改革的新路径。

1. 强化实践教学地位和作用

实践教学既是连接理论和实际的桥梁，也是研究性学习能力培养的重要手段[5-6]。实践教学是人才培养过程的重要环节，对于提高学生的实践能力和综合素质，培养学生的创新精神具有十分重要的作用。为此，学校要加强广大师生对实践教学的重视，增强实践教学的育人地位，进一步明确实践教学在人才培养中的重要作用和地位。在人才培养方案修订时应坚持"以学生为中心"，坚持以创新创业教育为切入点，提高学生的创新能力和创业能力。在实践教学体系的顶层设计中，重点优化实践教学，根据专业特点整合实验和实习环节，用整合实验和整合实习替代原依附于理论教学的实验与实习，提高实践环节占总学分的比例，并按照"认知验证性—综合设计性—研究创新性"构建实验教学体系，突出实验课程的综合性和系统性；加强创新创业教育，构建创新创业教育课程体系，独立设置创新创业课程模块，培养学生创新创业的基本素质、能力和品质；改革教学模式，采用启发式、研究式、理论与实践相结合、线上与线下相结合、一、二课堂深度融合的多种灵活的混合式教学模式，培养学生的综合能力。通过人才培养方案的修订，递进式地凸显实践教学在人才培养中的重要地位和作用，逐渐完善理论教学、实验实习、创新创业、素质拓展等育人体系，进一步深化教育教学改革。

2. 拓展"双师型"师资队伍

师资水平的高低关乎人才培养质量的优劣。为打破师资来源和师资知识结构单一的状况，学校要积极开展"双师型"师资队伍建设。"双师型"指教师既具备理论教学的素质，也具备实践教学的素质；既能胜任理论教学，又能指导学生实践。"双师型"队伍的建设有三点思路：一是在教师招聘中加强对专业实践能力的要求与考察；二是从学校现有的教师队伍中选聘一部分年轻教师到企业或相关政府部门挂职锻炼，让他们深入生产一线，提高专业实践水平；三是以兼职教师的方式，从行业、企业、政府部门、科研院所等机构聘用一批技术骨干担任大学生实践教学指导，组成一支精干、高效的实践教学师资队伍，以促进实践教学整体水平的提高[7]。

3. 推进实践教学平台建设

持续整合校内实验室资源，在公共实验课平台的基础上，逐步组建文科、工科、农科等实训平台。对不同学科专业的学生开展跨学科的实践能力训练，拓展学生的知识面，提高学生的动手能力，激发学生创新思维。学校强化实践教学平台建设，构建校内实践教学基地与校外实习基地联动的实践教学平台，加快区域性共建、共享实践教学基地建设，[8] 充分发挥校内外实践教学基地、科研平台、实验实训平台等作用，强化本科生创新创业能力训练，在实践教学中提升学生学农、爱农的社会责任感、创新精神、创业意识和就业创业能力，完善人才培养模式和课程体系，不断提高人才培养质量。依托现代农业产业技术体系综合试验站等平台，建设农科教合作人才培养基地，实现高校与现代农业产业技术体系协同育人，将人才培养嵌入产业，打破高校人才培养与社会需求脱节的弊端，实现人才培养与产业对接，提高人才培养的社会契合度。

由于学校之间和专业之间各方面存在差异，实践教学体系改革的重点和内容也各不相同。因此，各院校或专业也要根据自己的实际情况，从理论与实践之间结合的时序及逻辑关系、量态关系、结合层次、空间组合状态等方面[9]，对各实践教学环节进行设计，形成自己的特色。

参考文献

［1］中华人民共和国教育部．教育部等部门关于进一步加强高校实践育人工作的若干意见［EB/OL］．http://old.moe.gov.cn/publicfiles/business/htmlfiles/moe/s6870/201209/142870.html，（20120110）［20181025］.

［2］陈光，王志学．地方农业院校"三层次、三结合、五平台"实践教学体系的探索与实践：以吉林农业大学为例［J］．高等农业教育，2018，307（1）：27-32.

［3］尚太玲，胡继连，张伟．新形势下农业院校实践教学改革的探索：以山东农业大学为例［J］．中国农业教育，2016（2）：93-96.

［4］中华人民共和国教育部．教育部关于加快建设高水平本科教育　全面提高人才培养能力的意见［EB/OL］．http://www.moe.gov.cn/srcsite/A08/s7056/201810/t20181017_351887.html，（20180917）［20181020］.

［5］赵焱．高校应把实践教学环节放到重要位置［J］．中国高教研究，2000（7）：83.

［6］王源远，王丽萍．高校实践教学的理论认识与实践探索［J］．实验技术与管理，2013，30（1）：11-14.

［7］房三虎．协同创新视角下农业院校实践教学改革与实践［J］．高等农业教育，2015，

283（1）：73-75.

［8］中华人民共和国教育部．教育部　农业农村部　国家林业和草原局关于加强农科教结合实施卓越农林人才教育培养计划 2.0 的意见［EB/OL］. http：//www. moe. gov. cn/srcsite/A08/moe_740/s7949/201810/t20181017_351891. html，（20180917）［20181025］.

［9］王汉忠，钟杰，周长青等．高等农林本科教育实践教学体系改革的实践与思考［J］.高等农业教育，2007（10）：51-55.

第二 课堂育人

五位一体大学生实践育人模式构建

陈占强*

山西农业大学农学院

摘　要：实践育人是通过引导学生参加与自身健康成长和成才密切相关的各种应用性、综合性、创新性实践活动，促使他们形成高尚的思想道德、健全的人格、勇于创新的精神与实践能力的教育活动。[1] 农学院经过多年实践探索出了参观考察实践、日常志愿服务、暑期社会实践、假期返乡调研、创新创业实践五位一体的大学生实践育人模式。

关键词：实践；育人；模式

实践育人具有实践性、学生主体性、综合性、开放性等特点，是提高高等教育质量的必然选择，在学校教育中具有不可替代的地位和作用。[1] 因此，在当代大学生的培养教育过程中，要以学生为中心，强化实践育人，全面培养学生的实践能力和创新能力。

一、基本情况

山西农业大学农学院秉承"学以事农，艰苦兴校"的育人理念，将社会实践作为人才培养的重要环节，引导学生在实践砥砺中不断深化"四个正确认识"，深入贯彻实施"五育"体系，突出教师教育特色，引导学生自觉履行青年服务国家的历史使命。学院在长期的实践与发展中形成了参观考察实践、日常志愿服务、暑期社会实践、假期返乡调研、创新创业实践五位一体的大学生社会实践工作格局。

---

　*　作者简介：陈占强（1985-），山西阳泉人，讲师，国家二级心理咨询师，研究方向为大学生思政教育与管理。

二、运行模式

1. 参观考察实践

当代大学生只有在不断了解社会、体察社会的实践中，才能更好地走向社会。参观考察作为实践育人的重要环节，其主要任务就是教师带领学生走出课堂和学校，让学生深入社会的基层进行实地参观考察，使学生获得直接的社会经验，增加学生对社会的感性认识，并且在这一基础上加深学生对所学课程内容的理解。

学院重视学生思想道德教育，每学期带领学生深入革命老区、爱国主义教育基地、历史文化基地进行参观学习。2017年12月29日，学院师生走进学院思想政治教育实践基地——临汾市隰县城南乡贠家庄村宣讲党的十九大精神；2018年7月11日，学院组织师生党员赴晋绥边区革命纪念馆接受红色教育，重温入党誓词，同志们接受了革命历史教育，继承了晋绥先烈的遗志，表示要不忘初心，牢记使命，积极投身学校改革发展稳定各项事业，以实际行动践行一名党员的时代使命和庄严承诺；2018年暑期"三下乡"社会实践活动期间，学院带领实践队员参观党建主题公园、兵工厂生产区旧址、明长城遗址、平型关大捷纪念馆，重温红色经典，接受革命历史教育，传承红色精神。

同时，学院重视专业知识教育，每学年带领学生参观校企教学实习基地。2018年7月8日，学院组织2015级种子科学与工程、农艺教育专业学生参观大丰种业有限公司实践基地，深入杂交玉米基地、高粱基地，了解实验研发设备、安全措施、工作机器及生产线等。

2. 日常志愿服务

大学生志愿服务活动是一项重要的社会实践活动，在体现大学生自身价值、强化素质教育、促进就业等方面具有积极意义。[2] 大学生开展志愿服务活动有利于大学生广泛地接触社会、了解国情，能够更加有效地将理想和现实结合，进一步增强大学生的历史使命感和社会责任感。

为增强学院学生志愿服务意识，推进"两学一做"常态化教育，学院组织学生党员开展"情暖夕阳"志愿服务活动，对老教师进行精神慰藉和关怀，活动开始于2014年，至今已连续开展五年，获得了良好的反响；学院农民之子社团与祁县西六支小学结对开展主题为"快乐星期天"的义务支教活动，活动至今已持续六年，开展近百次，受益学生约达1000人次，受到当地学校教师、学生及村民的一致好评；学院积极参与"学子有约"文明品牌活动，助力太谷县火车站春运工作，至今已连续两年开展志愿服务；学生会干部定期带领学院学生前往桃园堡、夕阳红敬老院等地开展志愿服务工作，2018 年共开展活动 43 次，受益人数达 700 余人；学院各社团积极开展绿色漂流瓶、绿色离校、爱心捐赠等活动，服务"三农"，服务周边群众；学院开展学雷锋月系列活动，通过志愿打扫办公室、清理报栏等实践深入学习。

3. 暑期社会实践

"一切从实际出发，理论联系实际，实事求是，在实践中检验真理和发展真理"是中国共产党的认识路线。社会实践作为实践育人工作的重要环节，是对大学生进行思想政治教育，培养创新精神、责任意识、实践能力的重要载体，是广大青年学生锻炼自我、认识社会、服务基层的重要渠道。

深耕才能生根，厚植才能丰盈。学院学生长期深入一线，助力精准脱贫的国家战略。2018 年 7 月，按照校团委"助力精准脱贫，聚力乡村振兴"大学生暑期"三下乡"社会实践活动安排，学院由师生党员、本硕学生组成的 40 名实践队分赴运城平陆、吕梁中阳、晋中和顺和忻州繁峙四个固定贫困县中的贫困村，开展"助力精准扶贫 聚力乡村振兴"实践活动并取得圆满成功。活动过程中，实践队员通过问卷调查、访谈等形式，深入田间地头，贫困农户，共计对 100 余户村民展开调研，实际感受贫困地区村情村貌；开展脱贫攻坚政策宣讲，为广大村民提供了解国家各项惠农惠民政策的平台；开展科技支农走访调研，为当地村民提供专业的技术指导；推广涉农软件，解决农村社区和养殖线上交流的问题；深入了解农户特色农产品的产销模式、科技投入以及管理方法，为村民提供特色产品销路拓宽途径；广泛开展教育关爱教学活动，为空巢老人和贫困地学生奉献爱心，送上温暖。

4. 假期返乡调研

寒暑假期返乡调研是社会实践育人中的一个主要途径，寒暑假期间，学生有较充裕的时间走进社会、了解社会，所以寒暑假期返乡调研是学院组织的一项日趋完善、参与热情高涨、成果显著的实践活动。

为引导青年学生关注贫困、了解基层，提高他们观察社会、开展调查研究的能力，学院引导学生利用假期返乡走进贫困地区，关注基层民生，了解乡村振兴、"两会"精神落实情况等相关内容。2018 年暑假期间，学院大二、大三、大四三个年级学生均返乡进行调研工作，完成论文 1600 余篇。学院从学生调研成果中发现了与扶贫工作相关的重要信息，为来年"三下乡"暑期社会实践活动提供了有价值的参考，打下了良好的基础。

5. 创新创业实践

创新精神是民族生生不息的源泉，是国家保持繁荣发展的动力，也是民族和国家最根本的生命力。现代大学生有创新精神，而这种创新精神也往往造就了大学生创业的动力源泉，成为成功创业的精神基础。学院作为山西农业大学的品牌学院，多年来一直从多方面加强与完善创新创业工程，持续实施"五个一"（联系一批创业导师、挖掘一批创业团队、开展一系列创业培训、打造一批创业基地、培育一批创业之星）工程，夯实大学生创新创业工作。

学院致力于健全创业论证体系，提高青年创新创业能力。2017 年 9 月至今，学院新增创业团队 15 支，其中入驻山西农业大学大学生创业园区团队 1 支，入驻山西农业大学农作站创业园区团队 14 支，截至目前，学院共有创业团队 37 支，共承包 14 个大棚、17 个双拱棚，其中 22 支团队入驻学校"一厅两园"进行自主创业；此外，学院还设有创业意识培训班和创业先锋班，一年来共有 163 人参加了创业意识培训，拓宽创新思维，增强创业能力，取得良好成效。

学院积极为学生提供实践平台，配备导师支持学生创业工作。2018 年，学院为每支创业团队配备了 1 名学生导师；邀请创业导师代表、杰出创业校友代表、学生年度创业先进个人等积极举办创业讲座论坛、培训等 10 场。学院紧紧围绕激发大学生创新意识、培养学生的创新精神和实践能力为工作重心，为创业团队配备了专门的指导老师，并投入专项经费在农学院校内实习基地。建立了大学生创新创业基地，并设立相应的管理机构，建立健全管理机制。为学院大学生创新创业园区接通田间水管，为创业学生进一步提供便利，以实际行动支持学院学生创业。鼓励大家积极响应学校号召，在"一厅两园"创业平台（学生创业大厅、山西农业大学大学生创业园、山西大学生"互联网+农业"创业园）参与创业活动，并提供大学生创新创业基地、太谷县绿能食用菌种植基地和巨鑫创业园区三个活动实践平台，给予同学们实践的机会，进一步深化学生理论知识，培养其业务能力。

三、育人效果

近年来，学院实践育人工作得到了长足发展，内容不断丰富，形式不断拓展，机制不断完善，成效不断提升。

学院连续三年响应全国农学院协同发展联盟号召，开展全国农科学子联合实践活动并取得良好成效。2018 年，学院赴吕梁中阳实践队获得了"最具影响好项目"荣誉称号，赴晋中和顺暑期社会实践小队和忻州繁峙暑期社会实践小队被评为"2018 年度全国农科学子联合实践优秀小队"。学院孙小伟同学获 2016 年大中专学生"三下乡"社会实践"实践组织带头人"荣誉称号，闫帅帅、杨昊 2 名同学入选 2017 年"接受国情教育、再助精准扶贫"大学生暑期文化科技卫生"三下乡"社会实践活动"真情实感志愿者"，张喜磊同学获得 2018 年"强国一代新青年"荣誉称号。

学院农民之子社团长期致力于志愿服务与公益事业，2012~2017 年，社团连续六年获得"学雷锋先进集体"荣誉称号。2014 年被太谷县荣新建筑公司、太谷县人力资源和社会保障局赠予"温暖寒冬民工心，爱心捐赠军训服"锦旗。2015 年被祁县国仁农村文化发展中心赠予"公益支教，奉献爱心"锦旗。2016 年、2017 年在第五届、第六届"绿色离校，绿色感恩"全国大型环保公益活动中，被评为优秀。2016 年，在"燃青春，聚能量"全国大中专学生社团影响力评选活动中被评为优秀。2017 年，在社团公益季小善大爱助力免费午餐公益活动中被授予"优秀公益爱心集体"。2018 年，获得"全省五四红旗团支部"荣誉称号。

近年来，学院创新创业实践工作也取得了一定的成就，学院致力于创业团队优化，打造优秀品牌创业团队，如巨鑫创业园区 2018 年创业实践班的八支团队，包括马红军的微美曲辰团队、金永贵的卓越农人团队等；创业先锋班的四支团队，包括王晋萍的改革发展清徐葡萄产业团队、甜瓜高产高效种植技术团队等。2018 年，学院学生在第四届山西省"互联网+"大学生创新创业总决赛中获奖，共获得省级一等奖一项、二等奖一项、三等奖一项；在"创青春"全国大学生创业大赛中获奖，共获得省级二等奖一项、三等奖一项、优秀奖一项。2018 年 1 月，山西卫视晚间新闻"我奋斗、我幸福"栏目播报学院农研 1501 班王东明同学的创业故事；7 月《农民日报》刊发记者吴晋斌采写的专题报道，探访在学校大学生创业园区参与创业的学院毕业生、在校研究生。

四、建议与思考

1. 实践育人工作中的不足

（1）对实践育人的重要性认识不足。在以往的教育教学的实践中，我们发现学院过分重视对大学生理论知识的教育，进而不可避免地在一定程度上忽视了大学生实践能力的重要性。这种教育方式导致学生在学习的过程中过分注重对理论的学习，从而忽视了培养自身实践能力的重要性，不利于培养实践型人才。

（2）实践育人形式的多样性不丰富。在以往的教育教学的实践中，我们发现学生自我找寻实践场所的能力有限，同时学院引导学生进行实践学习的形式也较为单一，学生实践的自主性不强，参与度不够，直接影响了实践教育的进一步扩展。

（3）实践育人模式的长期性不明显。在以往的教育教学的实践中，我们发现学生参与社会实践的动机不够明确，目的性不强，缺乏参与社会实践的积极性，更无法保证其参与社会实践的长效性，他们往往把社会实践当作一个任务完成，因为没有明确目的，实践结束后缺乏总结，或者即使总结了也敷衍了事，不能提炼实践精髓，难以巩固实践成果，也无法达到为将来参与社会实践打下基础的目的。

2. 实践育人工作中的建议

（1）改变教学观念，重视实践育人。对大学生教育的要求不能停留在基础知识的掌握上，要在实际教学中引导学生将理论知识与实践相结合，使其学会将理论运用到实践中去、在实践中体现理论知识的掌握；要培养学生的实践操作能力和动手能力，促使学生多方面、多角度地学习和思考问题，丰富学生的知识积累量。实践教学与理论教学相辅相成，共同作用培养出理论与实践的全面型人才，符合社会发展对人才的要求。

（2）丰富实践形式，激发学生兴趣。实践教育如果手段简单，或者是教条灌输，就会缺少科学性，这样的教育只能是一种形式，没有真实的指导意义。我们要致力于创新实践模式，扩大时间规模，从而激发学生的兴趣，提高其参与活动的积极性与主动性。

（3）构建长效机制，搭建育人平台。建立稳定的实践育人基地，提供实践育人开展的平台，是实践活动得以规范并长期开展的保证。我们可以根据学生所学专业的不同，设计相关实践活动，突出实践育人的针对性。这样，实践育人的开展就能持续，实践育人的时间安排就能相对稳定，育人内容就能相对确定，还能易于突出地方特色，紧贴生活实际。

实践是加深理论认识和理解的重要方法，进行实践育人能够培养学生的创新思维，提高学生的综合能力，因此学院在今后的教学中将更加重视实践育人，引导学生自觉成长成才。在一场场生动而深刻的社会实践中，农学院广大学子了解民情、服务基层，将时代使命与个人成长熔铸了起来，在实践砥砺中感悟到了国家发展的强劲脉搏，体会到了社会民生的纷繁百态。在全面建成小康社会的决胜阶段，广大农学学子正以勇立潮头的朝气和魄力，以"勤学、修德、明辨、笃实"为准则，投入实现中华民族伟大复兴的中国梦历史潮流之中。

参考文献

［1］杨宏志．实践育人的理论与实践——以新乡学院为例．国家教育行政学院学报［EB/OL］．
http：//www.cnki.com.cn/Article/CJFDTOTAL-GJXZ201202002.htm，2012.02［2019.1.28］．

［2］严凤莲．大学生志愿服务活动现状分析及思考．咸宁学院学报杂志［EB/OL］．https：//
www.xueshu.com/xnxyxb/201110/13521938.html，2011［2019.1.28］．

在脱贫攻坚社会实践大课堂中探索思政育人新模式

——以山西农大首批赴临县大禹乡社会实践队为例

庄法兴　杜海燕　郝　峰*

山西农业大学林学院

摘　要：脱贫攻坚是党和国家为全面建成小康社会，消除贫困、改善民生，逐步实现共同富裕做出的伟大战略部署。高校适应时代需求，回应时代呼声，不仅在助力打赢脱贫攻坚战中发挥了人才优势、技术优势、资源优势，也在广阔农村的扶贫一线为学生构建了生动的脱贫攻坚社会实践大课堂，并探索形成了思政育人的新模式。本文拟从脱贫攻坚社会实践与思政育人的关系切入，分析探索思政育人的新模式及其特征。

关键词：脱贫攻坚；社会实践；思政育人；模式

当前，学习贯彻全国教育大会精神，围绕全面提高人才培养能力核心点，加快形成高水平人才培养体系，培养德智体美劳全面发展的社会主义建设者和接班人，是高校适应时代发展的重要任务。《关于加快建设高水平本科教育　全面提高人才培养能力的意见》指出，要"把思想政治教育贯穿高水平本科教育全过程"，强调"加强高校思想政治工作体系建设，深入实施高校思想政治工作质量提升工程"[1]，进一步为高校思政教育指明了方向。

2017年，中共中央、国务院《关于加强和改进新形势下高校思想政治工作的意见》指出，"要强化社会实践育人，提高实践教学比重，组织师生参加社会

---

* 作者简介：庄法兴（1967-），山东青州人，山西农业大学林学院党委书记，硕士，经济师中级职称，研究方向为高等学校学生管理等；杜海燕（1977-），山西偏关人，山西农业大学党委研工部副部长，博士，讲师，研究方向为大学生思想政治教育；郝峰（1991-），山西朔州人，山西农业大学校长办公室文秘科副科长，硕士，助教，研究方向为大学生思想政治教育。

实践活动"[2]。自2015年党和国家发出打赢脱贫攻坚战号召以来，全国高校回应时代呼声，担当时代重任，组织广大青年学生投身扶贫一线开展社会实践，形成了在脱贫攻坚社会实践中育人的大好局面，也不断总结形成了思政育人新模式。

一、脱贫攻坚社会实践与思政育人的关系

社会实践是思政育人的重要一环，在育人过程中，对于学生情怀、德行养成以及激发学习动力起着重要的作用。

1. 在脱贫攻坚社会实践中树立家国情怀

习近平总书记指出，我国是中国共产党领导的社会主义国家，这就决定了我们的教育必须把培养社会主义建设者和接班人作为根本任务，培养一代又一代拥护中国共产党领导和我国社会主义制度、立志为中国特色社会主义奋斗终生的有用人才。高校作为育人的重要一环，一定要解决好"培养什么人"的教育根本任务，这也是教育现代化的方向目标。坚决打赢脱贫攻坚战是党和国家做出的伟大战略部署，农村是社会发展薄弱环节的重要缩影，组织在校学生投身扶贫一线，和时代同向同行，可以树立青年学子的家国情怀。一方面，可以让青年学子自觉担当时代重任，了解国家大政方针，和国家发展、时代需要同呼吸、共命运；另一方面，在广阔农村，青年学子可以贴近"三农"、了解"三农"，透过农村生产、生活的方方面面，体民情、察民苦，增进对农民的感情，增强学子们爱"三农"的朴素情怀。

2. 在脱贫攻坚社会实践中锤炼优良品德

学生的品德培养是一个多维、螺旋推进的过程，既需要充分发挥思政课堂的主渠道作用，围绕课程思政和思政课程，让社会主义核心价值观入脑、入心，也需要利用社会实践的广阔舞台，以课外实践提升课上教育，并用课上总结指导课外实践。青年学子以团队形式在扶贫一线开展社会实践，躬身体验农村生产、生活的不易和艰辛，可以锤炼学生的优良品德。例如，在农村艰苦环境中，和农民同吃、同住、同劳动，可以培养学生的吃苦耐劳精神；团队分工处理事情，和村民交流、生活可以培养学生的友善团结；主动帮助贫困家庭、孤寡弱残可以培养学生的仁心大爱，等等。社会实践的体验感和真实感占有得天独厚的优势，比课堂更能感人心，成真情，在锤炼学生优良品德过程中也更直接、更有效。

3. 在脱贫攻坚社会实践中练就扎实本领

学用结合，学以致用，把所学运用到社会实践中，才能强化学生学习为人民服务，为国家服务，为改革开放和社会主义建设服务的意识，不断练就扎实本

领。广阔农村缺知识文化、技术服务和社会资源，引导青年学子在扶贫一线开展社会实践，就是要把知识、技术、资源带入农村，帮助当地农民解决生产生活急难问题，丰富精神文化生活。在具体社会实践过程中，学生以己所长，用己所学，发挥自己的专业特长，既是广大村民了解当今社会发展和潮流趋势的一扇窗户，也是学生把所学结晶成果、体验成就的重要过程。特别是学生们会了解"三农"的真正所缺、真正所急，进一步查找自身学习的欠缺和不足，指导未来学习的方向和目标，不断激励学生练就扎实本领，服务"三农"、服务社会。

二、脱贫攻坚社会实践中形成思政育人"十个三"新模式

山西农大在临县大禹乡府底村建立思想政治教育实践基地，首批社会实践队以大禹乡府底村为活动轴心，融入农村，走进农户，贴近农民，访民生、察民困、知民意，探索形成了"十个三"脱贫攻坚社会实践思政育人新模式。

1. "三树三订"，统筹安排谋在先

实践队精心策划、细致准备，通过签订实践承诺、订立工作台账、制定实施方案等措施，做到了未雨绸缪，在实践队员中树立起了攻坚克难的决心与勇气和勇于担当、踏实的工作作风，主要体现在以下几方面：一是树立攻坚克难的决心，签订实践承诺。实践队要求每名队员签订社会实践承诺书，通过承诺让实践队员牢记责任和使命，坚定走进贫困地区、接受国情教育的信心和决心。二是树立师生的良好形象，订立工作台账。实践队制定了细致的实践条例，每人每天写一篇实践日记，记录当天所做、所见、所思、所感，每人写一份实践总结报告，活动结束后全面总结自己的收获和思考，人人要严格遵守当地村规民约，尊重当地风俗习惯，人人要自觉维护村民权益，积极服务群众。三是树立踏实的作风，制订实施方案。实践队结合实践活动所在地大禹乡府底村的村情，从实践目的、实践意义、实践内容、保障措施等方面制定了细致的《山西农业大学关于赴临县大禹乡开展脱贫攻坚社会实践活动实施方案》，并以课程表的形式详细安排每天的实践计划，为实践活动扎实推进、取得实效奠定了坚实基础。

2. "三听三学"，问渠探源学在前

按照实践活动实施方案，实践队入驻基地后，与乡政府、所在村负责人及时召开座谈会，就活动内容和安排进行协调部署，并邀请县扶贫办负责同志、乡镇一线干部、基层党员群众从三个不同层面为实践队作专题辅导报告和座谈交流。一是听县扶贫办干部讲课，学扶贫政策。实践队邀请临县扶贫办领导讲解国家政策和脱贫攻坚工作进展情况，准确认识扶贫，感受党和国家对贫困地区贫困群众

的牵挂和关注，感受党和国家精准扶贫精准脱贫方略给贫困群众送来的温暖。二是听乡村一线干部讲课，学担当精神。实践队邀请乡党委书记、驻村第一书记等讲基层工作经验和工作方法，讲为贫困群众办事的工作激情，讲奋战在脱贫攻坚一线的责任担当，讲扎根扶贫一线的奉献精神，让实践队员改变了对基层干部的刻板印象，激发了大家参与脱贫攻坚社会实践的工作动力和投身脱贫攻坚事业的斗志。三是听基层党群人员讲课，学朴实道理。通过与府底村党员干部开组织生活会，深入贫困农户家中听百姓讲农课，赴革命旧址接受红色教育等方式，实践队员重新认识了党的光荣和伟大，激发了浓郁的爱国之情和报国之志。

3. "三进三帮"，躬身实干得真知

根据府底村的实际情况，结合实践队员专业特点，按照多点、有序、灵活开展工作的原则，实践队分组走进农户、走进企业、走进学校，和农民群众打成一片，向群众学习，向实践学习。

一是走进农户，帮民劳作。队员们和农户同吃、同住、同劳动，一起做家务、忙农活，全身心融入村民生活，体验农民生活的烦劳和快乐，从农民生产实践中学到很多生活和生产技巧，也切身感受到农业科技先进成果特别是现代农业机械在贫困山区运用的匮乏和困难，激发了大家学好专业本领、服务"三农"的决心。二是走进企业，帮工生产。按照队员们所学专业，分组走进企业和种植专业合作社，帮工生产，学习农业生产技术。队员们通过进企帮工实践，了解和学习了果树栽培技术、香菇生产操作流程、蛋鸡生产和管理技术，更进一步了解了府底村产业扶贫的现状。同时，大家也为府底村产业发展提出了自己的见解，为脱贫攻坚贡献了自己的力量。三是走进学校，帮扶支教。"扶贫先扶智"，教育是最根本的精准扶贫，是斩断贫困代际传递的根本之法。队员们走进大禹乡九年制学校，并且走上讲台，了解学校师资、生源、教学情况，与贫困学生座谈交流，了解他们在学习和生活上的困难和艰辛，感受他们"家穷志不穷"满怀希望的宝贵品质。

4. "三联三建"，保障有力促实效

坚实的保障措施、完善的保障机制，是脱贫攻坚社会实践活动取得实效的重要因素。实践队创新思路，通过"内外联动""村队联合""民队联谊"等方式，将实践队与山西农业大学、府底村和当地群众紧密联系起来，构建了坚强有力的保障体系，确保了脱贫攻坚实践活动的有序、有效推进。

一是"内外联动"，建立组织保障。队员们通过与农民、工人、学生热情的交流和亲密的接触，建立了"内外联动"机制，主动联系学校专家、老师在田间地头为农民讲技术、提办法、想路子。二是"村队联合",建立生活保障。实践队与府底村先行搭建沟通交流平台,妥当安排了实践队吃住行等事宜,共同商讨制定了实践活动的实施方案和具体行程,与村委建立了良好的关系,确保了实践队的生活保障,保证了实践活动的顺利开展。三是"民队联谊",建立群众基础。实践队积极和村民们加强生活联系,增进情感交流,为村民们做力所能及的事情,与村民培养了感情,增强了信任,实践队和当地群众结下了深厚友谊并产生了浓厚感情,为社会实践打下了良好的群众基础。

5. "三感三提",唤醒责任勇担当

高校将学生社会实践活动推向扶贫攻坚一线,把扶贫素材作为大学生接受思想政治教育的重要内容,到临县等全省扶贫攻坚的主战场接受教育,汲取巨大的正能量,真实的贫困体验和生动的脱贫故事让学生们获益良多。

一是感受到大好脱贫政策对农村贫困群众的特别关爱和支持,提高对党和国家的认同感、责任感和使命感。队员们通过聆听扶贫办和乡村一线干部脱贫攻坚政策解读,通过走进农户、走进企业、走进学校的"三进"活动,通过参与脱贫攻坚社会实践各项工作,更加深刻地认识到中央和山西省打赢脱贫攻坚战的扎实举措,深切地体会到基层干部脱贫攻坚再战再胜的坚定决心,真切地感受到困难群众"摘帽"脱贫的信心。二是感受到奋战在脱贫攻坚一线基层干部为贫困群众造福的浓浓情怀,提振敢于担当的勇气。冲锋在脱贫攻坚第一线的基层干部,他们为帮扶老百姓脱贫致富,投入真心真情,真蹲实驻,真抓实干,敢于担当,赢得了老百姓的广泛赞誉,是广大青年学生学习的榜样。三是感受到农民传统艰辛的劳作方式与农业现代化建设的差距,提升自我学农、爱农、为农的责任和情怀。扶贫攻坚主战场是青年学生思想成长、感恩国家、塑造三观的绝佳课堂,通过与农民群众同吃、同住、同劳动,体验了农耕之苦,感受了收获不易,增强了学农、爱农、为农的意识,激发了学有所成、学以致用的动力。

实践队把脱贫攻坚战场作为大课堂,以人民群众为师,从实践中学习,一次次聆听乡村干部、党员群众的教诲,让他们收获了思想;一滴滴洒在田间地头、企业课堂的汗水,让他们收获了快乐;一句句说在困乏疲累,思懒念惰时的暖语,让他们收获了情谊。此次实践活动对于每一位队员都意义非凡,让他们知晓了国家脱贫攻坚的政策方略,培养了爱国情操;改变了对国家基层干部的认识,增强了认同感;体验了贫困村民的困苦疾难,培养了责任感。这份宝贵的经历无疑让他们接受了一次人生的洗礼。

三、思政育人"十个三"新模式的特征分析

1. 科学布局，体系完整

思政育人"十个三"新模式，紧紧围绕在社会实践中进行思政育人的核心目标，依托大禹乡思想政治教育基地，拓展延伸到临县全境开展丰富多彩的实践活动，科学合理安排实践内容和形式及实践时间和空间，形成了实践筹备、实践开展、实践总结三大板块，具体分为实践方案研究制定、实践动员、方针政策学习、具体实践活动开展、建立保障机制、实践形成报告等要素，构建了社会实践的完整体系。

2. 讲求实际，便于操作

实践队充分结合校情、乡情、村情，发挥学校的后盾作用，有效利用人才优势、技术优势，形成了注重实际、方便操作的实践指南。在开展实践过程中，实践队依托当地的革命旧址、村中老党员组织基础接受红色教育洗礼，凭借农科专业优势在梨树种植、养鸡、食用菌种植等方面提供技术帮扶，依靠学校这个大后方为当地在校学子提供爱心助学金，等等。实践队紧紧结合校、乡、村实际，形成了实践队"课程表"，参照"课程表"有序开展相关活动，具有很强的操作性。

3. 内容厚实，成效显著

实践队开展了丰富多彩的社会实践活动，在内容上，有国家政策、方针的理论学习模块，也有深入田间、企业、学校同工同劳的实践部分；在形式上，有党小组会议，实践队总结会，乡村两级领导讲课，也有实地参观学习体验；在时间上，实践时间不间断，充分利用宝贵时间，没有周末，上午、下午、晚上紧密安排；在空间上，围绕大禹乡府底村，辐射全县域，实践视野宽阔，涵盖内容丰富。实践队的相关事迹被人民网、妇女网、《山西日报》、黄河新闻网等媒体报道，也受到了当地村民的一致好评。

参考文献

［1］教育部．关于加快建设高水平本科教育全面提高人才培养能力的意见［EB/OL］. ht-tp：//www. moe. gov. cnlsrcsite/a08/s7056/2018101+20181017-351887. html.

［2］国务院．关于加强和改进新形势下高效思想政治工作的意见［EB/OL］. http：//www. xinhuanet. com//2017-01/27/c-1120538762. htm.

探索"第二课堂"与"第一课堂"深度融合的"课堂式"实践育人模式

——以山西农业大学林学院"绿色方阵"社团为例

孟 伟 庄法兴 白 瑄[*]

山西农业大学林学院

摘 要：实践育人是提升大学生综合素质，实现德智体美劳全面发展的内在需要。如何更好地发挥第二课堂功效，实现"第一课堂"与"第二课堂"的有机融合是实践育人的重要课题。山西农业大学林学院"绿色方阵"社团，以"立足专业，宣传环保，践行环保，服务校园，服务社会"为宗旨，自成立以来获得省内外多项荣誉，探索出社团活动与"第一课堂"紧密结合的实践育人模式，并对该模式进一步向"课程式"发展提出建议。

关键词：实践育人；第一课堂；第二课堂

一、前言

实践育人不仅是一种教育途径，更是备受世界各国推崇的先进教育理念和高等教育科学育人体系中不可或缺的一环[1]。党的教育方针明确要求，要坚持教育与社会实践相结合。2018 年 5 月 2 日，习近平在同北大师生座谈会的重要讲话中强调，广大青年要"力行""做到知行合一、以知促行、以行求知"，他勉励当代大学生要面向实际、深入实践。实践的观点是马克思主义哲学的精髓所在，是辩证唯物论的认识论之第一的基本的观点[2]。实践是知识加工、深化及内化的重

---

   * 作者简介：孟伟（1993-），山西长治人，助教，山西农业大学科学院辅导员，研究方向为思想政治教育；庄法兴（1969-），山东青州人，经济师中级职称，山西农业大学科学院党委书记，研究方向为思想政治教育；白瑄（1989-），山西太原人，讲师，山西农业大学心理中心副主任，研究方向为大学生心理健康教育。

要途径，是提升大学生综合素质，实现德智体美劳全面发展的内在需要。"第二课堂"是实践育人的实现载体，是指在统一管理和专业指导下，学生志愿参加的实践活动的总称，是"第一课堂"的补充和延伸[3]，是一种学习形式。社团活动作为"第二课堂"的一种具体表现，具有学生期盼高、辐射面广、关注度高及与学生联系紧密的特点，具有明显的价值引导、媒介沟通、团队凝聚、自我提升和能力唤醒等功能[3]。但一些高校、相关职能部门和专业教师并未完全认识到"第二课堂"在学生成长成才路上的重要作用，往往把社团活动简单定性为学生生活的调剂和校园文化的丰富，将社团活动排斥于"第一课堂"之外，认为社团活动干扰专业学习和教学秩序，未将"第二课堂"摆在与"第一课堂"同等重要的位置，没有把"第二课堂"实践育人纳入学生培养体系[4]。

"绿色方阵"社团成立于 1998 年，是林学院优秀学生社团组织的代表，以"立足专业，宣传环保，践行环保，服务校园，服务社会"为宗旨。曾获得"学雷锋先进集体""十佳社团""五星级社团""全国大中专学生最具影响力环保社团"及"全国高校百强学生社团"等荣誉称号。历经多年发展，"绿色方阵"社团探索出社团活动与专业知识有机融合的实践育人模式。

二、"第二课堂"与"第一课堂"有机融合的理论基础

1. "第二课堂"与"第一课堂"的关系

"第二课堂"作为另一种"课堂"形式，也具备"第一课堂"的组织性和集体性[5]，其实践活动和"文化张力"是对"第一课堂"时空的扩展，为"第一课堂"的拓展升华提供了保障。我国教育方针明确要求，培养"德智体美劳"并行发展的全面型人才，而仅靠"第一课堂"无法实现这一素质教育培养目标[6]。"第一课堂"是学生学习和掌握专业知识的"主战场"，是智育的主要手段。"第一课堂"可以为学生的学术研究打下理论基础，同时"第一课堂"所学理论基础也可用于指导社团活动更加专业、科学和系统地开展。"第二课堂"实践活动可以作为"第一课堂"理论知识的外在载体和刺激，经验对于深化认知和促进认识具有不可替代的作用，理论知识的灌输无法取代实践体验的地位，实践活动不但有助于理论知识的学习，更是对"第一课堂"教学效果的深化和升华。学术研究是高等学校最基本的职能之一，"第二课堂"是"第一课堂"探究式教学和研究性学习的最佳实现途径，经过在"第二课堂"中的实践，有助于理论知识的检验和校正，激发学生的创新意识，提高学生创造力[7]。

2. "三全育人"理论

20世纪80年代，根据当时国家的发展状况，针对如何培养人这一问题，教育界探索出了全员育人、全方位育人和全过程育人的"三全育人"理论[8]。2016年12月，在全国高校思想政治工作会议上，习近平再次强调了"三全育人"理念在德育教育过程中的重要地位。

全员育人是对育人要素的要求，主要包括社会、家庭、学校、学生四个育人环境要素。其中，"学校"是指教学、管理、服务工作者等要素在内的所有人员和校园环境；"学生"既指学生受教育过程的优秀朋辈，又指教育受体的自我教育，与"第二课堂"的自我教育功能相吻合。在育人过程中，社会、家庭、学校和学生四个主要育人要素相辅相成，缺一不可。

全过程育人要求高校育人要贯穿学生入学到毕业及在社会中发展全过程，并且要针对四年里不同过程中学生不同的心理变化节点，抓住不同矛盾进行差异化指导。全过程育人还要求在育人过程中，教学课堂上和课堂下育人不脱节，实现无缝衔接。全方位育人是指育人体系要有全局性设计，注重学生品德、思维、体魄、实践能力、心理和社会适应能力的全方位培养，实现学生的全面发展，培养复合型人才。

"三全育人"理念明确了专业教师在德育教育过程中的责任，有利于充分调动专业教师德育过程的积极性，有利于打破智育和德育的藩篱。把专业教师纳入育人体系是对我国传统教育理念之"传道""解惑"环节缺失的弥补，有利于专业教师对学生学业生涯和职业生涯规划的指导。"三全育人"是实现高校有限资源最优配置的最佳途径，有利于整合高校各类资源，达到倍增效应。

3. "第二课堂"与"第一课堂"深度融合的育人模式构建

"第一课堂"是高校育人的根本载体，"第二课堂"是"第一课堂"的实践扩展，二者紧密联系、相互贯通、相互作用和辩证统一。"第二课堂"与"第一课堂"的深度融合是补齐高校学生实操能力弱和专业知识与生产实践契合度低这一"短板"的有效途径，也是我国办好世界一流大学、实现教育强国的新时代现实要求。

"绿色方阵"社团活动紧扣"立足专业"的创社宗旨，构建专业教师指导团队，围绕着学校培养造就基础扎实、知识面宽、实践能力强、富有创新精神和社会责任感，体现具有"高尚品德、自信气质、务实精神、专业本领"农大风格、农大气派的高素质专门人才的育人目标，专注于开展与学生专业紧密相关的专业类品牌活动，展示学院专业特色，将专业素养的提高融入德育素质的提升。

结合专业特点和学校优势，"绿色方阵"社团开展了"花色之旅"品牌团支部活动，该活动是一场美和知识的旅途，其充分利用了山西农业大学这所百年学府植物覆盖度高、种类齐全的优势特点，在春季百花争艳的时候，社团成员带领校内学生品校园韵味、识各色植物，在留下农大印记的同时，通过详细讲解各类植物的特征，帮助大家提升了专业认知，巩固了专业知识；并且，通过举办"植物识别大赛"，进一步牢固植物认知环节所学知识。大赛邀请林学院植物学系专业老师担任专家顾问和评委，共分为预赛的指定植物（100棵）"校园大搜寻"和决赛的植物相关专业知识问答两个环节。2016年，学院将"花色之旅"活动升级打造为"山西农业大学丁香文化旅游节"，成立"丁香花解说志愿小分队"，根据不同人群，设计针对性参观路线，带领游客话说校史、溯古问今、赏花识树，活动时间持续一周。"山西农业大学丁香文化旅游节"体现了山西农业大学开放办大学的办学理念，在提升学生专业本领、综合素质和社会责任感的同时，将农大风格、农大气派和专业知识传入"社区"，传播农大校园文化，是学校"向工农开门"优良传统的新时代升华，有利于培植学生的乡村情怀、农民情结。

暑假期间，"绿色方阵"社团组织社员开展周边水质调查及水资源保护宣传活动。调查前期的水文资料查阅、现场勘察、河流地图绘制和实地调查方案制定是对专业知识掌握牢靠程度和实践应用能力的直接检阅。同专业指导老师的充分研讨和对调查方案的可行性评估，更是思维火花的碰撞和创新能力的锻炼。通过现场取样点采样调查及实验室检测，掌握周边河流水质状况（颜色、气味、水质、河流漂浮物）、河流周边环境状况（周边建筑物、河流功能、排污情况）、河流的生物状况（水生和水边动植物）、河流周边人居状况（周围土地利用情况）等基本特征，撰写专业调研报告，激发了同学们的专业兴趣，增强了他们的实验素养，埋下了科学研究的种子。水资源保护科普小分队走村入户，向河流周边居民解读调研报告，宣讲水资源保护相关科普知识，帮助居民了解当地水资源状况，增强水资源保护意识。

一夜秋来染地黄，"绿色方阵"社团变废为宝，利用秋季落叶制作"叶脉书签"和叶脉DIY作品。通过实验创作，使学生感受到了所学专业趣味性的一面，寓教于乐，有助于提升学生的专业认同感，同时考验细心与耐心的制作过程也提高了学生的科学素养，实践操作能力。叶脉DIY作品的创作更是对创新能力的增强。作为林学院美育的一部分，该活动引导学生发现专业之美，引导学生增强认识美、感知美的能力及学习、选择和创造美的能力的意识，有利于学生人文素养的提升，帮助学生实现全面发展[4]。

三、育人模式的完善与升华

1. 加强顶层设计，落实人才培养目标

学校管理部门及二级学院要以学校办学理念、人才培养目标及各专业人才培养方案为出发点，以学生素质培养目标和现实要求为落脚点，建立健全实践育人体系。传授知识只是"第一课堂"的基本要求，能力培养更是"第一课堂"本应承担的责任，所以在人才培养体系建设过程中要将实践育人摆到与"第一课堂"同等的地位，纳入人才培养统一体系结构，形成智育与德育的有机统一体[9]，打破专业教师主要职责只是传授知识，轻视能力培养，忽视实践育人重要性，乃至抵触"第二课堂"的固有观念，真正实现实践育人全员参与、贯穿于育人全过程及全方位育人[10]。这就要求，打通校团委、学工部与教务部之间的藩篱，建立顶层指导部门，形成联动机制，融合学生管理、教学管理与学生活动三大环节，强化落实社团专业教师导师制度，使专业学习与实践育人深度融合，充分有效配置学校教育教学资源[11]。

在学校育人体系顶层设计的前提下，发展"课程式"社团活动。通过建立和落实专业教师参与"第二课堂"的奖励机制，将"第二课堂"纳入教师考核体系，调动专业教师参与"第二课堂"的积极性。将"第二课堂"融入学生考核体系，通过专业性、科研性及创新性等社团活动的学分认定及绩点转化等方式，完善"第二课堂"激励机制，调动学生参与社会实践的积极性[12]。

2. 集中资源，发展精品活动

控制社团活动数量，走品牌化、精品化之路是提升"第二课堂"育人能力的根本要求，也是已被全国各高校广泛付诸实践的社团发展模式[13]。发展品牌化社团，首先要转变"第二课堂"建设中的考核机制和管理模式，由考核制转变为服务指导模式，实现学生会社团活动"二级管理"，增加二级学院"第二课堂"建设的自主性和自由度，解放二级学院主观能动性，只有这样才能合理配置学院资源，集中有限资源发展具有专业特色的精品活动。

品牌活动是社团的核心要素，是社团可持续发展的立足点[14]。开展品牌活动，首先要开拓思路丰富社团活动形式，改变常规的展板宣传、"摆摊"、知识竞答及校园志愿服务等传统社团活动模式，社团活动要发扬精益求精、执着追求、崇尚深度的精神。例如，"绿色方阵"社团水质调查活动，可利用寒暑假，募集志愿者，开展家乡水质调查活动，绘制全国水质"地图"，撰写全国乡村水

质调研报告，通过使命感增强社团成员的参与度，通过有影响力的调研报告增强社团影响力。又如，在增强社团专业性方面，可以将社团活动与专业教师的课题研究深度融合，通过开展研究性学习活动，增强专业教师对社团活动的参与度，将科学研究融入学生生活，营造科研氛围和良好学风。

通过增强社团活动仪式感来发挥活动品牌效应。仪式本身就是一种实践行为，其中蕴含一种暗示的力量，通过特定的场景和活动，能够调动参与者的思维[15,16]。通过增加社团活动的仪式感，能够充分调动参与者的兴奋点，使其对社团活动产生兴趣和情感，在理智和情感交融中达到育人效果[14]。仪式是一种文化象征，可以通过特有的仪式彰显社团文化内涵[15]，使参与者直观感受社团文化，通过社团文化的传递，形成社团活动特有的标签，促进社团品牌化建设。通过增强社团活动仪式感，可以强化参与者的心理体验，使社团活动在其心中留下深刻印记。在社团活动中，增加特有仪式能够体现出活动组织者对活动的重视，增强活动的规范性，体现出活动的品牌特性。通过增加社团活动的仪式感，提高参与人员的归属感[16]，从而增加活动黏性，有利于每次活动学生重复参与率的提高，形成良好口碑，提升活动影响力并拓展辐射面。

参考文献

［1］申纪云．高校实践育人的深度思考［J］．中国高等教育，2012（Z2）：11-14.

［2］徐晓炜．发挥第二课堂功效　促进大学生全面成长成才［J］．科技风，2018（23）：55.

［3］梁春，彭海林．审美文化视野下本科院校课堂美育建设思考［J］．才智，2018（24）：60，62.

［4］王军，张淑玲，张建强．大学生社团管理模式存在的问题及对策［J］．学校党建与思想教育，2015（4）：74-75.

［5］孙丽华．试析高校第二课堂的设计与经营［J］．黑龙江高教研究，2012，30（12）：186-188.

［6］彭巧胤，谢相勋．再论第二课堂与第一课堂的关系［J］．学校党建与思想教育，2011（14）：45-46.

［7］陈步云．论高校实践育人动力机制的构建［J］．学校党建与思想教育，2018（11）：15-18，40.

［8］蒋广学，王志杰，张勇．论全环境育人理念下大学生思想政治教育的时代感与吸引力［J］．学校党建与思想教育，2018（5）：87-89，96.

［9］宋佳亮．第二课堂建设中学工和教务的联动机制研究［J］．科技经济市场，2016（12）：147-148．

［10］党美珠，李建伟，杨莉，杨涛．高校学生社团管理运行模式研究［J］．领导科学论坛，2018（7）：69-70，80．

［11］康铭浩，李国山．推进高校学生社团品牌化建设——以佳木斯大学为例［J］．中国校外教育，2018（20）：22．

［12］蔡丛．打造精品校园文化品牌活动，促进高校文化育人——以中山大学南方学院音乐系为例［J］．科教文汇（上旬刊），2017（10）：126-127．

［13］朱继文．仪式感是一种动力［J］．工会博览，2018（24）：50．

［14］万婷．大型活动仪式教育的作用及启示［J］．当代教育理论与实践，2012，4（6）：128-130．

［15］戈春楼，张锦峰，崔亮．论仪式感在大学生教育管理中的作用［J］．中国高新区，2018（6）：73．

［16］李根．基于"三礼"仪式感教育的德育实践与思考［J］．辽宁教育，2018（20）：56-57．

"1232" 实践育人模式初探

——以资源环境学院为例

张 鹏 祁静静 张 杰 韩 明*

山西农业大学资源环境学院

摘 要：为认真贯彻落实习近平总书记在全国高校思想政治工作会议和全国教育大会上的会议精神，培养德智体美劳全面发展的社会主义建设者和接班人，形成更高水平的人才培养体系，本文全面总结了学院成立以来取得的好经验、好做法，对学院数十年来如一日形成的"1232"实践育人模式进行了初步探析，建立健全了领导机制，全面推进了实践育人工作有效开展，形成了更高水平的人才培养体系。

关键词：实践；育人；"1232模式"

习近平总书记在党的十九大中提出，实践没有止境，理论创新也没有止境，我们必须不断推进理论创新、实践创新、制度创新、文化创新以及其他各方面创新。2018年9月10日的全国教育大会提出，要培养德智体美劳全面发展的社会主义建设者和接班人，要努力构建德智体美劳全面培养的教育体系，形成更高水平的人才培养体系。实践育人是资源环境学院学生工作中的一大特色，是对学院大学生进行思想政治教育和促进大学生成长成才的一个必要途径和有效手段，对学院推动建设更高水平育人质量体系具有重要的现实意义。长期以来，学院不断思考和探索，全面总结了学院成立以来取得的好经验、好做法，逐步形成了内容丰富、点面结合的"一个目标，两个突出，三个着力点，两个落脚点"的

* 作者简介：张鹏（1966-），山西文水人，统计师，山西农业大学资源环境学院党委书记，研究方向为思想政治教育和教育管理；祁静静（1992-），山西陵川人，助教，山西农业大学资源环境学院辅导员，研究方向为思想政治教育；张杰（1983-），山西长治人，副教授，山西农业大学资源环境学院团委书记，研究方向为思想政治教育；韩明（1981-），山西祁县人，山西农业大学资源环境学院党委副书记，研究方向为思想政治教育。

"1232"实践育人模式。"一个目标"即始终把立德树人作为唯一的办学目标，"两个突出"是在本科人才培养目标中突出实践育人教育理念和本科学生管理中突出开展内容丰富的实践育人活动，"三个着力点"是紧紧抓住创新创业建设、校企合作建设、学院文化建设三个抓手深化实践育人，"两个落脚点"即推进学院大学生思想政治素质建设和促进学院大学生成长成才。

一、全面落实立德树人根本目标，将实践育人贯穿于大学生学习生活全过程

习近平学习实践观不仅认为实践是个人成长和发展的重要基础，而且把实践作为人生的宝贵财富，勉励广大青年学生把个人的远大抱负落实到为人民服务和社会主义现代化建设服务中[1]。赫尔巴特指出："道德普遍地被认为是人类的最高目的，因此也是教育的最高目的。"因此，立德树人是教育工作的根本目标，实践育人工作是实现立德树人工作根本目标的重要抓手。《关于进一步加强高校实践育人工作的若干意见》指出，"坚持理论学习、创新思维与社会实践相统一，坚持向实践学习、向人民群众学习，是大学生成长成才的必由之路。"[2]

实践育人是实现立德树人教育目标的重要方面，是全面提高高等教育质量的重要环节，学院通过实践育人将智育和实践教育有机结合起来，极大地促进了德育教育的深入开展。学院长期坚持立德树人根本目标，高度重视实践育人的重要作用，从学生大一入学开始，学院就全面落实立德树人根本目标，坚持将实践育人贯穿于大学学习生活中，直至其大四毕业。大学四年期间，学院分阶段、分时期通过实践培育学生完成不同的目标，鼓励学生参与自主管理活动，加入能够培养大学生全面成才的学生会或者社团组织；在社会实践、专业实习方面加大投入，组织学生开展暑期"三下乡"、土地确权等社会实践活动，并开展校外专业实习；除了上各专业实验课之外，还积极开展各类专业技能培训。坚持以文化人、以德育人，培养具有"高尚品德、自信气质、务实精神、专业本领"特征的人才，不断提高学生思想水平、政治觉悟、道德品质、文化素养，引领现代农业和推动经济社会发展的复合应用型、实用技能型和技术创新型、自主创业型人才为目标，真正实现大学生德智体美劳全面发展。

二、在本科人才培养目标和学生管理中突出实践育人教育理念

1. 长期坚持在人才培养目标中突出实践育人教育理念

学院的人才培养目标充分体现"以生为本"的教育理念和因材施教、分类

指导的教育原则，始终把学生教学工作放在中心地位。学院现有农业资源与环境、土地资源管理、环境科学、地理信息科学、信息管理与信息系统五个专业，根据各学科、专业特点，结合社会实际需要，不断对各专业学科知识进行分析整合，分类指导，积极创造条件，扩大课程资源，加大实验课比重，锻炼学生实际动手操作能力，突出各专业人才培养特色，推动学生学业发展。

农业资源与环境专业培养具备农业资源与环境方面的基本理论、基本知识和基本技能，能在农业、环保、农资等部门或单位从事农业资源管理及利用、农业环境保护、生态农业、资源遥感与信息技术的教学、科研、管理等领域工作的高级专门人才。资环专业学生毕业应修课程为 2592 学时、158 学分，其中必修课 122.5 学分、选修课 35.5 学分，分别占课程总学时的 78%和 22%；实践教学 44 学分，占总学分的 21.78%。

土地资源管理专业培养具有经济学、现代管理学和资源学等方面的理论知识，掌握土地资源利用与管理方面的基本知识，具有测量、制图、规划、计算机应用等基本技能，能在国土、城建、农业、环保、房地产等部门以及企事业单位从事土地调查、土地利用规划、地籍管理以土地政策法规工作的高级专门人才。本专业学生毕业应修读课程为 2512 学时、157 学分，其中必修课 1920 学时、120 学分，占课程总学时 76.4%；选修课 592 学时、37 学分，占课程总学时 23.6%；实践教学环节总学分为 25.5 学分，占总学分的 13.97%。

环境科学专业培养具备环境科学的基本理论和基本技能，能在科研机构、高等学校、企事业单位及行政部门等从事有关环境监测、环境评价、环境规划与管理、生态恢复与重建及环境工程、农业环境保护等相关专业的科研、教学、管理等领域工作的高级专业人才。本专业学生毕业应修课程为 2512 学时、157 学分，其中必修课 1960 学时、122.5 学分，占课程总学时 78%；选修课 552 学时、34.5 学分，占课程总学时的 22%；实践教学环节总学分为 29 学分，占总学分的 15.59%。

地理信息科学专业培养具备地理信息科学与地图学的基本知识、基本技能，掌握空间信息科学基本理论以及 3S 技术的基本原理和基本方法，了解地理信息科学的理论前沿和应用前景，能在城市、区域、资源、环境、交通、人口、住房、土地、基础设施和规划管理等领域从事与地理信息系统有关的应用研究、技术开发、生产管理和行政管理等工作的地理信息系统高级专门人才。本专业学生毕业应修课程为 2432 学时、152 学分，其中必修课 1896 学时、118.5 学分，占课程总学时的 78%；选修课 536 学时、33.5 学分，占课程总学时的 22%；实践教学环节总学分为 26 学分，占总学分的 14.61%。

信息管理与信息系统专业培养具备计算机科学基础知识，信息管理与信息系统的理论知识，掌握科学的系统思想、方法和信息管理等方面的知识，能够进行信息系统的分析和设计、综合应用信息系统和管理的知识原理在农业、资源环境等部门或其他单位从事系统设计及信息收集、开发利用的高级专门人才。本专业学生毕业应修课程为 2528 学时、158 学分，其中必修课 1872 学时、117 学分，占课程总学时的 74%；选修课 656 学时、41 学分，占课程总学时的 26%；实践教学环节总学分为 26 学分，占总学分的 14.13%。

2. 在学生管理中围绕大学生社会实践、专业技能培训、实践教学基地建设，突出实践育人活动

（1）坚持大学生社会实践全覆盖，提高大学生综合素质水平。大学生社会实践活动是让大学生尽快了解国情、理解专业知识、提高实践技能、提高大学生综合素质的有效途径。在社会实践活动中，大学生以志愿者的身份深入农村，以专业知识为切入点，调研基层社会现状，了解专业知识与社会对专业知识需求的结合状况，提高对所学专业的认识，实现由感性认识向理性认识的转变，从而激发学习专业的热情。通过在农村开展各式各样的实践活动，不仅为农村带去了先进文化和科技新气息，还潜移默化地改变着自己的人生观、价值观、世界观，这是理论与实践相结合的充分体现。大学生"三下乡"使他们能够将自己在学校所学的先进知识、观念等在广大农村传播，助力精准扶贫。

资源环境学院每年积极组建校级实践队、院级实践队和组织大学生分散社会实践，学院所有大学生均通过集中组队或就近就便分散实践的方式，在全省各地广泛开展了爱心支教、环保宣讲、普法宣传、医疗卫生、就业创业、城镇信息化建设调查、文化传承等形式多样、丰富多彩的社会实践活动，充分展示学院学子求真务实、奋发进取、吃苦耐劳的精神风貌，受到了当地政府和群众的肯定和好评。

（2）充分利用社会资源，不断加强和拓展社会实践基地。

1）加强实践基地建设，是充分利用社会资源，做好实践育人的前提。多年来，学院结合专业设置，坚持校内实习基地建设和校外基地相结合，建立了稳定的教学实习基地。在校内，学院建有资源环境学院实验站；在校外，积极寻求社会资源，与山西灵石石膏山、五台山国家地质公园、太行山大峡谷地质公园、山西正阳污水净化有限公司等单位签订战略合作协议、人才共建协议等，建立了50 多个实习教学基地。

2）专业实践作为学生学习期间理论联系实际、认识社会、了解专业的重要一环。学院每年都会组织各专业学生去校外实践基地进行专业实习。学院现有山西灵石石膏山、五台山国家地质公园、太行山大峡谷地质公园、山西正阳污水净化有限公司、晋中市环腾特种垃圾处理有限公司、太谷环清垃圾填埋场等在内的50 余个校外专业实践基地，实现 5 个专业 1451 人全覆盖。在进行基础的地质地貌观察实习过程中，指导老师全程陪同，详细地为同学们介绍地质构造、地貌形态等，真正使同学们能够将课本上学到的知识更好地运用到生活中，对专业知识有一个更好、更深入的了解。

（3）积极开展各类专业技能培训，提升大学生专业学习自信。学院历来重视对大学生专业技能的培训，从标定溶液到 Arcgis 软件熟练掌握，从地质地貌辨别到代码的输入，从全站仪使用到水准仪熟练观测地形，从基础原理到精准检测土壤。学院坚持使普通教育与专业教育有机结合，加固基础，拓宽专业层面，注重学科间的交叉渗透与融合，加强实践教育教学，强调学生基本理论的掌握与应用和基本技能的培养与训练。

除此之外，学院积极探索，不断创新实践活动方式，将专业学习与大学生校园文化活动融合起来，持续提高学生的技术操作能力。例如测量学这门课程，从2018 年开始，我们不仅通过实验课培养技能，还举办了"资环杯"测量大赛来进一步提高同学们的测量水平、规范性操作。通过比赛，同学们能够明确分工，根据所学知识，相互配合，完成测量任务。这类实践比赛不仅有利于增进同学之间的感情，还能够巩固教学成果，培养同学们互帮互助及合作意识，为同学们提供一个发展自我的平台。

三、狠抓创新创业建设、校企合作建设、学院文化建设三个着力点，强化实践育人

1. 加强对创新创业实践工作的指导，增强学生创新创业能力

学院积极搭建大学生创新创业与社会需求对接平台，强化创新创业导师培训，发挥"互联网+"大赛引领推动作用，提升创新创业教育水平。在"双创"的大背景下，学院更加注重培养学生的创新精神和实践能力，支持鼓励符合条件的大学生利用课余时间参加各项创新创业大赛，获取多种资格和能力证书，增强创业就业能力。2016 年 10 月在第二届全国"创青春互联网+大学生创新创业"大赛中，学院张臻同学荣获银奖。2018 年 8 月 29 日，在"建行杯"第四届山西省"互联网+"大学生创新创业总决赛中，学院土管 1701 班的蔡宗明及他的团

队成员曹婧、丁元普、琚晨仪在指导老师史广老师的带领下，以作品《虚拟试衣间APP》荣获"主赛道"二等奖的荣誉。

2. 积极推动校企合作，提高学生就业竞争优势

习近平总书记在党的十九大报告中指出，优先发展教育事业。要全面贯彻党的教育方针，落实立德树人根本任务，发展素质教育，深化产教融合、校企合作，实现高等教育内涵式发展。

校企合作作为注重培养学生质量，注重在校学习与企业实践，注重学校与企业资源、信息共享的"双赢"模式，促进教育与生产的结合，提升学生科研实践能力。学校通过企业反馈与需要，有针对性地调整人才培养模式，结合市场导向，注重学生实践技能培养，适应社会与市场需要。校企合作，真正做到了学校与企业之间人才共享、信息共享和资源共享，实现两者之间融合与联动发展。目前，学院与山西金瓯集团、山西天脊煤化工集团有限公司、山西天山方圆遥测科技有限公司、北京北斗星地科技发展有限公司、山西紫峰科技有限公司等近50家企业在农业资源与环境、农业环境保护、土地信息技术、地理信息技术、土地资源管理等行业有长期合作，培养出了一大批优秀学生。

例如，学院优秀校友马智于2002年10月亲手创办了山西金瓯集团，目前已发展为拥有八家子公司、产业涵盖较广的集团公司，在社会上拥有良好的声誉。公司具有土地评估机构B级资质、土地规划机构乙级资质、测绘丙级资质、地质灾害治理工程施工丙级资质，在土地勘测定界和土地评估服务方面，还通过了ISO9001：2000质量管理体系认证，是一个拥有雄厚技术力量的知识密集型集团企业。学院每年为其输送大量优秀人才，为鼓励全院学生勤奋学习、努力实践，树立振兴中华的远大理想，马智从2012年出资100万元，设立"金瓯"奖学金，目前为止已帮助150多位同学顺利完成学业。

此外，学院还与企业开展互动式合作，企业是学院的教学、人才培养实习基地，学院为企业培养人才和提供生产技术支持，同时企业为学院人才培养计划制定提供信息支撑，使学生在实践过程中目标明确、有的放矢，提高了专业技能，企业在宣传、人才储备、生产技术支撑等方面有了保障，真正实现了培养农业高级技术人才与社会经济发展、企业需要融为一体。

3. 繁荣学院文化，提升大学生人文素养

校园文化活动是以学生为主体，开展丰富多彩、积极向上的学术、体育、科技等活动，是一种主动选择、自我教育的实践活动。为了牢固树立和巩固正确的世界观、人生观、价值观，学院经过多次探讨，认真听取意见，为学生们开展了

一系列有针对性的活动，如大学认知教育，校情校史教育，专业认知教育，校规校纪与学风校风教育，基础文明教育，安全法制与卫生教育，身体素质教育，科技创新教育等专题性教育，收效显著。学院多次组织开展了"资环杯"男排邀请赛、健美操大赛、辩论赛、人文知识竞赛等丰富多彩的文化活动，以赛促学，使大家在参与的过程中不断学习了解。至今，学院"资环杯"排球邀请赛已成功举办四届，每一届都展现了大学生应有的精神风貌，充分展现了资源环境学院学子的风采。学院每年组织开展的人文知识竞赛是以文史哲的基础知识、必要的艺术修养、科学史与自然科学常识、历史文化知识、基本文化典籍的文本等为主要命题内容，此活动旨在培养青年学生深厚的人文底蕴，活跃校园文化氛围，进一步提升大学生人文素养。

四、贯彻落实实践育人理念，提升学生思想政治素质，促进成长成才

1. 坚持实践育人，学生思想政治素质得到显著提高

思想政治教育是社会或社会群体用一定的思想观念、政治观点、道德规范，对其成员施加有目的、有计划、有组织的影响，使他们形成符合一定社会所要求的思想品德的社会实践活动。

在多元文化背景下，必须不断加强大学生的思想政治教育。今天的大学生是明天社会的中流砥柱，他们的理想状态在一定程度上代表将来社会的理想状态。作为整个社会中知识层次较高、认识能力较强的一个特殊群体，他们有没有理想、理想是否远大，关系到高等教育培养人才是否符合社会需要的大问题，关系到培养的人才是否合适，关系到社会主义事业能否传承的问题。

在大学生思想政治教育中，学院以重大节日和重大事件为契机，带领学生党员赴左权、吕梁等地参观红色教育基地，缅怀革命先烈，接受革命传统教育，增强爱国主义情怀。从而在同学们心中正确确立了自己的崇高理想，进而转化为坚定的信念，激励其坚韧不拔地投身于变革现实、实现价值目标而拼搏，并且将成为其思想行为的准则，驱动自我人格的塑造。使全体大学生始终保持积极进取的人生态度、昂扬向上的精神状态和不屈不挠的坚强意志。

2. 坚持实践育人，促进了大学生成长成才

在学生发展方面，院领导高度重视，把就业工作列入学院重点工作，学院书记和院长担任领导组组长，设有专职就业辅导员，建立健全毕业生就业工作良性运行的工作机制和相关制度。近三年来，学院就业率水平保持稳定状态，始终保

持在90%以上，而且还有部分在土地确权工作中表现优异的同学获得了到农业部、国家审计署等单位工作的机会。2016年年终就业率96.77%，2017年年终就业率为92.84%，2018年初次就业率为90.12%。

2018年，学院的考研率再创佳绩，农业资源与环境专业为57.10%、环境科学专业为28.90%、土地资源管理专业为22.47%、地理信息科学专业为27.72%、信息管理与信息系统专业为18.20%，总考研率达到33.92%。

实践育人作为高校育人的重要环节，是思想政治教育不可替代的重要手段[3]。通过对"1232"实践育人模式进行初步探析，在办学目标"立德树人"方面，坚持在本科人才培养目标中突出实践育人教育理念和在本科学生管理中突出开展内容丰富的实践育人活动，通过创新创业建设、校企合作建设、学院文化建设三个抓手深化实践育人，积极响应党中央关于"深化实践育人是全面深化高等教育综合改革的重要任务"这一政策，在培养更优秀的青年及高素质人才，坚持"以本为本"，加快建设高水平本科教育，培养大批有理想、有本领、有担当的高素质专门人才，为全面建成小康社会、基本实现社会主义现代化、建成社会主义现代化强国提供强大的人才支撑和智力支持等方面，不断凸显社会实践活动对于培养学生的实践能力的重要作用，有力地推进了大学生思想政治素质建设并促进了学院大学生成长成才。

参考文献

［1］伍廉松．论习近平学习实践观对高校实践育人的现实启示［J］．教育评论，2017（9）：80-83.

［2］中华人民共和国教育部等部门关于进一步加强高校实践育人工作的若干意见［Z］．北京：知识产权出版社，2012.

［3］陶攀，刘许亮．实践育人理念，完善德育体系［J］．文教资料，2011（7）：154-155.

脱贫攻坚背景下农林专业实践育人的思考

仇欢欢　郭建平　冯　伟*

山西农业大学经济管理学院

摘　要：实践育人是脱贫攻坚国情背景下培养农林卓越人才的重要途径，对相关专业学生的实践技能、综合素质与创新意识的培养发挥着重要的作用。本文依据山西农业大学经济管理学院卓越农林专业人才的教育培养目标和实践育人目标，总结回顾了学院实践育人协同运作机制，同时提出有助于机制有效运作及模式优化的建议与思考。

关键词：实践；育人；模式

为实现 2020 年全面实现建成小康社会的目标，按照《中国农村扶贫开发纲要（2011—2020 年）》精神要求，中共中央、国务院在 2015 年出台了《中共中央、国务院关于打赢脱贫攻坚战的决定》，提出并推进精准扶贫、精准脱贫方略，将推动脱贫致富作为一项重大战略部署[1]。2018 年习总书记在全国教育大会上指出，"做好高校思想政治工作，要因事而化、因时而进、因势而新。着重培养创新型、复合型、应用型人才"。脱贫攻坚战的冲锋号角已在全面建成小康社会奋斗中吹响，脱贫攻坚一线是高校社会教育实践育人的重要载体。新时代新形势下，多元化的社会环境与社会现实已经对高校特别是农林院校教育实践育人构成了新的挑战[2]。凝练总结学校在教育实践育人的好经验、好做法，有利于推动农林院校建设一流、高水平的实践育人质量体系。

一、基本情况

实践育人是脱贫攻坚国情下高校教育过程中的主体环节与重点，在高校教

---

* 作者简介：仇欢欢（1989-），山西洪洞人，讲师，山西农业大学经济管理学院辅导员，研究方向为思想政治教育；郭建平（1975-），山西长治人，讲师，山西农业大学经济管理学院党委书记，研究方向为党的建设；冯伟（1981-），山西大同人，讲师，经济管理学院党委副书记，研究方向为思想政治教育。

育过程中起着决策引导、实施与控制作用。山西农业大学经济管理学院始终贯彻落实以党的十九大精神和习近平新时代中国特色社会主义思想为指导，围绕"实践育人"战略布局，充分发挥学院优势，把脱贫攻坚与学院教育教学、实习结合起来，并总结相关经验。按照各相关专业的培养目标和能力要求，尊重学生的认知和受教育规律，遵循高起点、有创新、科学性和可操作性的原则，制订了符合专业师生实际的实践教学方案，明确了实践教学的目标、教学方法和内容，构建出了符合学校及学院实际，专业定位准确和地域特色显著的实践能力培养体系。

1. 人才培养目标

选取经济管理学院的相关农林专业教学实践育人相关分析，如农林经济管理专业、农村区域发展专业与卓越农林经管专业等本科涉农专业。经过多年的办学实践，各专业旨在培养德、智、体各方面均衡发展，同时具有经济学、社会学、农学等相关学科的基础理论知识和相关农业科学知识，掌握农村区域发展的基本理论、方法和技能，能在各级行政部门、各类相关企事业单位、科研与教学部门从事专业相关工作的具有实践能力和创新精神的高素质复合型人才，同时在一部分党员干部中选取优秀的应届毕业生积极参加到山西省选调生的计划中来。

2. 实践能力培养

各专业旨在培养学生具备较强的语言、文字表达能力及计算机与外语综合应用能力；培养学生具备分析和解决农村区域发展实际问题、从事农村区域发展相关工作的实践能力，掌握发展战略和规划、发展项目管理、农业普及和推广、农村区域分析、经济社会调查等基本技能；使学生能在熟练掌握基本理论知识的基础上学以致用，不断提高学生的适应能力、实践能力、创新能力及终身学习的能力。特别是为了引导学生关心脱贫攻坚，将每年开展的大学生暑假"三下乡"实践与大学生助力脱贫攻坚暑期社会实践活动相结合，以促使经济管理学院学生到农村去，去发挥聪明才智、运用科学文化知识助力脱贫攻坚，开阔视野、接受锻炼，为山西省打赢脱贫攻坚战贡献自己的力量。

二、"2+3"人才培养模式

党的十九大提出"坚决打赢脱贫攻坚战"和"实施乡村振兴"两大战略，提出要"培养造就一支懂农业、爱农村、爱农民的'三农'工作队伍"。习总书记在视察山西时指出"山西是脱贫攻坚的重要战场""打不赢脱贫攻坚战，就对不起这块红色土地"。因此，山西农业大学要在助力脱贫攻坚、促进乡村振兴的主战场，主动担当、积极作为。"2+3"模式是指两大战略，三种育人模式。具体经济管理学院积极围绕"坚决打赢脱贫攻坚战"和"实施乡村振兴"两大战略，构建协同育人基地建设与培养模式、融入式实践锻炼育人模式、教学实践基地育人模式三种育人模式，深化教学育人创新，实现培养造就一支懂农业、爱农村、爱农民的"三农"工作队伍的目标。

1. 协同育人基地建设与培养模式

以精准扶贫为内容，采取"政府+基地+实践"育人方式，培养农科专业人才。选择在国定深度贫困地区集中地吕梁市临县或兴县、大同市的广灵县、忻州市的五台县建立三个以精准扶贫和乡村振兴为主题的育人实践基地，通过与地方政府协同共建，在帮助地方政府推进扶贫工作的同时，创新校地结合的实践育人模式，培养一大批学农、爱农、事农的新型农业产业服务人才。基地每年培养学生1500人以上。

2. 融入式实践锻炼育人模式

采取"项目+实践+育人"的形式，提高学生的实际服务能力，将理论知识应用到现实的精准扶贫和乡村振兴的伟大工作中去，以经济管理学院县域产业规划团队、精准扶贫第三方评估团队为基础，通过与省、市、县各级政府合作，以产业规划项目、精准帮扶项目为抓手，组织学生实际参与项目规划、扶贫评估的实地调研、报告撰写、农民培训、政策宣讲、科技推广等活动，真正在服务农村实践活动中提高学生的整体素质。学院先后完成山西省运城市、晋中市、吕梁市等地40余个县现代农业发展规划、园区产业发展规划、国家现代农业示范区建设规划，以及20余个农业生态产业园规划，年参与学生达200人以上，年培训农民2000人以上。

3. 教学实践基地育人模式

山西农业大学经济管理学院还设有山西农业大学新农村建设研究中心、山西农业大学农村区域经济与发展规划研究中心、山西农业大学政府政策效能评估中心。学院已于2014年底投入建成120平方米的仿真模拟实验室，满足学院专业相关课程实验以及专业综合实验使用。实习基地方面学院与太原市、运城市、晋中市和长治市等山西30多个地市建立建成产学研结合院企合作基地，与晋城市蟒河生态旅游有限责任公司、汾西县戎子酒庄、云丘山农耕文化教育基地、太谷县巨鑫现代农业示范园等35家企业签订院企基地合作协议。通过实践基地建设，培育农科大学生"学农、爱农、事农"的精神，进一步优化育人机制、创新育人模式、提升育人成效，提升国情教育理念和实践育人水平，对培养懂农业、爱农村、爱农民的新时代大学生具有重要意义[3]。

三、育人效果

1. 社会主义核心价值观的形成

从国家层面的价值目标角度来看，大学生参加脱贫攻坚社会实践活动，亲身感受党的十八大以来农村的巨大变化和发展，感受到党和政府对贫困地区和人民的关心和支持，感受"富强、民主、文明、和谐"的国家形象，将有助于增强大学生对党和国家的认同感、责任感和对社会的使命感，进一步促进大学生将国家理想融入个人职业理想和生活理想，以树立为实现"中国梦"而奋斗的远大理想。从社会价值目标的角度来看，大学生从事各种社会实践活动，如走访农民、听报告、民意调查、志愿服务、志愿教学等，用专业知识服务社会，有助于提高他们对社会的认知能力，亲自融入改革开放带来的"自由、平等、公正和法治"的社会环境，增强他们对中国特色社会主义的理性认知和情感认同，进一步推动改革开放后的社会环境融入大学生的精神追求。从个人价值目标的角度来看，大学生深入贫困地区，与农民一起生活和工作，体验农村生活，感受基层扶贫干部不怕艰难困苦、造福穷人的责任和辛勤劳动，感受基层党员的执着追求和坚定信念，热爱党和爱国人士，感受农民辛勤劳动和诚实友谊的简单品质和宝贵精神，这有利于增强大学生对"爱国、敬业、诚信和友善"的深刻理解和理解，进而推动大学生将"爱国、敬业、诚信、友善"作为基本行为准则，内化于心、外化于行。脱贫攻坚工作任务艰巨，学生们参与这项艰巨工作，感受到贫困地区脱贫的强烈需要，尽自己所能为国家的发展的尽一份绵薄之力，提高学生的参与度，与此同时能切实增强学生的使命感，让学生感受发展变化的国家状况，增强学生的爱国主义情感，激发其勇挑社会重担的责任感。

2. 国情民情的普及与爱国主义的培养

"脱贫攻坚+教育育人实践"是思想政治教育的良好课堂。高校在贫困地区建立思想政治教育基地，组织大学生深入农村开展脱贫攻坚社会实践活动，是开展国情、民情教育的有效形式。一方面，它有助于加深大学生对中国国情的科学理解，增强民族自豪感。通过精准扶贫的社会实践，大学生切身感受到党和国家帮助贫困人口的良好政策，了解国家自上而下共同扶贫的良好措施，正确认识社会主义初级阶段的基本国情和人民的实际需要，进一步认识中国特色社会主义理论体系和社会主义制度的优越性，坚定不移地走中国特色社会主义道路。另一方面，对大学生来说，充分理解"农业、农村和农民"，增强他们的学习主动性是有益的。大学生深入贫困农村，广泛接触农民，有助于他们全面了解农业发展水平、农民生活状况和农村建设，提高他们对"三农"问题的认识，深刻理解农民艰苦创业的艰辛，从而激发其推动农业技术进步、农村建设发展和农民素质提高的热情和动力，增强他们为"三农"服务的意识和参与解决"三农"问题的信念。

3. 学科实践的创新发展

学生在参与脱贫攻坚的这个过程中将课堂所学"真枪实刀"地用于实践，是实现思维与实际结合的关键环节，促使同学们真正思考课堂理论知识与社会实际的融合，如何实现知识输入与输出的转化，在参与评估的过程中明确自身的长处与不足，发现问题、解决问题，是一个自我完善的过程。学院对学生实践能力的培养主要通过教学实验与实训、课程实习与毕业实习、社会实践与科研训练、经济问题调研训练、毕业论文（设计）等教学实践环节来完成。参与脱贫攻坚评估等一系列工作于学科实践而言是一项重要的补充与完善。经济管理学院的这些培养模式能更加凸显学生的主体地位，立足于学生的思维特征、认知能力，尊重学生的主体地位，激发学生的主体意识，为他们构建开放的学习环境，提供多渠道获取知识并将所学知识加以综合应用于实践的机会，促进他们自我教育、自我发展能力的形成，使学生毕业后能在各类农（林）业企业、教育科研单位和各级政府部门从事经营管理、市场营销、金融财会、政策研究等方面工作的高级专门人才。

四、结语

实践出真知，实践是育人的"排头兵""领头雁"。教育实践育人工作既具有普遍性的一般规律，又具有鲜明的时代性。开展脱贫攻坚社会实践活动，要遵循大学生成长、成才的特点和规律，顺应新时代思想政治教育工作的发展要求，结合不同专业和年级学生的特点，确定不同的社会实践形式，切实让大学生在实践中得到锻炼、服务社会，达到育人效果，实现思想政治教育目标。

山西农业大学经济管理学院实践育人的方向始终以"三农"为导向，围绕"实践育人"战略布局，充分发挥学院优势，把脱贫攻坚与学院教育教学、实习结合起来，并总结相关经验。按照各相关专业的培养目标和能力要求，尊重学生的认知和受教育规律，遵循高起点、有创新、科学性和可操作性的原则，制订符合专业师生实际的实践教学方案，明确实践教学的目标、教学方法和内容，构建出符合学校及学院实际，专业定位准确和地域特色显著的实践能力培养体系。

参考文献

［1］田静姝，燕文奇．高校内部思想政治教育实践育人主体建设研究［J］．黑河学刊，2018（5）：9-13.

［2］庄法兴，李鹏．脱贫攻坚社会实践育人路径的优化探究［J］．山西高等学校社会科学学报，2018，30（2）：59-61.

［3］孟志兴，王广斌．农村区域发展专业实践能力培养体系建设研究——以山西农业大学为例［J］．大学教育，2017（2）：141-142.

实践育人平台建设：
学用相融，多点联动，扎实推进

郭　玮　冯晓燕*

山西农业大学文理学院

摘　要： 第二课堂是大学生教育教学活动的必备环节，是素质拓展的重要载体，更是实践能力提升的有效途径。大力推进第二课堂建设，符合高等教育改革的需要，更是我校特色发展和学生能力提升的有效途径。在多年的实践探索和经验总结过程中，文理学院逐渐构建了"1个融入、2个衔接、4个平台"的实践育人模式，实现了两个课堂学用相融，学院上下多点联动的工作机制，在扎实推进实践育人平台建设上取得了良好成效。

关键词： 第二课堂；实践育人；模式；人才培养

一、推进第二课堂建设的重要意义

1. 高等教育改革的需要

我国的高等教育以培养社会主义高级专门人才为根本任务，是一种是以"育人"为宗旨的特殊的社会实践活动，同时肩负着文化传承这一重要的历史使命。2010年《国家中长期教育改革和发展规划纲要》明确要求，全面提高教育质量是今后我国高等教育发展的核心任务[1]。2018年9月，习近平总书记在全国教育大会上强调，高等教育要走在改革的前列，当好教育改革的"排头兵"。因此，为适应新形势下高等教育改革的中心要求，高校应当全面推进益于学生心智发展的教学模式[2]。第二课堂可以很好地营造一种以学生为中心，注重学生的自

* 作者简介：郭玮（1983-），山西襄垣人，讲师，山西农业大学文理学院分团委书记，研究方向为思想政治教育；冯晓燕（1975-），山西文水人，副教授，山西农业大学文理学院党委书记，研究方向为思想政治教育。

主学习与应用能力提升的体验式学习环境，为学生更好地掌握获取知识及综合素质能力的提升创造条件。高等学校重视第二课堂教育，不断推进第二课堂建设顺应了我国高等教育改革的内在需求。

2. 学校特色发展的需要

山西农业大学在一百多年的办学历程中，一直坚守培育优秀人才的初心，不断促进人才培养与服务"三农"密切结合，形成了实践育人的优良传统。近年来，学校不断优化和完善人才培养模式，构建了"14544"的实践教学体系，既为学院提供了大纲性的方向参考，也给学院提出了继续推进第二课堂建设，在第二课堂建设中不断总结凝练，形成符合学校人才培养目标、适应学院专业特色的实践育人模式的具体要求。因此，持续加强第二课堂建设，使其更好地为学校人才培养的内涵式发展服务，为培养具备学校特色优势的专业人才服务，既是学院必须承担的任务，也是学校特色发展的需要。

3. 学生能力提升的需要

第二课堂内容丰富、形式多样，是大学生教育教学活动的必备环节和素质拓展的重要载体，更是实践能力提升的有效途径[3]。第二课堂以其"教育模式灵活新颖、内容手段广泛全面"等独有特质，在第一课堂之外发挥着无法替代的实践育人功能，是第一课堂教学的有效补充和深度延伸[4]，与第一课堂形成合力共同促进大学生整体素质和能力的提升。高校开展第二课堂活动，要充分尊重大学生的自主选择，全面依托学科和专业特色[5]，以学生全面发展为根本出发点和落脚点，在形式多样、主旨鲜明的实践活动中，进一步提高大学生的团队协作能力、社会适应能力和自主创新能力。

由于高考的竞争压力，我国仍有很多中学采用应试教育模式。学生在这种模式之下多形成了应对考试的机械记忆模式，在独立思考、善于探索、勇于创新方面往往有所欠缺。此外，现在大学生多为"90后""00后"的独生子女，行为意识中以"自我"为中心的多，换位思考的少；独断专行多，合作沟通少，亟须通过各种集体生活和集体活动进行校正和锻炼，增强作为一个社会人应有的社会责任感和融入感。第二课堂各类实践活动的开展，不仅在培养学生独立思考、创新思维等方面作用显著，更为学生提供了一种融入群体和调整心态、建立责任意识的有效途径。第二课堂教育是建立在共同兴趣基础上的集体活动，把大家融入一个团队，因此为他们沟通与合作提供了一个好的平台，同时也引导学生在开展各项活动时，自觉承担起责任，培养团队协作精神，提高社会实践能力。

二、运行模式及育人效果

学院依据自身的教学定位和专业特色，在多年的实践探索和经验总结过程中，逐渐构建了"1个融入、2个衔接、4个平台"的实践育人模式，即把第二课堂活动充分融入人才培养方案之中，实现第一课堂教学内容与第二课堂育人活动的有效衔接和第一课堂导师与第二课堂导师的有效衔接，打造专业拓展、创新创业、公益服务、文体艺术四大第二课堂育人平台。这一模式实现了两个课堂学用相融、学院上下多点联动的工作机制，体现了学术育人、创新育人、思想育人、文化育人的总体思路，在扎实推进实践育人平台建设上取得了良好成效。

1. 充分融入人才培养方案

第一课堂的教学活动是学生学习专业知识的基础阵地，第二课堂是第一课堂的补充和升华，为所学知识的消化、运用和不断深化提供了有效途径[6]。只有将第二课堂活动充分融入人才培养方案，找到第一课堂活动与第二课堂活动的结合点，才能真正实现两者之间的相互补益，为学生综合素质全面提升创造无限可能。

多年来，学院一直非常重视第二课堂活动与各专业人才培养方案的契合，注重将第二课堂活动充分融入专业人才培养方案，使之成为人才培养活动的重要组成部分；形成了学院党委牵头，党政班子全员参与、分工合作，以分团委和学生会为重要抓手的分级管理机构，全方位协调第二课堂活动的内容、时间、场所等具体实施环节，切实增强了各项活动的可行性和实用性，减少了盲目性与随意性[7]。例如，根据学院英语、信息与计算科学、应用化学三个专业培养目标的基本要求，学院建立了英语专业播音主持兴趣队，进行大型英语话剧展演，举办山西农业大学"外研社杯"英语竞赛、英语配音赛、单词拼写赛等；组建信息与计算科学专业数学建模比赛指导教师团队，建立北京尚学堂、太原优逸客等计算机实践基地；建立创新教室和创业基地，组织应用化学专业学生分年级、分层次加入教师研究项目等。这些第二课堂活动的设置均紧密围绕专业培养方案制订计划、组织开展，活动效果也非常显著。通过参加各类竞赛，很多学生的专业学习更有目标性了，在专业实践过程中直接签约了中意的单位或参与研究项目并申报了自己的课题等。

2. 实现两个衔接

第一课堂的授课模式一般以课堂讲授为主，很多知识讲解很难脱离书面化、抽象化的解释。虽然老师们往往从定理讲到影响因素，从表征讲到内部机制，由点到面讲得很详细、很具体，但学生仍然难以将其形象化、具体化。

另外，由于第一课堂的课程设置相对独立，且各自均由不同的老师讲授，不同科目的老师采用的讲授方法、切入的专业视角、阐述的理论重点各有差异，这就会在一定程度上影响学生的理解掌握，学生头脑中的知识点有重合、有缺口，原本紧密相关的科目在学生头脑中没有有效结合，没有形成一个完整的知识体系。因此，学生也经常会"认为某门课程没用"，对某些课程不够重视，从而遗漏了很多知识点的学习和掌握。如果能将第二课堂与第一课堂有效衔接，借助第二课堂完成第一课堂所学知识的实践应用环节，对学生更好地掌握专业知识无疑是最好的助益。

为实现第一课堂和第二课堂更加有效的衔接，学院从以下两方面做了工作：

（1）加强分团委和第二课堂导师对第二课堂活动方向和内容的审核与指导。实行活动提前审核制度，每月下旬，各学生社团、兴趣队等提交下月计划开展活动的申请与具体方案，分团委、第二课堂导师、学生会主席团召开会议，共同对提交材料逐一审核并进行研讨。首先对活动的方向进行把关，其次对活动方案的可行性进行讨论，最后对活动内容的充实、实施步骤、存在的问题等提出指导性的建议和意见。

（2）设立学业导师，为第一课堂导师与第二课堂导师的衔接创造有效媒介。学院规定，每年新进教师须担任相关专业招收的一个新生班级的学业导师，至少持续指导一届学生。学业导师的工作任务由院党委考核，分团委具体安排和记录；同时学院会为每位担任学业导师的新进教师指定一名专业上学术成就高的学术导师进行教学、科研等工作上的指导，这些学术导师同时也是学生第二课堂活动的导师，这就为学生第一课堂教学老师和第二课堂导师之间搭建了一个很好的沟通媒介，确保第一课堂教学内容与第二课堂活动内容能很好地衔接。

3. 打造四个平台

第二课堂活动具有培养方向涉及面广、内容丰富的特点，学生们通过参加第二课堂的各种活动，可以在实践中检验自己、提高自己，实现自身创新能力和综合素质的全面提升。

通过第二课堂，学院为学生精心打造了以专业赛事和专业实践为中心的专业拓展平台、以科研教室和创业基地为中心的创新创业平台、以义务支教和暑期实践为中心的公益服务平台、以校园文化和兴趣队活动为中心的文体艺术平台。四个平台涵盖面广，基本覆盖了学生专业素质拓展、兴趣爱好所在的各个方面，学生参与积极性强，活动效果良好。

（1）以专业赛事和专业实践为中心的专业拓展平台。在专业拓展平台的专业赛事中，以全国大学生英语大赛，"外研社杯"英语演讲、写作大赛，全国大学生数学建模大赛，全国大学生数学竞赛四大赛事的学生参与度最广，比赛级别也较高。据统计，近年来学院获得以上比赛省级以上奖励的学生达60余人。学院针对英语专业、信息与计算科学专业、应用化学专业，与相关企业合作建立多个专业实践基地，前往基地实习实践学生累计超过500余人，其中200余人通过实践直接与实习单位签约或签约其他单位，解决了很大一部分学生的就业问题。值得一提的是，通过实践基地的合作关系，不少企业对文理学院的本科教学和学生培养均有较高评价，与学院建立了长期的院企合作关系，其中山西启扬永盛商贸公司在学院英语专业设立了专业奖学金，北京尚学堂有限公司为学院信息与计算科学专业学生捐助了价值75万元的计算机线上学习课程。

（2）以科研教室和创业基地为中心的创新创业平台。依托创新创业平台所建立的科研教室和创业基地成果也相当显著。学院以学生预约式的半开放形式在各实验室建立科研教室，接纳化学类专业学生进行科技创新活动，具备了较强专业能力的高年级学生还可以加入教师科研团队进行科研活动，这一政策对学生的科研和创新热情有了大大的激励效果。2015~2018年，共有7名学生的科技创新项目申报成功，其中省级立项3项、校级立项4项。创业基地的学生活动热情也非常高涨，"农林虫害绿色生态防控"和"山西农业大学绿色农庄"的两个创业团队分获学校首届"互联网+"大学生创新创业大赛铜奖和第七届"兴农挑战杯"大学生创业大赛优秀奖。

（3）以义务支教和暑期实践为中心的公益服务平台。大学生义务支教和暑期社会实践一直是学院对学生进行思想政治教育和社会责任感培养的重要抓手。这两项活动均以公益服务和社会调研为主要形式进行，服务和调研对象为广大农村，尤其是贫困地区的农村。这一平台为学生们提供了了解国情、了解民情，服务社会、服务农村的机会，同时对引导学生锻炼自身能力、增强社会责任感的效果非常明显。多年来，学院在坚持对这两项活动形式上传承的同时，坚持对活动内容进行创新，以适应不断变化的社会需求。正因如此，这两项思政教育实践活动数十年如一日地发挥着有效的育人功能，培养出一批又一批具备高度社会责任感的学生。

2007年，学院师生在对太谷县周边农村小学教学现状进行调研的过程中，发现所调研的学校英语师资严重短缺，急需教授小学生英语的老师。针对这一需求，英语专业师生自愿组建支教队，每周一次在周边小学进行义务支教。这支队伍一经成立，便风雨无阻地坚持至今，义务支教也从最开始的单纯的英语教学，发展到现今的舞蹈、篮球、围棋等兴趣类教学，支教活动受益小学生已超过4000人。在12年的漫长时间中，经历了无数队员的新老更迭，千余名支教队员在义务支教的过程中付出了爱心、收获了成长。如今，他们有的响应国家号召参加西部计划并扎根西部扎根基层，有的预征入伍在军营中绽放青春贡献力量，更多的则身在平凡岗位兢兢业业努力工作，为国家建设添砖加瓦。学院会将这项服务活动更好地继续下去，并不断创新活动内容以适应支教学校的需求变化，使其继续发挥其良好的育人功能。

2018年的暑期社会实践，学院在指导学生进行常规性的调研、支农、支教活动的同时，还发起了寻访实践地非物质文化遗产的活动。我们组建了河曲实践队和太谷实践队，分别对当地的非物质文化遗产——河曲二人台、河灯以及位于太谷县凤凰山脚下的广誉远传统制药技术进行了探访。在探访过程中，实践队员不仅对我国丰富的传统文化有了更深刻的认识，对于如何传承创新优秀传统文化、坚定文化自信有了更进一步的思考，这次创新性的实践活动可谓收获颇丰。

（4）以校园文化和兴趣队活动为中心的文体艺术平台。学生在大学里需要获得自身的全面发展，既要很好地掌握专业知识和相关技能，更要很好地锻炼能力实现心智的全面发展。当今社会对人才的要求越来越高，除了知识技能的要求，还有沟通交流能力、协调组织能力、团队合作能力、承压抗压能力等方面的要求。这些能力的培养和锻炼需要一定的平台，因此参与各类校园文体活动与文化建设成为其锻炼能力的主渠道。

校园文化建设作为高校全面育人的有效载体，一直是文理学院非常重视的一项工作。针对学院学生的整体状况，我们以院学生会、学生社团和各类兴趣队三种形式为媒介，在活动设计上充分注重普及程度，做到参与范围大、主体多。在院学生会13个部门基础上，我们还组建了包括五大球类、长跑、歌、舞、曲艺、中英文播音主持11个兴趣队，这些兴趣队会定时举办相关的培训讲座和组织训练；大学生义务支教、大学生话剧社、印像坊3个学生社团除了定期内举办各自的社内活动，还会针对全院学生举办体验式活动。在氛围营造上保证以"健康、科学、积极、向上"的文化环境，潜移默化感染学生。2017年12月29日，学院党委带领由40余名学生党员、播音队成员和普通学生代表组成党的十九大精神宣讲实践队，走进山西广誉远国药有限公司开展宣讲活动，参观传统制药技术。其间，还进行了学生自创诗歌《汲文化精髓，创时代青春》的集体诵读活动。学院通过这些类型的活动，营造了一种积极向上的"社会主义核心价值观"培养氛围，使学生们时时耳濡目染，国家情怀和民族自豪感得到不断升华。在开展形式上，坚持以青春活泼、学生喜爱度高的方式激发大家的参与热情。在2018年的专业文化展中，学院展出的由应用化学和英语专业学生共同设计、拍摄、剪辑的专业展示小视频，既体现了化学专业的趣味性，又体现了英语专业扎实的翻译和口语功底，引得很多学生，尤其是大一新生驻足观赏。学生纷纷表示这种活泼的表现形式更容易让大家对专业学习产生强烈兴趣。在质量保障上努力打造品牌，塑造知识与能力并存、内涵与形式共融的品牌活动与品牌团队，达到寓教于乐的活动效果。大学生义务支教团队可以说是文理学院一直以来非常重视并重点打造的一项品牌项目，这项坚持了十多年的活动也赢得众多学生喜爱与参与，每年社团招新，报名大学生义务支教社团的学生人数往往超出其他社团几倍。该社团曾经连续六年获得"学雷锋先进集体"荣誉称号，他们的事迹也受到山西广播电台、《山西青年报》等多家媒体的宣传和报道。

三、思考与建议

1. 加强人才培养方案中第二课堂内容的修订

现有的第二课堂活动方案虽然是在充分融入人才培养方案基础之上，有针对性地制订的，也是学院人才培养活动的重要组成部分，但并未在人才培养方案中有充分的文字性的说明和体现，这使第二课堂的正规性和计划性打了折扣。因此，在修订人才培养方案时，亟须加强对第二课堂部分的内容修订，这样才可以给第二课堂育人活动提供规范性的要求和指导。

2. 进一步完善第二课堂的管理机制

虽然近年来第二课堂活动的受重视程度在不断加强，但相较第一课堂而言，仍处在大学教育边缘化的地位。第二课堂课程仍然没有形成系统化的管理机制，对于其中所欠缺的目标体系、内容体系、监督评价体系均需要进一步完善。

3. 加大对第二课堂的硬件和经费支持

场地建设和设备缺乏是当前限制第二课堂活动有效开展的重要因素，借用器材、租用场地在很多活动的开展过程中只能是无奈之举；另外，学生第二课堂经费支出比例明显过低。例如，第二课堂导师对学生的指导活动均为义务服务，没有工作量上的体现；对于学生社团等小型活动的支持力度也很小，甚至基本为零，使很多社团活动困于缺乏经济支持而无法在质量上有所提升。这些都在客观上打击了学生以及指导教师参与第二课堂活动的积极性[8]。对此，应当合理地加大对第二课堂建设的经费支持。

4. 施行第二课堂学分制迫在眉睫

因缺乏学分上的要求，目前学生参加第二课堂活动大部分出于个人兴趣或学生管理工作者的引导，很难推动那些缺乏兴趣爱好又懒于锻炼自己的学生参与其中，这就大大缩小了第二课堂的受众面。第二课堂学分制的设立，可以帮助学生规范对第二课堂的认知，自觉地选取适合的活动拓展自身素质，合理地规划第二课堂活动的参与项目和参与时间，达到使每一个学生都能利用大学四年的时间合理、有效、充分地在第二课堂活动中接受教育，实现综合素质的全面提升。

参考文献

[1] 董业军. 我国地方高校招生计划地区分配模型指标体系研究 [J]. 华东师范大学学报（教育科学版），2012（4）：31-36.

[2] 于伟. 大学生社团的第二课堂职能探新 [J]. 现代职业教育，2017（12）.

[3] 严军. 创新第二课堂教学模式提高大学生综合素质 [J]. 东华大学学报（社会科学版），2010（2）：100-105.

[4] 陈兵. 第二课堂活动在高校人才培养中的地位和作用 [J]. 学理论，2011（18）：265-266.

[5] 段立，陈峰. 依托学科专业构建应用型本科院校学生第二课堂育人平台路径研究 [J]. 青年时代，2018（11）：169-170.

[6] 付星. 对于开展大学英语第二课堂的探讨 [J]. 科教文汇，2011（32）：123-123，134.

[7] 王姝，郑庆秋，韩丽丽. 高校应用型人才培养的第二课堂体系建设探讨——基于金陵科技学院视角 [J]. 中国科教创新导刊，2014（1）：15-16.

[8] 丁丹，王芝华. 高校第二课堂育人模式探析 [J]. 湖南科技学院学报，2008（2）：103-105.

大学生学雷锋志愿者服务活动
育人效果的实践与思考

孙晋红　禅永毅　温　娟*

山西农业大学生命科学学院

摘　要：社会实践是高校育人工作的重要环节，是广大青年学生锻炼自我、认识社会、服务基层的重要渠道。生命科学学院将学雷锋志愿者服务活动作为人才培养的重要环节，落实立德树人的根本任务，坚持长期志愿服务，探索"1+3"志愿服务运行模式，不断提高学生思想水平、道德品质、文化素养，做到明大德、守公德、严私德，完善志愿服务保障机制，引导学生自觉履行青年服务国家的历史使命。

关键词：志愿者服务；实践育人；效果；思考

社会实践作为高校育人工作的重要环节，在对大学生进行思想政治教育方面有重要意义，有助于培养大学生的责任意识和实践能力，为广大青年学生锻炼自我、认识社会、服务基层提供了重要渠道。习近平总书记通过多种形式论述了实践教育在青年学生成长成才中的重要作用，勉励广大青年学到的东西不能停留在书本上，不能只装在脑袋里，而应该落实到行动上，做到知行合一、以知促行、以行求知，无论学习还是工作，都要面向实际、深入实践，实践出真知。[1]

雷锋精神哺育和激励了广大青少年的成长，内涵丰富，体现了中华民族的传统美德，顺应了时代发展潮流，彰显了党的先进本色，是一盏引领青少年树立良好价值观的指路明灯。生命科学学院坚持立德树人的基本理念，以大学生学雷锋志愿者服务活动为载体，致力于提高学生思想政治水平、道德文化素养，做到明

---

* 作者简介：孙晋红（1967-），山西屯留人，讲师，山西农业大学生命科学学院党委书记，研究方向为思想政治教育；禅永毅（1989-），甘肃张掖人，讲师，山西农业大学生命科学学院分团委副书记，研究方向为思想政治教育；温娟（1982-），山西文水人，副教授，山西农业大学生命科学学院分团委书记，研究方向为思想政治教育。

大德、守公德、严私德。引导学生在祖国的万里长空放飞青春梦想，以社会主义建设者和接班人的使命担当，为全面建成小康社会、全面建设社会主义现代化强国而努力奋斗。

一、学院学雷锋志愿者服务活动的基本情况

进入新时代，深入开展学雷锋志愿者服务活动，大力弘扬雷锋精神，对于践行社会主义核心价值观、形成奋发向上的精神力量具有重要的意义，应促使广大青年学生做中华民族传统美德的继承者、社会主义道德规范的践行者、良好社会风尚的创造者。生命科学学院党委历来重视对学生党员和青年大学生思想政治素质的培育，不断研究总结学生思想政治教育的工作规律，认为开展大学生学雷锋志愿者服务活动是引导广大青年树立正确的人生观、价值观和世界观的有效途径。自校文明委将2012年确定为"学雷锋年"开始，学院积极号召全院师生以实际行动来践行和弘扬雷锋精神。结合学校部署，学院党委研究决定，按照"群众所需，志愿者能为"的原则，组织学生积极开展学雷锋志愿者社区服务活动。六年来，生命科学学院学生分会志愿服务队在校团委和学院党委的正确领导下，以"服务师生、服务社会"为宗旨，坚持"奉献、互助、友爱、进步"的志愿精神，进行了200余次社区服务活动，人均服务长达10小时，取得了良好的教育成效，赢得了广大师生的一致好评。学院学雷锋志愿服务队连续四年获得山西农业大学"学雷锋先进集体"荣誉称号，以实际行动彰显着新时代雷锋精神，为创建和谐校园做出了应有的贡献。

二、学雷锋志愿者服务活动的运行体系

1. 学院领导重视，营造良好氛围

自2012年起，学院于每年3月在生科楼前组织学雷锋志愿者服务活动动员大会暨启动仪式。学院领导出席启动仪式并做动员讲话，强调学雷锋志愿者服务活动的重要意义，重申学雷锋志愿者服务活动的宗旨，突出一个"干"字，用行动诠释雷锋精神；突出一个"实"字，坚决杜绝形式主义、"一阵风""走过场"，并进一步推进学雷锋志愿者服务活动实效化、常态化，为学院16支学雷锋小分队和学生党支部2支小分队分别授队旗。自此，生命科学学院学雷锋志愿者服务活动正式启动。

2. 师生积极参与，共建和谐校园

在学雷锋志愿者服务活动的整个过程中，团干辅导员与同学们一同参与，不

仅能检查活动效果，还能够教育指导同学们开展活动。老师们做出示范、严格标准、鼓舞士气，引导大家要把志愿服务的好事办好、实事办实；引导大家学习雷锋精神，从身边点滴小事做起，持之以恒，坚持不懈。在分团委组织和团干辅导员的带领下，学院每年分批次组织全院一、二、三年级学生利用课余时间开展学雷锋志愿者服务活动，结合社会主义核心价值观进行宣传教育，拓展活动范围，延伸活动内容，包括组织志愿者"赴敬老院开展送温情""爱心循环""为家属院创建一份洁净"等活动。

3. 完善活动方案，探索长效机制

学院开展学雷锋志愿者服务活动至今，最大的收获就在于探索出了活动开展的长效机制：以切实可行的活动方案为前提，以热情的志愿者队伍为基础，以科学合理安排时间为保障，建立了一套"部署—监督—反馈—表彰"的监督反馈机制。自学雷锋志愿者服务活动开展以来，院领导多次召开会议，要求进一步拓宽学雷锋志愿者服务活动的范围，延伸学雷锋志愿者服务活动的内容。随着活动的深入开展，同学们也受到了更深层次的教育，深深感悟到要在无私奉献中用雷锋精神提升自己的人生观、价值观、世界观；要将雷锋精神融入学习、生活的方方面面；要通过不断学习来领悟雷锋精神内涵，并长期不懈地坚持下去。

三、坚持长期志愿服务，探索"1+3"运行模式

学院党委在坚持每周开展社区志愿服务的基础上提出，以学生成长成才需求为导向，丰富社会实践的渠道和内容，探索出"1+3"的学雷锋志愿者服务运行模式：以坚持长期开展学雷锋志愿者服务活动，践行社会主义核心价值观为主线；以"毕业生爱心传递""夕阳红关爱老人服务"和"大学生义务支教"为特色的志愿者服务模式。

1. 深刻感悟雷锋精神，坚持长期志愿者服务

在前两年的学雷锋志愿者服务活动中，同学们踊跃参与、干劲十足，但随着活动的推进，部分同学产生了懈怠甚至反感情绪，这是活动遇到的最大困难。分团委老师发现同学们的思想变化，及时组织志愿服务活动经验交流会，学生干部专题座谈，与思想消极同学单独交流等方式，教育同学们学习雷锋精神重在实践、贵在坚持，"做一件好事不难，难在坚持做一辈子好事"。在老师们的引导帮助下，同学们重新调整心态，怀着对雷锋精神更深的领悟，继续投入到学雷锋的志愿服务活动中。

2. 引导毕业生积极参与"爱心传递"活动

生命科学学院"爱心传递"活动始于2013级。校园"僵尸车"是校园管理的一大难题,2013级毕业生在辅导员老师的动员下,将自己的单车无偿捐献给学院,为学院的"爱留生科,共享单车"活动做出自己的贡献。学院统一组织人员对"僵尸车"进行检查,并修理其中维修费用不高的车辆,在为这些单车喷刷绿漆和编号后,师生可以在生科楼大厅自取钥匙享受便利,变"僵尸车"为宝,也是培养同学们勤俭节约生活意识的新颖尝试。学院师生对此活动给予一致好评,并以2013级毕业生"爱留生科,共享单车"活动为契机,将毕业生"爱心传递"活动常态化、制度化,形成学雷锋志愿者服务活动的"拓展模式"。

3. 大力开展"夕阳红"关爱老人服务活动

古人有云:"百善孝为先",一个温暖的家庭,一个和谐的社会,都需要我们崇尚孝道。志愿者服务队走进"夕阳红"疗养院、学校老年活动中心开展关爱老人志愿帮扶,如定期为老年人展开接力式服务,开展心理陪伴及开导,并根据自身专业,通过对患病老人教导一些简单的科学规范护理方法,缓解一些常见疾病带来的不适。通过"夕阳红"关爱老人服务活动,提高了老年人的生活质量,丰富了他们的精神文化生活,提升了他们的幸福感。弘扬传统文化,从个人做起,让老人不再孤单,让世界充满爱,开展"夕阳红"关爱老人服务活动,在周边营造了良好的尊老、爱老、助老的社会氛围,大力弘扬了中国民族传统美德,激发了全社会参与敬老爱老活动的热情。

4. 积极开展大学生义务支教服务活动

"纸上得来终觉浅,绝知此事要躬行。"学院义务支教服务团队发挥大学生的智力优势和专业特长,深入基础教育薄弱、教育资源匮乏的周边村镇小学,积极开展大学生义务支教服务活动,开展学业辅导、亲情陪伴、自护教育、素质拓展等形式的精准关爱志愿服务,并形成"支教服务+社会调研"实践模式。在一堂堂生动而深刻的义务支教课堂中,学院学生认识了社会、体察了民情、洞察了基础教育的现实问题,并在支教的过程中将时代使命与个人成长结合起来,在支教中感悟国家发展的强劲脉搏,以更加饱满的热情投入到实现中华民族伟大复兴的中国梦历史潮流之中。

四、学雷锋志愿者服务活动的育人功能

1. 学雷锋志愿者服务活动是开展大学生思想政治教育的重要举措

习近平总书记在全国教育大会上指出:"在落实立德树人根本任务,培养社

会主义建设者和接班人这个方向问题上，丝毫不能偏离。青少年是价值观形成和塑造的关键时期，要从学生的身心特点和思想实际出发，改进方式方法，推动思想政治教育循序渐进、由浅入深、有机衔接。"[2]

思想政治教育活动与其他教育过程的根本区别就在于学生能否主动参与到实践过程当中，能否亲自去认知、体验，并将教育内容进行内化。[2] 学雷锋志愿服务活动为广大学生提供了一个丰富多彩的社会实践平台，每一次实践都使他们的思想认识得到进一步提升；使大学生在困难中不断磨炼自身意志，进而树立正确的人生观、价值观、世界观；使大学生在开阔视野的同时，增长自身才能。在现实生活中真正做到理论与实际相结合，有利于大学生加深对社会的了解与认识。这对于高校加强大学生思想道德素质的养成教育，提高大学生思想政治教育的实效性，培养社会主义建设者和接班人有重要意义。

2. 学雷锋志愿者服务活动是培育大学生社会主义核心价值观的有效途径

在整个社会主义社会价值体系中，社会主义核心价值观居于主导地位。立足新时代，学生的思想越来越活跃，他们越来越追求个性化，在面对多元的校园文化时，有一部分同学在价值选择和行为选择上感到迷茫和困惑。因而，为适应急速变化的外在环境，加强对大学生的社会主义核心价值观教育，确立社会主义核心价值观在大学校园乃至整个社会的主导地位，成为刻不容缓的工作。

学雷锋志愿者服务活动是大学生践行社会主义核心价值观的有效途径。开展志愿者服务活动有助于深化大学生的爱国情感，有利于大学生走进社会，有益于大学生进一步了解社情、民情。在志愿服务实践过程中，大学生通过与广大人民群众接触，对我国当前社会主义初级阶段的基本国情必然有更深刻的理解。开展志愿者服务活动，有助于提高大学生的敬业精神。雷锋精神的实质之一就是"干一行爱一行、专一行精一行"，通过与受助对象的接触促使学生形成勇于承担责任的人格品质，使学生更加认真对待自己所承担的工作，进一步增强学生尽职尽责的敬业精神。志愿服务活动的开展，提高了学生关心社会、贡献自身、帮助他人的意识，同时也给他们提供了一个正确处理个人与社会关系的机会，使他们逐渐形成健全的道德人格，为全社会营造良好的友善氛围做出贡献。

3. 学雷锋志愿者服务活动是培养大学生现代公民意识的重要载体

大学生志愿旨在为社会发展付出自愿劳动、为他人幸福提供必要服务，促进社会和谐，而大学生公民意识旨在公民对自我社会身份及其政治和法律属性赋予其应当履行的公民责任和权利的一种认知。[3] 通过志愿服务能很好地表现出大学生的公民意识。在为社会服务、为社会贡献的过程中，大学生志愿者在社会中能清晰地找到自己所处的位置，并且从该位置出发，对自己在社会中应尽的责任有了更为准确的认识，增强了大学生的社会责任感。

五、深化学雷锋志愿者服务活动育人效果的建议

1. 树立学雷锋志愿服务实践育人长效发展理念

新时代、新气象、新作为。学雷锋志愿服务要秉承以生为本的理念，在实践中做到知行合一，鼓励大学生为社会、为他人无私奉献自我，在奉献中学会勇于承担社会责任，在承担社会责任中不断成长。[4] 通过激发大学生参与志愿服务的热情，不断推动志愿服务成为当代大学生精神时尚的自觉选择。通过树立长效发展理念，不断探索在实践中能真正实现大学生志愿服务精神、专业知识技能与社会需求有机结合的新路径。

2. 着力建设校园志愿服务常规平台

大学校园本身就是一个特殊的平台，不仅拥有深刻的教育内涵，还有极其丰富的教育资源。志愿服务的基本思路是党政系统带头支持、分团委承办、实行制度化运作，大力弘扬"参与、奉献、互助、进步"的精神，积极构建和谐平安校园。学校通过为学生提供一个义务服务的平台，培养大学生在服务中完善自我的意识，锻炼大学生进入社会所需的各种能力。同时，为了进一步深入推进大学生志愿者工作，推进素质教育的全面实施，促进广大青年学生成才，学院分团委应建立校园志愿服务考核机制，健全志愿服务工作体系，推动大学生志愿服务实践育人活动的长效发展。

3. 着力推动学雷锋志愿者服务项目品牌化

品牌和品牌文化具有非常重大的现实价值，被看作一种无形的资产，一个品牌或品牌文化具有的竞争力越强，它能给品牌所有者带来的意义也就越大，越有利于该品牌朝着越来越强的方向发展。[5] 大学生学雷锋志愿服务事业要做大做强，就要着力打造一些品牌化的服务项目。首先要把握品牌的价值。大学生志愿服务组织要从自身特点与优势出发，不断发现与时代对接的黄金点，从而创造更良好的社会效益，赢得较高的社会关注度。其次要把成员积极参与并有所成效的服务项目不断延伸，挖掘其发展潜力，将其培育成富有生命力的品牌项目。有了优秀品牌，大学生学雷锋志愿服务活动才会得到全社会更多的关注与认同。

4. 建立社会化的学雷锋志愿者服务基地

大学生学雷锋志愿服务活动的长期开展有利于建立健全社会化服务基地，使大学生志愿服务活动得到有效的社会化整合，进而为大学生志愿服务活动创造良

好的氛围与适宜的环境。[6] 如此一来，更有利于发挥其实践育人的功能，实现志愿服务教育和实践的双重效果。总之，要通过寻求来自社会各方面的支持，形成强大的社会资源合力，建成规范化的社会服务基地，打造更好的大学生志愿服务实践平台，促进大学生志愿服务事业的长效发展。

5. 建立志愿服务实践活动的工作保障机制

一是建立健全大学生志愿服务的政策保障机制。这是志愿服务得以顺利开展、志愿者权益得以维护的重要保证。首先，国家政府为大学生志愿服务提供坚实的法律保障；其次，高校应培养广大志愿者的安全意识，加强安全知识的培训，为大学生志愿服务提供可靠的安全保障；最后，整合社会力量，多渠道筹措活动经费等，为大学生志愿服务提供必要的社会保障。二是建立健全大学生志愿服务的组织保障机制。规范的制度建设是团队管理的保障，要不断加强大学生志愿服务组织管理科学化，目标明确化，责任到人，责权分明。三是建立健全大学生志愿服务的激励保障机制。通过激励，使大学生充分发挥其参与志愿服务的积极性，以更加饱满的精神去实现自身价值，体验自己创造的劳动价值。

参考文献

［1］深入学习贯彻习近平总书记关于教育的重要论述 奋力开创新时代教育工作新局面［EB/OL］. http：//www. qstheory. cn/dukan/qs/2018-09/30/c_1123498429. htm.

［2］刘娟. 高校"双合双循环"实践育人模式研究［J］. 学校党建与思想教育，2018（18）：52-54.

［3］呼和. 大学生社会实践育人机理及运行机制研究［D］. 北京科技大学博士学位论文，2018.

［4］陈步云. 论高校实践育人动力机制的构建［J］. 学校党建与思想教育，2018（11）：15-18.

［5］孙莹贤. 高校实践育人工作模式研究［D］. 沈阳航空航天大学硕士学位论文，2018.

［6］何云峰，王宁，毛荟. 多学科视角下"实践育人"的观照与释读［J］. 教学与管理，2018（3）：16-18.

信息类专业实践育人新平台及路径的构建与探索

孟永亮　张世海　张国伟*

山西农业大学信息科学与工程学院

摘　要：实践育人在高校的人才培养过程与质量中发挥着重要作用，新时期实践育人呈现许多新的特点和要求，信息类专业只有立足学科实际，不断创新实践育人的模式，搭建实践育人平台，才能真正取得实践育人的实效。

关键词：实践育人；信息类专业；平台；路径

2012 年，教育部、中宣部及财政部联合发布了《关于进一步加强高校实践育人工作的若干意见》（教思政〔2012〕1 号）（以下简称《意见》）。《意见》明确指出，进入 21 世纪以来，高校实践育人工作得到进一步重视，内容不断丰富，形式不断拓展，取得了很大成绩，积累了宝贵经验，但是实践育人特别是实践教学依然是高校人才培养中的薄弱环节，与培养拔尖创新人才的要求还有差距。要切实改变重理论轻实践、重知识传授轻能力培养的观念，注重学思结合，注重知行统一，注重因材施教，以强化实践教学有关要求为重点，以创新实践育人方法途径为基础，以加强实践育人基地建设为依托，以加大实践育人经费投入为保障，积极调动整合社会各方面资源，形成实践育人合力，着力构建长效机制，努力推动高校实践育人工作取得新成效、开创新局面。

《意见》强调了高等院校实践育人的重要性，既为高等学校人才培养指明了方向，也为高等院校实践育人提出了新的要求。长期以来，信息科学与工程学院

---

* 作者简介：孟永亮（1972-），山西天镇人，讲师，山西农业大学信息科学与工程学院党委副书记，研究方向为思想政治教育；张世海（1964-），山西大同人，讲师，山西农业大学信息科学与工程学院党委书记，研究方向为思想政治教育；张国伟（1986-），山西平遥人，讲师，山西农业大学信息科学与工程学院辅导员，研究方向为思想政治教育。

在狠抓教学质量提升的同时，紧紧围绕学科专业特色，遵循"厚基础、宽口径、多方向、重应用、求创新"的人才培养质量要求，通过创建六级实践平台，深入开展实践育人活动，丰富学生的实践内容和体验，着力培养大学生的实践动手能力和创新能力，逐渐形成"层次分明、重点突出、理论实践融通、知识技能合一"的实践育人格局与体系。

一、以各级各类学科专业竞赛为依托创建一级实践平台

近年来，学院以增强大学生创新能力为着力点，从专业学科特点出发，积极搭建电子竞技、机器人、编程设计、节能减排国赛平台，全力推动竞争、合作、创新观念的形成，跨班级编队，跨院联合，找到了"借船出海"、学赛结合、团队融合的新钥匙。

学院积极建立赛教融合机制，探索赛教融合人才培养目标，将信息类专业各项学科竞赛的相关理念与实践覆盖到学院全部专业、全部课程、全院学生和全体教师，推动学院专业教学改革，强化学生职业技能的培养，提高了专业课的教学质量，主要体现在以下三个维度：

一是促进了教学内容与竞赛项目的融合。将竞赛项目由重点课程、重点专业到一般专业，由专业核心课程向其他专业课程、专业基础课程、公共基础课程进行推广，以点带面，实现所有竞赛内容向项目课程的转化。

二是实现了教学资源与竞赛资源的融合。竞赛设备、教学实训设备和实训管理中的文化建设同步更新；积极发挥骨干教练的引领作用，使竞赛成果辐射全部专业教师和全院学生，大力培养指导教师团队和双师型教学团队，整合大赛各项资源，使各项资源能够运用于日常实践教学，最大限度地扩大学生的受益面。

三是实现了教学过程与竞赛过程的融合，立足课程竞赛，实现全部重点课程赛教同步。促进教学评价与竞赛评价的融合，改革教学评价体制机制，提升了学科竞赛及成绩在教师绩效考核及学生综合素质测评中的比重。

近年来，在学院以赛促学平台的激励下，学院学生在各级各类学科竞赛中不断取得佳绩，参加比赛的项目、学生人数及获奖人数不断增加，获得国家级奖项的学生人数稳中有升。据统计，2013～2018年，学生荣获国际级、区域级、国家级、省级计算机程序设计大赛、机器人大赛、数学建模大赛、电子设计竞赛等各类奖数百项（见图1）。实践证明，专业技能竞赛可以起到以赛促学的作用，竞赛过程甚至超越竞赛结果，它对于大学生强化实践动手能力、增强团队意识、增强自信心、培养创新意识和能力、发展兴趣爱好、磨炼意志品质及加强师生交流

等具有不可替代的作用，甚至某种程度上决定着大学生今后的发展方向。[1]

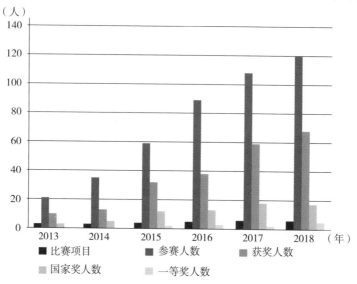

图1　2013~2018年信息科学与工程学院参加各类学科竞赛情况

二、以不断提升实验实训实习效果为抓手创建二级实践平台

信息科学与工程学院目前有计算机科学与技术、电子信息科学与技术、网络工程、物联网工程四个本科专业。这些专业都是软、硬结合，面向系统，兼顾应用的专业，要求学生具有良好的科学素养，系统地掌握包括计算机硬件、软件与应用的基本理论、基本知识和基本技能与方法。学院开设专业实践性强，市场需求前景广，目前计算机人才市场对计算机专业的人才的需求仍然非常大，具有很大的市场潜力。但是在人才培养过程中，学院也注意到了在实践育人及就业指导等方面存在的突出问题：第一，学院的课程设置不能跟上时代的发展；第二，学院的实践课程设置缺乏实际性；第三，学校实践教育与IT产业需求脱节；第四，学院的综合素质不能适应社会需求。面对这些问题和困难，学院进行了积极探索和调整，主要在以下几个方面取得了积极成效：

一是适应市场需求，调整课程设置。信息类专业的课程设置应当面向社会、面向市场，着力培养专业素质高、适应能力强、上手速度快的高素质专业人才。因此在课程设置中，学院不仅设置了计算机基本理论和基本知识的课程，还积极调整思路，加大了实践环节课程所占比重，加强了实验室教育的深度和广度，加大了就业实习教育投入。

二是重视实践课程和就业市场实际的联系，注重在实践环节培养学生的专业技能。增加软件工程、网络工程等技能课程。强化 C++、Java、各类实训、上机编程等实践课程，同时注重实训项目与社会实际的联系，建设与课程配套、互补的实习实训基地，真正做到理论与实际的结合。

三是重视和规范就业实习基地建设。加强与校外大型 IT 企业的联系与合作，充分挖掘校企合作资源，建设了一批校企合作基地。在接收学生实习条件较为成熟的单位建立一批就业实习基地，保证学生可以长期、稳定、高效地开展教学实习。可以吸收企业参与办学，根据企业需求进行订单式培养，在实现学生顺利就业的同时，也降低了用人单位的人力资源成本，实现了学校、企业、学生的"三赢"。

三、以校园文化活动建设为载体创建三级实践平台

校园文化既是学校发展的精髓和灵魂，也是指导学校健康发展的方向和指南，既是凝聚学校师生的力量源泉，也是学校特色的重要特征。高等学校的特殊性决定了其文化首先表现为一种"育人"文化。文化活动是学生思想教育中最容易接受的载体之一，对学生具有广泛的吸引力和感染力[2]。近年来，学院根据学校相关部门的安排部署并结合学院的办学特点和实际情况，组织开展了形式多样、内容丰富、深受学生喜爱的校园文化活动。在文艺方面，主要有演讲比赛、曲艺大赛、礼仪风采大赛、交谊舞大赛、健美操大赛、街舞大赛等；在体育方面，主要有田径运动会、游泳比赛以及学生会、各学生班所组织的各种类型的田径、球类比赛；另外学生还积极参加了学校举办的辩论赛、朗诵赛、人文知识竞赛等。特别是在校园文化活动中，学院的一些特色活动脱颖而出，受到了广大师生的关注。

学院校园文化建设始终坚持结合时代特点、学科专业、校园热点和学生需要，突出知识性、娱乐性、趣味性、艺术性，着重进行学生技能训练和多种能力培养，提高了学生的综合素质。

四、以社会实践活动的开展为动力创建四级实践平台

近年来，学院根据上级部署，扎实深入开展大学生暑期"三下乡"活动。坚持"受教育、长才干、做贡献"的原则，力争每年的暑期社会实践工作在内容上有新突破、在形式上有新手法、在机制上有新举措，取得了良好的人才效益和社会效益。

学院通过完善机制、丰富形式、点面结合，采取集中活动与分散活动相结合的方式，保证了全院大学生100%参加暑期社会实践活动。特别是学院连续三年深入大同、天镇、娄烦等国定贫困县，助力精准扶贫，提升了学生的综合素质，展现了学院的良好风貌，取得了积极的社会效果，赢得了当地干部群众的广泛赞誉，形成了全员动员、全员参与的良好局面。

在实践活动中，广大青年学生深入农村基层和田间地头，切实帮助农民解决了不少发展中的实际问题。通过社会实践活动，同学们从与人民群众的广泛接触、了解、交流中受到了真切的感染，从无数典型事例中受到了深刻的启发和教育，使他们的思想得到了升华，社会责任感进一步增强。

在实践活动中学生深入困难中小学生家中对他们进行义务的家庭作业辅导，开展了关爱孤寡老人、留守儿童的系列活动、同时还开展城镇信息化建设、留守儿童现状和农村教育现状等项目的调研活动，对农村小学教师进行计算机知识的培训。

社会实践给学生们带来了巨大的影响。他们走出了校园的"象牙塔"，走向社会，走上了理论与实践相结合的道路，到社会的大课堂上去经受风雨、见识世面、检验知识、锻炼自我，为今后更好地服务于社会打下坚实的基础。

构建高校实践育人长效机制是贯彻党的教育方针，提高人才培养质量的内在要求；是遵循实践育人规律，深入实施素质教育的必然趋势；是深化教育教学改革，服务大学生成长、成才的必由之路。但是，目前我国高校实践育人机制还处于初级阶段，存在实践育人主体相对有限、运行保障机制不稳健、考核激励机制不完善等基本问题。因此，只有坚持以学生为主角，构建全面、系统的实践育人体系，全方位、立体式搭建实践育人平台，才能推进高校实践育人活动常态化，保障高校实践育人机制的稳定发展。

参考文献

［1］赵康．专业技能竞赛对大学生影响的思考［J］．陕西青年职业学院学报，2011（2）．

［2］赵振华．高校校园文化活动的思想教育功能及实现［J］．齐齐哈尔大学学报（哲学社会科学版），2007（7）．

地方院校"以赛促学"体系在实践育人中的作用与思考

——以山西农业大学软件学院为例

姜红军　程　煜　尹莎莎　荆瑞俊[*]

山西农业大学软件学院

摘　要：山西农业大学软件学院积极鼓励大学生参加各项科技创新比赛，统计分析了近几年比赛所获的成果，逐步形成了"以赛促学"的实践育人体系。本文从实践育人的模式、育人作用、经验探索、建议与思考等几个方面对该实践育人模式进行了介绍，充分肯定了该体系在激发学生的探索精神、创新精神、合作意识方面的作用，以及对于进一步提升学生社会责任感、践行社会主义核心价值观的重要意义。

关键词：实践；育人；竞赛

一、前言

随着我国经济不断发展、社会不断进步，高校大学生在我国发展的大潮中做出了突出的贡献。2018 年 9 月 10 日，习近平总书记在全国教育大会讲话中指出，"要在增强综合素质上下功夫，教育引导学生培养综合能力，培养创新思维"；"要深化教育体制改革，推进产学研协同创新，积极投身实施创新驱动发展战略，着重培养创新型、复合型、应用型人才"。国务院办公厅《关于深化高等学校创新创业教育改革的实施意见》中指出，要全面贯彻党的教育方针，落实立德树人根本任务，坚持创新引领创业、创业带动就业。[1] 有关精神都强调了创新型人才在我国的重要性。

---

* 作者简介：姜红军（1977-），河南安阳人，讲师，山西农业大学软件学院党委副书记，研究方向为思想政治教育；程煜（1983-），山西太谷人，讲师，山西农业大学软件学院团委书记，研究方向为思想政治教育；尹莎莎（1992-），山西绛县人，助教，山西农业大学软件学院团委副书记，研究方向为思想政治教育；荆瑞俊（1987-），河南新乡人，讲师，山西农业大学软件学院教师，研究方向为软件工程等。

山西农业大学软件学院多年来采取"以赛促学"的育人体系，积极引导大学生参加各种创新创业比赛，认真落实立德树人的根本任务，把创新创业比赛融入人才培养的各个环节，不断探索新形势下高校育人新途径、新方法，促进了大学生的综合素质的提高；同时，展示了当代大学生崇尚科学、追求真理的求知精神和大胆探索的风采，为进一步培养出"为人民服务，为中国共产党治国理政服务，为巩固和发展中国特色社会主义制度服务，为改革开放和社会主义现代化建设服务"的社会主义合格建设者和可靠接班人不懈努力。

二、"以赛促学"体系概况

山西农业大学软件学院坚持以培养"国际化、复合型、实用性"的创新型软件人才为使命，以产学研紧密结合为主线，以"技术与素质并重、理论与实践结合"为宗旨，初步探索出了"以赛促学"实践育人的新途径，并积极地应用于教学实践当中，2016~2018年学生参加有关比赛获国家和省级奖256项、发表论文26篇。

近年来，随着世界经济的发展，我国国家信息产业逐渐引领经济发展[2]，信息产业的就业和发展趋势与市场结合得越来越紧密，学校培养的大学生如何才能跟得上科技进步和产业结构调整的步伐？答案就是要更好地抓住关键机遇发展期，加强宏观调控能力，合理配置市场资源，让国家科技人才受重用，发挥应有的才能。[2] 结合社会发展，软件学院专门成立了大学生竞赛办公室，在人力、物力和场地上为大学生参与竞赛提供了保障，目的就是要努力为社会培养出更多的"工匠型"软件人才。

通过各类项目的竞赛和获奖情况可以看出，大学生在比赛的同时，把学到的专业知识应用到了实际的工作中，做到了学以致用；在比赛过程中，通过与其他学校的竞技，达成了相互学习、相互交流、共同提高的效果；在比赛后，在教师的引导下，参赛学生把比赛中的不足和需改进的地方再次应用到知识的学习和技术的应用当中，做到了理论与实践的紧密结合，彰显了实践育人的强大功能。

三、"以赛促学"体系基本模式

开展竞赛活动不是一蹴而就的，在于大学日常的生活学习积累和总结提高，需要在实践中不断完善，认真查找问题、发现问题、解决问题，将体系打造成一个科学的、规范的、可持续的竞赛长效育人体系，创建优良学风，促进学生健康、全面成长。

高校中开展的"以赛促学"的育人模式形式多样，它们的共同特点是高效、便捷。[3] 软件学院的"以赛促学"育人体系主要有信息收集、广泛动员、推荐比赛、完善不足、参加比赛、总结提高六个环节（见图1）。首先，信息收集是基

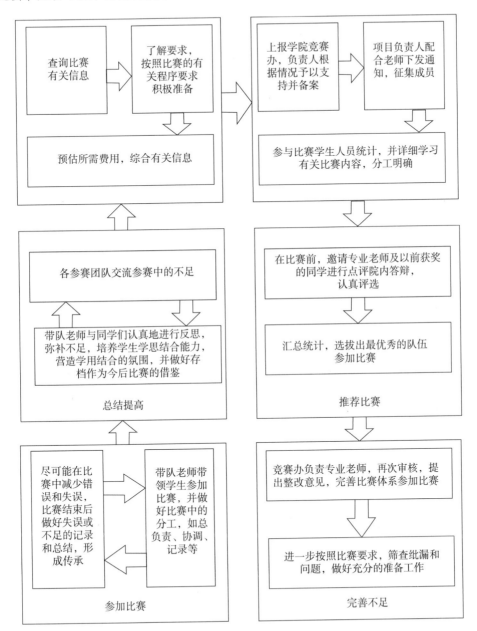

图1 "以赛促学"育人模式

础，要做大量的工作，只有与社会、市场结合，收集第一手资料，才能做好比赛、学习导向的风向标；其次，在收集到有关比赛信息后，要有重点地去组织动员学生，发挥他们的主动性，激发其参与兴趣；再次，对报名的学生进行筛选，把有能力、有实力的团队推荐上来参与比赛；又次，积极地备战比赛了；最后，在比赛完成后，分析研究、学习别人的优点，改进不足，从而更好地提高总结，归结点在于提升学生动手能力和理论思维能力，学用结合能力。

大学生参赛通过六个环节的反复循环，参赛的学生在个人综合素质上都会有很大的提高，这样一来，参赛的同学们又回过头来，认真查找不足，思考解决途径，做出整改措施，有目的地去加强知识的学习和补充，这样的知识掌握将是长久的、不易遗忘的，效果也是很明显的。

四、"以赛促学"体系的育人作用[4]

1. 提升综合能力

（1）锤炼了学生的语言能力。通过参加学科竞赛，学生可以充分锻炼自身的语言表达能力。从学院学生参与的学科竞赛来看，多数学科竞赛需要学生组成团队参赛，并需要参赛学生汇报团队成果，更高级别的赛事还需要竞赛团队进行介绍演讲等。无论是团队队员之间各抒己见，还是整个团队汇报展示成果等，要想取得好的成绩，良好的语言表达能力是十分重要的。

（2）提升了学生的应用能力。竞赛是在学生掌握专业知识后，考查学生专业基本理论知识和解决实际问题能力的综合比赛，是激发大学生的学习兴趣、进一步提高学习潜能、培养应用创新能力和团队合作精神的重要途径。在竞赛中，参赛团队如何能够共同努力协作，制订出一个解决问题的合理方案？这就要求参赛学生具有良好的知识应用能力，把所学专业知识与实际问题相联系，着眼于解决实际应用问题。例如，纪翔同学曾在2017全国大学生软件测试大赛中取得个人三等奖。赛后，他反复思考比赛中存在的问题并总结到，在给评委讲解作品时，不能只介绍作品的原理，而要全方面入手。正是基于这种经验的积累和总结，在2017年第十一届ICAN国际创新创业大赛中国总决赛中，纪翔同学通过周详的介绍和展示打动了评委，拿到了国家级二等奖的出色成绩。

（3）提高了学生的"学思结合"能力。学生在竞赛前准备中，更加主动地探寻解决实际问题的知识，进一步加强了学生的学习思维和专业创新能力；在比赛的过程中，通过对比赛项目的阐述、答辩，又提高了随机应变能力；赛后，各参赛团队又会总结交流参赛中的不足，激发兴趣和灵感，培养学生学思结合的能力。同时，参赛学生的进步也对其他学生起到了促进作用，营造出一个"以赛促学"的良好学习氛围。

2. 提升创新能力

学院支持和鼓励大学生参加各类竞赛，能够很好地激发大学生的学习主动性、积极性和创造性，在拓展学生知识面的基础上，进一步提高学生知识运用的实践能力，为以后的综合素质提高和个人发展打下坚实的基础。各类竞赛为参赛学生创造了学习竞赛文化和锻炼能力的机会，既推广了开放式学习这一快速获取综合知识的新途径，也是提高学生创新能力和开拓意识的有力支撑。例如，在取得 ICAN 国际创新创业大赛三等奖的出色成绩后，聂云同学总结比赛经验，与参赛队员广泛交流，使自身的管理能力、领导能力、协调能力等都得以提高。这些经验的积累，也激发并促使聂云同学成立了自己的第一支创新创业团队和自己的公司，拿到了自己人生的第一张营业执照。这些的成绩的取得既离不开学院的支持，也离不开每次竞赛所学习到知识、经验的积累。

3. 提升育人效能

立德树人是高等教育的根本任务，"人无德不立"，学生在比赛中表现出的认真负责的态度正是德行的良好表现，这与高等教育的根本任务是一致的，大学生肩负着建设祖国的重任，把高尚的道德教育融入具体的教学管理，在潜移默化中教育引导学生，将学生的发展与祖国的未来紧密联系，引导、教育同学们秉承优秀传统文化，发扬艰苦奋斗风格，做新时代的弄潮儿，做引领信息时代的"软件工匠"。

五、"以赛促学"育人体系的经验探索

"以赛促学"的育人体系是软件学院竞赛人才培养方式的凝练。作为育人体系中的载体和具体形式，竞赛活动发挥着重要作用。经过多年实践，学院探索出了一条依托专业竞赛活动，进而达到"以赛促学"的人才培养之路[5]。

1. 加强引导

能够探索出"以赛促学"的人才培养模式是与学院的高度重视分不开的。学院通过成立竞赛办公室、组建专业指导教师团队，并由学院分团委负责大学生竞赛的总体管理服务，逐步建立了规范、科学、长效的工作机制，形成了一套集参赛队员选拔、培训、实战训练、参赛、赛后总结于一体的完善的培训指导体系。通过课程教学、课外教学、校外实践与竞赛活动的结合培养，实现了课内学习与课外实践、校内培训与校外实践的有效互补，有效促进了学生的全面成长。

2. 规范管理

在竞赛方面，形成了一套以各相关优势学科为依托、以创新训练基地和实验室为平台、以政策制度建设为保障，教师着力引导、学生积极参与、竞赛办承办、各部门相互协助的运作机制。学院出台了《软件学院学生学科竞赛管理办法》《软件学院学生竞赛奖励办法》等管理办法，采取多种措施充分调动学生参赛的积极性，各类大赛指导教师多次在教研活动中认真讨论改进各种教学方法，以此相互推进、相互补充，实现教赛融合，促进了培养质量的提高。

3. 注重创新

以大学生创新训练项目和基地为依托，各类竞赛与创新创业活动相结合，建立了多层次的创新教育体系，激发了学生的创新创业热情；同时形成了支持学生自主管理、自主创新的创新创业活动保障机制；努力构建并实施以培养大学生的创新创业精神和实践应用能力为重点的创新创业教育体系。通过积累，初步构建了"学赛结合、教赛融合、学用互补"的体系。

4. 做好保障

学院每年拨出专项经费，用于组织和参加各类学科竞赛活动。同时，校内主办的各类比赛还得到了实训单位的大力支持。充足的经费和后勤保障使学院的竞赛办赛水平逐步提高，有力地支持了育人体系的建设、完善和提升。

六、"以赛促学"育人体系的建议与思考[6]

"以赛促学"实践育人机制建设是实现教育快速健康发展的一条重要途径，应该充分认识高校实践育人工作的重要性，统筹推进实践育人各项工作，今后的工作应该在以下四个方面进一步加强：

1. 强化理论学习，增强教学实践的统一性

进一步把社会主义核心价值体系贯穿于实践育人全过程，坚持理论学习、创新思维与社会实践相统一。高校工作者要认真思考习近平总书记提出的"培养什么样的人、如何培养人以及为谁培养人"的问题，以实际行动回答和践行习近平总书记的指示，将社会主义核心价值观贯穿于教学的整个过程。这就要求教师站在培养社会主义事业建设者和接班人的高度，牢牢把握住高校意识形态工作的领导权、主动权、话语权，认真履行好"立德树人"这一根本使命。抓住了"立德树人"这个根本，实际上等于抓住了高等教育最为本质的特征。必须进一步巩固和突出人才培养在高校各项工作中的中心地位，特别是本科人才培养，更是高校最基础、最根本的工作，是学校的办学之道、立校之本。

2. 提升育人境界，加大教学育人的基础性

进一步增强学生服务国家、服务人民的责任感，勇于探索的创新精神，善于解决问题的实践能力。在做好"立德树人"的基础上，牢固树立大学生爱国、服务人民的责任意识和使命，这就要求高校工作者要顺势而为，结合国际国内的形势，结合具体的工作实际，激发学生学习兴趣，提高他们的实践能力和创新意识，把所学应用到实践之中，坚守"实事求是"的标准，因地制宜地制定有关合理化制度体系，积极地为国家、为社会培养出更多的高素质的大学生。

3. 接力改革创新，凸显全程育人的整体性

要转变人才培养模式，以提高人才培养质量为目标，要服务于经济发展，服务于建设创新型国家。不同的学校有着不同的特色发展，高校应进一步根据本校各专业特色，理论联系实际，转变培养模式，做好精英教育和大众教育，做到因材施教，灵活转变专业型的培养模式和学术型的培养模式，狠抓人才培养质量，提高大学生的综合素质，培养出服务于创新型国家的优秀人才。

4. 融合教学应用，强化培育新人的重要性

进一步切实改变重理论、轻实践，重知识传授、轻能力培养的观念，注重学思结合，调动整合社会各方面资源，形成实践育人合力。社会对人才的需求是综合性的，不单要求有高尚的理念，还要有高超的技能，要适应社会经济发展的需求就要求高校要理论和实践并重，缺一不可，这就要求高校在教学体系上改革创新，做到全过程育人、全方位育人、全员育人，形成教育合力。

综上所述，山西农业大学软件学院"以赛促学"的实践育人模式是对实践育人的一种探索，是一个"理论—实践—理论—实践"的循环过程，从经济发展和市场需求入手，进一步提升学生学习的内在驱动力，引导大学生们积极参与到实际应用项目当中，学习与实践相结合，进一步激发学生的探索精神、创新精神与团队合作意识，引导学生不断将科学兴趣爱好转化为解决实际问题的能力，促进学生深入学习专业知识，提高应用能力，提升社会责任感，努力践行社会主义核心价值观，做新时代中国特色社会主义的合格建设者和可靠接班人。

参考文献

[1] 霍东霞. 基于产学研合作的高校创新型人才培养模式研究 [J]. 品牌研究，2018（S2）：260-262.

[2] 罗超. 新时期电子信息技术发展现状及趋势分析 [J]. 山东工业技术，2019

（4）：145.

[3] 葛晓萌．高职院校以赛促教以赛促学研究——以会计电算化课程为例［J］．产业与科技论坛，2019，18（1）：136-137.

[4] 杨国欣，蔡昕．高校实践育人实现路径探析［J］．学校党建与思想教育，2019（4）：74-75.

[5] 花卉．高校思想政治教育实践育人体系建构研究［D］．中国计量学院硕士学位论文，2014.

[6] 丁瑞萍．应用型地方本科院校构建精准实践育人体系的思考［J］．民营科技，2018（12）：282-283.

"以赛促学"创新创业人才培养模式初探

——以山西农业大学城乡建设学院为例

李平则*

山西农业大学城乡建设学院

摘　要：竞赛是我国教育教学改革的一项创新活动。山西农业大学城乡建设学院以院风、教风、学风"三风"建设为着眼点，以创新竞赛为载体，践行以"以赛促学"的复合应用型人才培养模式。通过对学院目前"以赛促学"现状的分析，发现尚未形成"以赛促学"的成熟模式，对于已有的竞赛，大多是以临时组队、临时动员的形式鼓学院师生参加，临时的团队对于"促学"是收效甚微的。因此，本文进行了"以赛促学"模式的构想，即以科研沙龙、创新创业培训、创新创业导师团队、读书会等为支撑，构建以教师带领团队为基础的"以赛促学"模式。学院教师一人组建3~4支团队，共成立200支团队，以团队为基础的项目、比赛在允许条件下皆可落地实现，同时在学院层面，对参赛师生给予各种考评和奖励，将激励机制作用于竞赛参与连续性、专业结构性失衡、项目持续性等问题上，促进"以赛促学"模式作用实现，激发学生学习、促使教师提升，促进教学改革。

关键词：以赛促学；人才培养；团队

随着科学技术的飞速发展和知识经济时代的到来，把学生培养成创新型人才已成为各高校的教学宗旨[1]。根据山西农业大学"培养引领现代农业和推动经济社会发展的拔尖创新型、复合应用型、实用技能型人才"的办学定位，城乡建设学院确定了"培养知识、能力和素质协调发展，适应经济和社会发展需要的品德优良、基础扎实、本领过硬的高素质应用型人才"人才培养总目标。但是，

---

* 作者简介：李平则（1975-），山西吕梁人，山西农业大学城乡建设学院党委书记，研究方向为思想政治教育。

传统教学模式比较注重理论的讲授，理论与实践之间脱节，忽视校内的实训。而校内的实训，正是学生由专业课程领悟向专业实践能力过渡的一个极为重要的中间环节。近年来，在各大高校中兴起的"以赛促学"模式，不仅有利于更新办学理念，深化教学改革，加强课程体系、教师队伍、实训基地建设[2]，更能激发学生的学习兴趣，在项目实施过程中，将讲授、自学、讨论、分组等多种形式相结合，将学生的被动学习变为主动学习，最大限度地调动学生的积极性，促进学习的主观能动性[3]，可以很好地弥补传统教学视野下校内实训环节的不足。本文将围绕城乡建设学院建立"以赛促学"模式的现状、构想等内容进行深入的探讨。

一、城乡建设学院"以赛促学"的目的及意义

1. 符合国家培养目标要求和行业需求

目前，国家面向市场进行应用型人才培养已经引起越来越多高校的重视。地方高水平大学培养全面发展的高素质应用型人才是适应现阶段我国强调经济结构转型升级和《中国制造2025》要求的教育改革发展的重点，本科生教育则是培养应用型人才的主要途径[4]。新的实践观念与教学模式被不断提出并应用于具体实践。"以赛促学"教学模式无疑是一种快速提高学生相关学科水平的重要途径。通过学科竞赛，容易使学生明确学习目标，增强学习动力，在一段时间内，针对竞赛进行理论知识的快速积累和实际转化，使自身综合实力得到全面提升，学院积极推进"以赛促学"模式发展，符合国家培养目标要求和行业需求。

2. 能够引导学生开展学习研究和拓展思维训练

通过"以赛促学"模式，在学校内外参加竞赛，让学生意识到自身在实践中对于专业知识的深度掌握还不足，意识到需要将所学理论有效地与社会所需行业技能相联系，只有更强的技能水平才能被学校，被社会所认可。竞赛使学习变得有趣味性，动手能力的提升也使学习过程变得生动、主动[5]，学生的实际操作能力和创新能力也会得到较大进步，学生通过参加各项大赛提升自己的专业技能，完善自身学习的不足之处，不断改进自己的学习方法，加强薄弱环节的训练，提升核心竞争能力，从而达到"以赛促学"的效果。

3. 促进学院"三风"建设，改变固有育人模式

"以赛促学"模式，以项目为主线，教师为主导、学生为主体，分小组团队进行，利用学生的凝聚力，增强学生的集体意识。学生在这个学习过程中锻炼各

种能力，如岗位能力、实践能力、自主学习能力、综合应用能力、团队协作能力等。根据参赛学生的表现情况和比赛结果，反思自身教学的方式方法是否存在问题，从而提升教学的实用性和针对性，与学生形成良性互动，达到"以赛促教"的效果，实现教学相长。能够有效改变固有的以单一课堂上课的形式，同时由此提升老师的教学能力，学习新的教学方法，有利于学院以"治学严谨、和谐奋进"的优良院风，努力营造"立德树人、课大于天"的教风和"勤学善思、手脑并用"的学风为着眼点，践行以"以赛促学"的复合应用型人才培养模式。

二、城乡建设学院"以赛促学"模式的现状

面向目前学科教育要回归其教育本质的要求，结合地方高校本科应用型人才培养的基本现状，从学生、教师、院校和企业四个方面分析了竞赛对学科发展的积极作用。自 2014 年成立以来，城乡建设学院经过几年的探索和实践，并在 2018 年 5 月，成立竞赛委员会，形成学院—学校—省—全国的完整竞赛体系，制定了《学生参加各种竞赛奖励与资助办法》，同时有相应的指导教师团队，有一定的资金设备场地支持，逐步形成了专业类、创新创业类、教师类、文体竞技类四类比赛形式。与临汾市水力机械工程局、晋中路桥有限公司、优逸客有限公司建立长期合作关系，签署合作协议，同时与优逸客有限公司共同举办"互联网+"兴农杯创新创业比赛。

自 2015 年至今，学院学生在人文、文艺、体育、社会实践等各方面共获得校级以上荣誉 60 项，各类创新创业大赛、数学建模大赛等获得校级以上荣誉 41 项，省级以上大学生创新创业训练项目 7 项，全院累计有各类创新创业团队 202 支、指导教师 38 名、涉及 600 余名学生。尤其是土木工程学科"5 年全程不断线"的"以赛促学"竞赛体系，突出学生工程能力培养，实现了以社会需求为导向的应用型人才培养目标。以下为四类比赛形式的具体情况：

1. 专业类竞赛的现状研判

如表 1 所示为学院 2015~2018 年参与竞赛的情况，参赛人数共计 322 人，占总人数的 27.1%。参与专业建环和土木专业占 93.8%，水利专业竞赛人数占 6.2%。连续性参与的竞赛约占 40%，间断参与的占 60%。

2. 创新创业类竞赛现状研判

如表 2 所示，2015~2018 年，城乡建设学院参加科技创新类比赛共 237 人。其中，建环与水利专业约占 78%，水利专业约占 12%，城规专业约占 10%。

表1 2015~2018年专业类竞赛开展情况

序号	竞赛名称	开展时间	作品	参与人数	指导老师及培训	激励机制与合作公司
1	全国大学生数学建模竞赛	2016~2018年参赛期间	数学建模	14、15级建环专业参与；人数达50人	张莉莉、段晶晶	动员大会
2	全国大学生农业建筑环境与能源工程专业创新创业竞赛	2016~2018年参赛期间	四季进宝、老窑生财——苹果窑空置时期的利用; "窑中餐、洞中宿"——继陈启新的休闲农业旅游设计; 光纤武阳光导人系统在密集无土栽培中的应用; "芹意暖冬"新型葡萄大棚电加热系统应用; 山西废弃煤矿巷道再利用; "斗转星移"之可移动羊舍全国大学生; 蝶翼武智能多面住宅; 太阳能热水采暖装置在冬季日光温室温度调控中的应用; 新型温室农药汽化装置系统; 新型猪舍低碳攻略	14、15、16级建环及土木专业参与; 人数达180人; 每次参与人员不同	2015年：刘中华; 2016年：刘中华、王春玲; 2017年：李平则、刘中华、负慧星; 2018年：李平则、武小钢、负慧星	动员大会
3	第九届全国高等院校学生"斯维尔杯"建筑信息模型（BIM）应用技能大赛	2018年参赛期间	TC-5办公楼	16、17级建环专业参加; 人数约20人	2018年：陈玉鹏、王春玲	动员大会

续表

序号	竞赛名称	开展时间	作品	参与人数	指导老师及培训	激励机制与合作公司
4	山西省大学生结构设计大赛	2017~2018年参赛期间	竹韵农谷跨度空间结构	14、15、16级建环、土木专业参加；人数约40人；每次参与人员不同	许玥	动员大会
5	全国大学生水利创新设计大赛	2017年参赛期间	学生公寓小区雨污立体回收再利用系统	14、15级水利专业参与；人数20人	2017年：魏清顺、郭晋平	动员大会
6	"建行杯"第三届中国"互联网+"大学生创新创业大赛	2017年参赛期间	大类在线血库	15、16级建环及土木专业参与；人数10人	2017年：李平则	动员大会
7	山西省第十五届"兴晋挑战杯"大学生课外学术科技作品竞赛	2017年参赛期间	太行山革命老区平顺县大数据背景下精准扶贫模式研究	16级建环专业参与；人数1人	2017年：李平则	动员大会
8	"创青春"山西省兴晋挑战杯大学生创业计划大赛	2018年参赛期间	《"红校蓝村"计划》	16级建环专业参与；人数1人	2018年：李平则	动员大会

表 2　2015～2018 年创新创业类竞赛开展情况

序号	竞赛名称	开展时间	作品	参与人数	指导老师及培训	激励机制与合作公司
1	"创青春"山西省兴晋挑战杯大学生创新创业赛	2016 年、2018 年参赛期间	花椒采摘助手有限公司 小型摘花工具 多用开渠机	14、15、17 级环、水利、土木参与人数约 50 人；每次参与人员不同	2016 年：武小钢、2018 年：武小钢、负慧星	动员大会
2	大学生创新创业项目	2016~2018 年参赛期间	大棚轮作对土壤重金属污染的修复和控制作用探究 光纤式阳光导入系统应用在多层无土栽培工厂的创新应用 移动羊舍 基于山西朔州地区小型养殖户的新型可移动羊舍 农村居民住房改善与对策研究——以大谷县为例	14、15、16 级建环、土木专业参与；人数达 100 人；每次参与人员不同	2015 年：武小钢、负慧星 2016 年：武小钢、2017 年：陈玉鹏、王春玲 2018 年：武小钢、负慧星	动员大会

续表

序号	竞赛名称	开展时间	作品	参与人数	指导老师及培训	激励机制与合作公司
3	"互联网＋，创兴农挑战杯"新创业大赛	2015~2018年	农大校盟 田间稻草人 行道树"喷漆"工具 新型环保垃圾分类垃圾桶 夜光羽毛球 核桃脱皮 教育一对一平台 新型水果套袋机 高校资源共享平台 多用开渠机 "互联网＋"天使行动APP 伸缩摘果器 智能化灌溉 便携式果蔬农药残留检验机 中医药服务有限责任公司	14、15、16、17级建环、水利、土木、城规参与，人数约82人；每次参与人员不同	2015年：武小钢 2016年：武小钢 2017年：谢艳丽 2018年：李平则、武小钢	动员大会
4	2018大学生创新创业训练计划项目（山西农业大学第十六批大学生创新创业训练项目立项）(16-011)	2018年	《大数据视角下太行山革命老区平顺县深度贫困群众的精准扶贫模式研究》	16级建环专业参与；人数5人	2018年：李平则	动员大会

3. 教师类竞赛的现状研判

2015~2018 年，为提高学院教师的教学技能和课堂教学基本功训练水平，开展了学院教师教学基本功竞赛，同时积极鼓励老师参加专业青年教师比赛。在比赛中，教师的教学能力得到了磨炼、提升，对提高教师的教育教学水平起到很大的促进作用。如表 3 所示，城乡建设学院 2015~2018 年每年约 61 人参加教师类比赛。

表 3 2015~2018 年教师类竞赛开展情况

序号	竞赛名称	开展时间	参与人数
1	城乡建设学院基本功比赛	2015~2018 年	10 人/年
2	全国水利类专业青年教师讲课竞赛	2015~2018 年	15 人/年
3	微格教学比赛	2017~2018 年	35 人/年
4	山西农业大学基本功比赛	2015~2018 年	1 人/年

4. 文体竞技类竞赛的现状研判

城乡建设学院是一个年轻的学院，正处于学院精神、学院文化形成之际。因此，举办一些娱乐竞技比赛对于学院激情、活力、阳光、拼搏的文化内涵丰富具有重要作用。

2015~2018 年，学生活动竞赛获荣誉包括校运会、读书分享会及全国啦啦操竞赛共 48 次，2017 年校运会夺得男女团体总分第四名及体育道德风尚奖，学院教师在不同类型、不同种类的文体比赛中敢为人先，不断突破历史纪录。

如表 4 所示，2015~2018 年，每年城建院参加文体竞赛能覆盖到全体师生。其中体育竞赛类占 100%，文体类比赛约占 20%，读书分享会比赛约占 17%。开展次数每年较为稳定。

表 4 2015~2018 年文体竞技类竞赛开展情况

序号	比赛名称	开展时间	参与人数/年	开展次数/年	激励机制
1	读书分享会比赛	2105~2018 年	200 人/年	1	奖品
2	文艺类比赛	2105~2018 年	230 人/年	5	奖品
3	体育类比赛	2105~2018 年	全员/年	8	奖品

三、城乡建设学院"以赛促学"模式存在的问题分析

依据学院 2015～2018 年参与竞赛的情况可以看出，虽然比赛类型及成果多样，但学院竞赛的随机性与不稳定性并存。文体竞技类基于本身的娱乐性，故参与人数可以覆盖全体师生。具体问题分析如下：

（1）参与连续性存在问题。在参与的竞赛中，竞赛连续性参与的比重低于间断参与的比重。

（2）参赛专业结构性失衡。在人数上，建环和土木专业占参赛多，水利专业及城规专业参与竞赛比重低，风景园林未参与竞赛。

（3）项目持续性短。人员不固定，参与学生多为一次性参与，比赛结束即不再参与，每次指导教师也不固定，学生与导师之间未形成稳定的联结机制，导致项目持续性差。

（4）无稳定培训机制。培训只面向固定的比赛学生且仅在赛前进行，未形成稳定的培训机制。

（5）学院缺乏完整的激励机制。前期的激励机制只是开展动员会，由相关负责老师及参与过的同学进行宣讲，但未形成长期有效的长期性激励制度。

从四类比赛整体可以看出，虽然学院举办专业类竞赛类型多样，次数也较多，但对于专业类、创新创业类、教师类竞赛，因无完善的竞赛机制，相关比赛是零散的、培训是应急性的、团队是短期的、也无固定指导教师。同时，团队只为比赛而存在，项目持续时间短，比赛结束即解散，未保留团队继续做项目或进行其他实验。竞赛整个过程缺乏激励机制，导致参与范围不能覆盖整体师生。对于竞赛，学院未形成"以赛促学"的成熟模式，因此这种短暂的、间断性的比赛、临时的团队对于"促学"是收效甚微的。

四、"以赛促学"模式的构想

1. "以赛促学"模式的支撑

（1）跨专业青年人才科研沙龙。科研学术沙龙作为学术交流的一种重要形式已有数百年的历史。高校拥有丰富的青年人才资源和高水平的科技专家，人员更新流动快、学术思想活跃、学科门类齐全，适于进行自由探索式的、好奇心驱动的、多学科交叉的基础研究。学院定期举办科研沙龙，邀请相关专业专家与青年教师沟通学习。此种形式在学院内有利于形成一种良好的教学、学术氛围，能够积极带动学院的整体学风，积极地起到引导学生的作用。在科研沙龙中，可以

对于感兴趣的课题进行深入研究，在项目研究中可以形成老师带学生的项目研究团队，让学生提早接触实践，提升学生的专业技能，也为可能到来的比赛提供潜在的团队与项目。

（2）"学院+企业+需求"三位一体模式创新创业培训。在传统教育模式下，学生的思维较为死板，不善于把握机会，同时对于问题的看法没有更宽的视角，因此对于创新创业处于稀少状态。此时，外在的灌输、培训即能够较为有效地处理此种问题，带领学生学会逆向思维，将经验主义与现实结合，拓展思维视角，凝聚团队智慧，争取做出利人利己的创新项目，同时为竞赛打下坚实的创新意识。

（3）成立校外创新创业导师团队。充分发挥各类专业人士在服务创新创业过程中的巨大作用，为青年配备创新创业导师，由导师陪伴其创业，提高学生创新创业的信心和成功机率，激励和帮助更多学生找到适合的创新创业项目。与企业家建立交流服务平台，增强与企业之间的互动，为导师自身发展与学生发展提供条件。在全院积极营造关心、关注和帮扶创新创业的浓厚氛围，推动创新创业的积极发展，同时能够为可能到来的竞赛提供支持。

（4）开展专业项目读书会。移动信息时代，移动设备已经占据了学生的大部分时间，他们不再仔细研读专业类型或其他书目。以团队为基础成立读书会，定期、定点地举办读书会，如一学期设定一个主题，要求学生研究透彻，读书会上可以轮流安排主持人，同学看后在读书会上进行交流，或者一学期可以读系列数目，增加阅读面。能够有效地提升学生的专业储备，为竞赛打下扎实的理论基础。

2. 建立完整的激励机制

学院在人才培养方案中将竞赛纳入专业学生核心竞争力要素，并在学院层面对参赛师生给予各种考评和奖励。将激励机制作用于竞赛参与连续性、专业结构性失衡、项目持续性等问题上，有效促进"以赛促学"模式的有效开展。

在学生的考评方面，在近几年的课程改革实践中发现，科学合理的考核评价体系是教学实施效果的有力保障。在学院层面上，对获奖学生的考评和奖励方式主要有两种：一是学院在优秀学生和奖学金评定上，会将重大赛事奖项按照一定比例或权重，计入量化考评成绩，作为重要的评奖依据；二是颁发奖金，获得奖项的学生有机会获得由学院颁发的奖金。

在教师的考评方面，在学院层面上，对教师指导学生参与各项比赛制定了多项奖励制度，具体包括将参赛成绩作为颁发奖金、计算额外工时补贴、评优评先进的重要参考依据。

五、结语

为增强师生的综合能力、提升师生学习热情,城乡建设学院依据深化培养"拔尖创新型、复合应用型、实用技能型人才"的办学理念与定位,积极推进"以赛促学"模式的开展。但是,在实践中可能存在临时组队、临时动员的情况,对于"以赛促学"是收效甚微的,学院未形成"以赛促学"的成熟模式。本文由此提出了"以赛促学"模式的构想,以科研沙龙、创新创业培训、创新创业导师团队、读书会等为支撑,构建以教师带领团队为基础的"以赛促学"模式,即学院教师一人带领3~4支团队,共成立200支团队,全院学生皆可包含于内。以团队为基础的项目、比赛在允许条件下皆可落地实现,同时有利于形成浓厚的、积极的学习氛围,有利于学风、教风、院风的建设与形成。在学院层面,对参赛师生给予各种考评和奖励,将激励机制作用于竞赛参与连续性、专业结构性失衡、项目持续性等问题上,促进"以赛促学"模式的有效开展,引导学生开展学习研究和拓展思维训练,促进学院"三风"建设。

参考文献

[1] 曹菁,谢涛.构建大学生竞赛平台 探索创新人才培养新模式 [J].教育教学论坛,2012(30):169-171.

[2] 杨月华.以赛促改全面提高人才培养质量 [J].中国成人教育,2013(8):54-55.

[3] 夏琰.高职"项目驱动+以赛促学"教学模式的研究与实践 [J].教育与职业,2013(12):84.

[4] 马云阔.提高地方高水平大学本科应用型人才培养质量的策略 [J].教育探索,2018(6):60-63.

[5] 陈春梅.探索高职土建类专业以赛促改人才培养新模式 [J].中国职业技术教育,2014(8):82-83.

提升高校劳动课实践育人效果的机制研究

——以山西农业大学劳动课实践育人模式为例

原广华　贾昊昱　弓俊红 *

山西农业大学学工部

摘　要： 提升高校劳动课实践育人效果是贯彻落实党和国家教育方针，加强大学生思想政治教育实践，提升高校人才培养质量和劳动者素质，促进大学生全面发展，实现大学生个人价值的需要。针对当前高校劳动课存在的片面化、功利化和边缘化等问题，应通过规范劳动课的教育内容，制定劳动课的考评机制和构建劳动课的资源体系来提升高校劳动课实践育人效果。

关键词： 劳动课；实践育人；机制研究

习近平总书记在庆祝"五一"国际劳动节暨表彰全国劳动模范和先进工作者大会上强调，"以劳动托起中国梦"；在全国教育大会上的讲话中指出，"培养德智体美劳全面发展的社会主义建设者和接班人，加快推进教育现代化、建设教育强国、办好人民满意的教育"。大学生是未来的劳动主力军，他们的劳动精神、劳动态度、劳动习惯以及劳动技能的状况，不仅影响自身的后续发展，更关乎国家社会的整体发展和进步。抓好劳动教育是高校培养具有崇高的劳动精神、积极的劳动态度和科学的劳动习惯的社会主义建设者和接班人的有力抓手与必由之路。劳动课教育是高校劳动教育的主要方式，因此在新时代提升高校劳动课实践育人效果意义重大。

---

* 作者简介：原广华（1966-），山西交城人，学工部（处）部（处）长，研究方向为思想政治教育；贾昊昱（1980-），山西偏关人，讲师，山西农业大学学工部（处）副部（处）长，研究方向为思想政治教育；弓俊红（1980-），山西兴县人，讲师，山西农业大学学工部（处）副部（处）长，研究方向为思想政治教育。

一、提升高校劳动课实践育人效果的重要意义

1. 贯彻落实党和国家教育方针，加强大学生思想政治教育实践的需要

习近平总书记在全国教育大会上的讲话中提到，"要在学生中弘扬劳动精神，教育引导学生崇尚劳动、尊重劳动，懂得劳动最光荣、劳动最崇高、劳动最伟大、劳动最美丽的道理，长大后能够辛勤劳动、诚实劳动、创造性劳动"。

一直以来，党和国家对大学生的劳动教育十分重视，在国家教育方针、高校德育实施意见和大学生思想政治工作意见等文件中都强调高校开展劳动课实践育人的重要性，使大学生在劳动实践中受教育、长才干，培养劳动认同感、成就感，增强社会责任感和使命感。教育部印发的《关于加快建设高水平本科教育全面提高人才培养能力的意见》（以下简称新时代高教40条）中指出，"综合运用校内外资源，加强实践育人平台建设，建设满足实践教学需要的实验实习实训平台"；《教育部等部门关于进一步加强高校实践育人工作的若干意见》中强调，"社会调查、生产劳动、志愿服务、公益活动、科技发明和勤工助学等社会实践活动是实践育人的有效载体"；《中共中央关于进一步加强和改进学校德育工作的若干意见》中强调，"教育与生产劳动相结合，是坚持社会主义教育方向的一项基本措施"；中共中央、国务院《关于进一步加强和改进大学生思想政治教育的意见》明确指出，"积极组织大学生参加社会调查、生产劳动、志愿服务、公益活动、科技发明和勤工助学等社会实践活动"。这表明党和国家对劳动教育的重视，更说明劳动教育在新时代人才培养过程中的重要地位。因此，提升和加强大学生劳动课实践育人效果是贯彻党和国家教育方针的现实需求，也是加强大学生思想政治教育实践，培养合格建设者和可靠接班人的应有之义。

2. 提升高校人才培养质量和劳动者素质的需要

习总书记指出，"劳动者素质对一个国家、一个民族发展至关重要。劳动者的知识和才能积累越多，创造能力就越大。面对日趋激烈的国际竞争，一个国家发展能否抢占先机、赢得主动，越来越取决于国民素质特别是广大劳动者素质。要实施职工素质建设工程，推动建设宏大的知识型、技术型、创新型劳动者大军"。

高校是培育高素质的"知识型、技术型、创新型劳动者大军"的主阵地，高等教育的目标就是培养现代化建设所需要的德智体美劳全面发展的各种复合应用型人才和管理人才，德智体美劳是社会考量人才的重要标准。大学生的劳动观念、劳动知识、劳动品质和劳动精神正处于形成和培养过程，高校开展劳动教育既能解决学生劳动观的问题，又能提高学生的实际动手能力，使学生在劳动观

念、劳动知识和劳动能力等方面均有所提升。

因此，有必要通过规则明确、形式多样的劳动课让大学生继承优良的劳动传统，树立高尚的劳动观念，了解科学的劳动知识，热爱淳朴的劳动人民；通过适度的劳动课教育和培育大学生以实际行动践行社会主义核心价值观，弘扬劳动光荣、技能宝贵、创造伟大的时代风尚。

3. 促进大学生全面发展，实现大学生个人价值的需要

习总书记指出，"全面建成小康社会，进而建成富强民主文明和谐的社会主义现代化国家，根本上靠劳动、靠劳动者创造"。"梦想属于每一个人，广大劳动群众要敢想敢干、敢于追梦。归根结底，实现中华民族伟大复兴的中国梦，要靠各行各业人们的辛勤劳动。"

劳动是中华民族的传统美德，也是人民群众与生俱来的权利，是创造财富的源泉，也是创造幸福的源泉。大学生通过劳动课能够满足自身三方面的成长需要，即生存的需要、发展的需要和被尊重的需要，需要实现的过程就是个人价值的实现过程。

大学生的全面发展必须有劳动教育的有效融入，当前的德智体美"四育"中都已经有效地融入了学校教育，而劳动教育却因为种种原因一直没能很好地融入学生生活。劳动教育是大学生全面发展不可或缺的重要内容，以劳动课为主要形式的实践性教育能够达到以劳树德、以劳增智、以劳强体、以劳育美、以劳创新的综合目标；进而实现德智体美劳的全面发展，真正实现"教育必须与生产劳动和社会实践相结合，培养德智体美等方面全面发展的社会主义建设者和接班人"的教育方针和目标。

二、高校劳动课的主要特性

高校劳动课是青年学生获得正确的劳动观念、劳动习惯、劳动情感、劳动精神，学习劳动知识，掌握劳动技能，在劳动中创造财富和实现价值的育人活动。劳动课的主要性质有以下三点：

1. 劳动课具有实践性

实践性是高校劳动课的第一属性，"做中学""学中做"是其常规的教学方式。劳动课的课程内容决定着它的实践性特征。

山西农业大学设置劳动教育课，作为人才培养方案实践教育环节的主要课程，将其纳入了学校的"必修课"体系，共计32课时、1学分，由具有专业技能的校园管理中心的工作人员带领学生开展劳动，主要负责对校园主要道路、绿

化带、办公楼区、教学区、家属区、学生宿舍区外围及运动场等已硬化和绿化的公共场所环境卫生进行整理、维护和保洁。课程考核由指导教师根据学生的劳动态度、劳动纪律、劳动任务完成情况进行综合考评。

2. 劳动课具有文化性

崇尚劳动是中华民族的优秀文化传统。"一勤天下无难事""民生在勤，勤则不匮""功崇惟志，业广惟勤""天道酬勤""勤能补拙""一生之计在于勤"，劳动不仅创造了伟大的中华文明，也创造了伟大的中华民族。

山西农业大学110多年的办学历史积淀了深厚的文化，学校先后荣获全国绿化模范单位、全国文物保护单位、省文明单位、省绿色学校等称号，也形成了"勤奋学习、注重实践"的优良学风。学校发挥文化优势，教育学生通过对校园植被和环境修整与养护了解学校文化的发展与特色，引导学生通过对校园建筑和人文景观的布置、清洁与维护了解百年名校的精神积淀和文化传承。

3. 劳动课具有创造性

劳动是人类的本质活动，正是因为劳动的创造性，我们拥有了历史的辉煌；也正是因为劳动的创造性，我们拥有了今天的成就。

山西农业大学二十多年来始终把劳动教育课作为大学生"必修课"，充分发挥劳动课在以劳树德、以劳增智、以劳强体、以劳益美和以劳创新方面的积极作用，积极引导和支持大学生崇学事农、学农爱农。创造性地开展教育教学工作，培养了以江利斌、马红军等为代表的服务"三农"、矢志"三农"的创新创业典型。

三、当前高校劳动课实施过程中存在的问题

国家对高校学生的劳动课教育越来越重视，但受各种因素的影响，国内高校的劳动课在实施过程中仍存在诸多问题，导致劳动课成为高校课程体系中一个流于形式的薄弱环节。主要问题表现如下：

1. 劳动课边缘化

劳动课的边缘化表现为劳动教育观念的边缘化和劳动教育研究的边缘化。一方面，受"劳心者治人，劳力者治于人"等错误观念的影响，片面地认为劳动是学习的负担，进而排斥劳动、怕脏怕累、怕丢面子，看不起体力劳动者；受社会竞争和教育体制机制等因素影响，不少高校也存在重分数、轻素质，重智育、轻劳育的状况。另一方面，关于劳动教育的理论研究比较薄弱，劳动教育理念滞后、体系不完整，劳动教育研究简单等同于劳动技术教育，使学校在实施劳动课

过程中缺乏理论基础和依据，特别是在劳动课实践中，由于缺少理论指导而难以达到既定目标。

2. 劳动课功利化

劳动课的功利化表现为课程开设的政治化倾向和经济化倾向，弱化劳动课对大学生的内在价值培养，仅作为达成外在价值的一种手段。一方面，没有把劳动教育作为人才培养的重要环节，作为提高大学生综合素质的重要组成；而是将劳动课作为教育部门的考核组成或者国家的政治要求来完成。另一方面，忽视劳动教育对学生成长和发展的影响，而是将劳动课作为减少校园清洁雇员、节省校园环卫经济成本的手段。

3. 劳动课的片面化

劳动课的片面化表现为"有劳无教"和"有劳无师"。一方面，一些劳动课在开展过程中忽视了育人功能，只是单纯进行简单的体力劳动，将肢体上的生产劳动看作劳动教育的全部内容，认为体力劳动便是劳动教育，没有把劳动观念教育、劳动技能教育和劳动精神教育相结合。另一方面，针对劳动课的资源投入比较缺乏，还没有形成一支思想政治素质高、业务工作能力强、充分掌握劳动教育特点和方法，在教学过程中不但能传授劳动技能，还能进行劳动思想教育的专业教师队伍，这也直接导致了劳动课教学效果的不明显。

四、提升高校劳动课实践育人效果的机制研究

1. 明确劳动课的教育内容

劳动课的教育内容主要包括劳动技能、劳动观念和劳动精神：

（1）劳动技能。包括劳动技术的教育和劳动能力的培养，使学生学到一定的基本生产技术知识和某种职业技术的基础知识；通过参加一定的生产劳动实践，学会使用一些生产劳动工具的技能。开展劳动技能教育既包括劳动理论课教育，又包括劳动实践课。

（2）劳动观念。既是人对劳动的根本看法和态度，由人对劳动的目的、价值、意义和态度的认识等构成，又是人价值观和人生观的重要组成部分，对人的具体劳动行为有很重要的指导作用。通过完整的劳动观念教育，大学生可以形成科学的劳动观念，端正积极的劳动态度，树立崇高的劳动理想。

（3）劳动精神。既是对劳动本质的认识和体悟，又是引导学生崇尚劳动、尊重劳动，并且愿意付出辛勤劳动、诚实劳动和创造性劳动的原动力。靠劳动实现梦想、用劳动创造价值，既是朴素辩证法，也是人类社会发展的根本规律。

面对当前高校中存在的劳动课边缘化、功利化和片面化现状，必须明确劳动课的教育内容，务必通过劳动课培养大学生艰苦奋斗的劳动精神、科学积极的劳动观念和精益求精的劳动技能，这不但是在继承中华民族的优良传统，而且是人才培养和现代化建设的客观需要。

2. 制定劳动课的评价机制

受劳动课的自身特点和外部因素影响，我国高校目前的劳动课缺乏明确的规范管理，尤其是缺乏科学规范的劳动课考评制度。开放性的考核体系才能使劳动课的设置更合乎学生自身和社会发展的需要。

一是要把劳动观纳入学生的思想政治教育和德育考察范围。让学生认识到劳动的光荣感和使命感，认识到凭借自身的创造力和辛勤劳动提高自身能力，才是符合自身全面发展和社会可持续发展的有效途径。

二是建立科学合理的劳动课考核机制，把大学生劳动课融入人才培养的全过程，杜绝形式主义和表面应付。根据提升教育质量的有关规定完善劳动课的监督和考核评价机制，确保劳动教育的质量，制定专门的劳动监督制度和科学规范的劳动评价标准，实行定岗、定责、定任务的考核办法，把劳动成绩与综合测评挂钩[1]。

三是选用多样化的考核评价方式，激发学生劳动自觉性。劳动课必须有严格的成绩考核。根据不同的劳动教育内容建立不同的评价方式，理论知识既可以采用书面考试的方式，也可以根据论文的完成质量给出成绩；偏重实践型的教育内容，可以采取用作品说话的方式；关于大是大非的职业伦理道德问题，可以采取组织学生开展辩论等方式，从而能全面把握学生对劳动教育的掌握程度。

3. 构建劳动课的资源体系

强化大学生的劳动观念，坚持实践育人之道，是学校教育的一项系统工程，需要各方面的共同参与和努力才能顺利开展，确保落实到位[2]。

首先，整合教育资源，把对大学生的劳动教育与社会实践作为加强和改善高校思想政治工作的重要方面贯穿于教学、管理、服务各个环节，同布置、同安排、同落实、同检查，相互渗透和促进，构建"齐抓共管、协调一致、各负其责、整体推进"的工作格局。

其次，要明确职责，广泛参与。要引导全体教职工牢固树立"育人为本、德育为先、实践育人"的责任意识，让学校的每一位老师、行政管理及工勤人员认识到所从事的每项工作或活动，都负有"育人"的职责和任务。要把大学生的劳动教育和社会实践作为对高校办学质量和水平评估考核的重要指标，并制定行之有效的考核办法和激励机制，逐步建立起科学规范的大学生社会实践的长效机制[3]。

最后，把握好"三个结合"。包括劳动课与专业课的结合，形成劳动教育和专业教育之间相互促进的关系；自我劳动和集体劳动的结合，自我劳动有助于个人优秀劳动品质的养成，集体劳动则更能够全面培养学生的集体主义观念和公共责任意识[4]，两者互为补充；劳动课教师与辅导员、专业课教师的结合，有利于形成教育合力，共同促进大学生正确的劳动价值观的形成。

提高高校劳动课实践育人效果，既是践行习总书记的全国教育大会重要讲话精神，也是落实教育部《关于加快建设高水平本科教育 全面提高人才培养能力》和《高校思想政治工作质量提升工程实施纲要》的重要方式[5]，理应成为培养德智体美劳全面发展的社会主义建设者和接班人，加快推进教育现代化、建设教育强国、办好人民满意的教育的积极探索。

参考文献

［1］张跃胜．劳动教育对应用型本科院校学生职业能力的提升作用［J］．管理学刊，2016（8）：53.

［2］陈理宣，刘炎欣．劳动教育与德智体美教育的基础关联和价值彰显［J］．中国教育学刊，2017（11）：68.

［3］胡文江，雷德胜，罗优优．增强高校实践育人工作的有益探索——郧阳师专开展劳动教育的做法与经验［J］．郧阳师范高等专科学校学报，2012（3）：76-78.

［4］胡佳佳，罗静，戴婧婧．高校构建劳动课与思政教育结合育人的实践探索［J］．教育教学论坛，2018（7）：53-54.

［5］田华．以学生公益劳动课为载体的学生素质培养路径的实践研究［J］．高教学刊，2015（16）：57-58.

"项目化运作、社会化合作"：
高校实践育人模式研究

——以山西农业大学大学生暑期社会实践为例

朱 江 许锦绒 白锦霞[*]

山西农业大学团委

摘 要：社会实践是高校实践育人的核心环节。高校要以人才培养目标为指导，遵循大学生的成长规律，以社会实践为重要抓手，积极探索实践育人的新模式。本文针对当前高校大学生社会实践中存在的社会实践项目缺乏、社会实践经费短缺两大问题，提出了"项目化运作、社会化合作"的实践育人新模式，并以山西农业大学校团委牵头的暑期社会实践活动为例，对"项目化运作、社会化合作"的内涵和具体实施环节进行了深入探讨，对高校探索实践育人新模式，整合校内外各方资源，形成教育共振、提升实践育人成效提供了参考和借鉴。

关键词：社会实践；项目化运作；社会化合作；实践育人

社会实践是高校实践育人的核心环节[1]。2017年，中共中央、国务院印发的《关于加强和改进新形势下高校思想政治工作的意见》中指出，"要强化社会实践育人，提高实践教学比重，组织师生参加社会实践活动，完善科教融合、校企联合等协同育人模式"[2]，当前，随着全球化竞争的日益激烈与高等教育综合改革的全面深化，大学生不仅需要具备扎实的专业理论知识和高超的专业技能，还必须有较强的社会责任感、创新精神和实践能力等多方面的综合素质[3]。因此，高校要以人才培养目标为指导，遵循大学生的成长规律，以社会实践为重要

* 作者简介：朱江（1981-），山西五台人，讲师，山西农业大学校团委书记，研究方向为大学生思想政治教育、大学生创新创业教育；许锦绒（1984-），山西太原人，助教，山西农业大学团委办公室主任，研究方向为大学生思想政治教育和学生管理；白锦霞（1989-），山西和顺人，讲师，山西农业大学食品科学与工程学院分团委副书记，研究方向为大学生思想政治教育和学生管理。

抓手，积极探索实践育人的新模式，将知识的传授、能力的培养与素质提升紧密结合在一起，促使青年学生在社会实践中增长知识、学习本领，切实提升实践育人的成果。

一、大学生社会实践存在的问题

暑期是大学生开展社会实践活动最有效、最集中的时期，各级教育部门、团组织、高校都非常重视并大力推动大学生的暑期社会实践活动。高校大学生的暑期社会实践一般采取集中组队和分散实践相结合的办法，以求扩大实践活动的参与面和覆盖面。为了了解大学生对两种实践形式的参与热情和成效，笔者对山西农业大学学生进行了一次集中调研，主要采取问卷调查的方式进行，内容包括人际关系、团队协作、参与热情等因素，主要以大二、大三学生为主，覆盖不同专业。问卷共发出 5320 份，其中有效问卷 4932 份，占全部问卷的 92.7%。调查结果显示，认为集中组队实习能提升人际沟通能力、培养团队协作能力和有较高参与热情的学生分别占 85.7%、92.6% 和 78.5%。因此笔者认为，在实际工作的开展过程中，大学生暑期社会实践应主要采取集中组队的方式。此外，在对集中组队面临问题的调查问卷中显示集中组队常面临以下两大难题：

1. 暑期社会实践项目的缺乏

大学生暑期社会实践必须同时达到两个目的：一是让学生在实践中接受教育、增长才干；二是大学生的实践行为必须同社会发展具有契合度，推动社会某一领域的发展。面对暑期社会实践项目"供需适应"的双向要求，75.2%的高校认为无从下手，不知道从何处寻找大学生能力提升与适应社会需求的契合点，导致不知道"做什么事"。

2. 暑期社会实践经费来源短缺

在集中组队进行长时间社会实践的过程中，学生无论从日常的餐食、住宿、交通等方面还是从时间内容的开展方面都要产生数量不小的费用，在针对大学生暑期社会实践费用问题的调查中，56.2%的学校没有专门且明确的社会实践经费预算，67.8%的学校认为长期得到社会各界大量的经费支持进行社会实践难度较大。所以，经费来源，即"花哪的钱"的问题成为当前高校集中组队进行暑期社会实践遇到的又一难题。

"做什么事""花哪儿钱"两个现实问题的存在，使各高校在集中组队的规模上出现了瓶颈，甚至集中组队规模和人数出现了下降趋势，大部分学生只能参与家乡所在地的分散社会实践活动。

二、"项目化运作、社会化合作"实践育人模式的含义

1. 项目化运作，解决"做什么事"的难题

联合社会有关部门和单位，依托国家、省、市的热点议题或在工业、农业等方面的发展战略、政策或企事业大型项目、课题，动员和号召广大青年学生投身推动社会发展的大潮中，在落实和实施项目的过程中，实现"受教育、长才干、做贡献"的实践目的。以山西农业大学校团委牵头的大学生暑期社会实践为例，学校从 2006 年开始依托山西省科技支农、脱贫攻坚、乡村振兴等战略，动员和号召在校青年大学生集中组队深入农村进行社会实践。2016 年开始，在全国范围开展"脱贫攻坚"，全面迈向小康社会的最后冲刺阶段，与山西省扶贫开发办公室合作，将大学生暑期社会实践活动纳入全省脱贫攻坚的伟大战略，连续三年开展了"走进乡土乡村，助力精准扶贫""接受国情教育，再助精准扶贫""投身脱贫攻坚，助力乡村振兴"等主题的社会实践活动。依托项目来运作社会实践，使集中组队活动有了直接的针对性、具体的工作内容、可凭依的活动载体，以及良好的社会意义和价值，做到了深入基层扎实工作而不是走过场流于形式。凭借项目化的运作形式，山西农业大学的学生不仅在实践中增长了本领、提升了能力，更为全省脱贫攻坚事业贡献了力量。

2. 社会化合作，解决"花哪儿钱"的难题

在项目化组织实施社会实践活动的过程中，项目部门和单位要提供一定数量的经费支持，实践成果和数据双方共享。山西农业大学暑期社会实践就是很好的例子。在 2007 年学校与省科协、省妇联、山西移动通信有限公司共同筹划、开展的"百万农民学电脑"培训活动中，山西移动提供经费支持，农大学子运用所学知识开展培训，企业、学校实现共赢发展；在 2016 年开始的助力山西省脱贫攻坚活动中，农大学子深入山西全省 36 个国定贫困县贫困户实地走访进行问卷调查、科技讲座、技术指导、惠农 APP 推广的过程中，同学们与当地老乡同吃、同住、同生活，不仅通过切身的观察和思考对广大贫困农村现实的生存环境和当前省情、国情有了深刻的了解，更解决了一些社会实践中令众多高校头疼的经费得不到保证的难题。社会化合作使学校无法为全部学生提供集中实践经费的紧张局面大为缓解，为集中组织社会实践活动提供了较为充足的经费支持。

三、"项目化运作、社会化合作"实践育人模式的具体实施过程

1. 立足国情、省情和学校实际,主动寻求社会实践项目

社会实践的项目化不是盲目地寻找项目,而是立足于国家的大政方针和当地的社会经济发展条件,同时结合学校的学科设置、专业发展及学生生源分布情况乃至校友资源等因素以增长学生本领、推动社会发展为要求去寻找社会实践的项目。山西农业大学是一所地方性农科院校,农科是其优势,深入基层、扎根农村,服务山西经济社会是其立足和发展的根本,山西农大校团委寻求大学生暑期社会实践项目也立足于此。2006年,学校与山西移动有限责任公司合作,开展了以"信息、科技、关怀"为主题的"山西省新农村建设大学生进万村科技信息化工程"实践活动,为全省2万多个行政村建立了门户网页;2009年,学校与山西省科学技术协会合作,共同完成省委、省政府"十一五"规划确定的"科普惠农工程"项目中的"一村一名信息员"计划,广泛开展了农村信息员培训;2011年,在中国共产党成立90周年之际,学校与省委统战部、省工商联、省科协联合,深入全省10个地市、18个县区开展了红色寻访社会实践活动,为"三老"人员(在乡老红军、老八路和新中国成立前老党员)送上了人文关爱和科普服务;2016~2018年,学校主动响应国家号召,积极谋求与省扶贫办的合作,签订了"精准扶贫战略合作框架协议",派专业教师深入农村开展数据收集、第三方评估工作,启动以"助力脱贫攻坚"为主题的大学生暑期社会实践项目,期间有1000余名师生深入全省贫困县,推动了山西省脱贫攻坚事业的发展。

2. 详细策划活动方案,周密部署社会实践项目具体措施

有了合适的社会实践项目后,下一步就需要进行项目实施方案的策划。科学合理、严谨周密的方案是保证项目成功的关键之举,对提升项目实施的效率也具有重要意义。以山西农业大学校团委于2016年开启的"走进乡土乡村,助力精准扶贫"大学生暑期社会实践项目为例,学校紧跟国家打赢脱贫攻坚战的热点,主动与省扶贫办取得联系,取得初步的合作意向后,迅速以大学生暑期社会实践活动的视角从全省脱贫攻坚事业的现状、学校的专业优势、大学生的思维特点等方面进行重要性、必要性和可操作性等方面的评估,明确大学生暑期社会实践活动在全省脱贫攻坚事业中的角色定位、承担的任务、预期成果等。通过实地考察明确社会实践活动的具体地点、任务完成所需要的时间和师生数量,科学计算在项目运作中所需要的经费投入等,在大量前期工作基础上,最终确定项目的主

题、时间、地点、参与人数、师生具体分工、项目的具体内容与要求，以文件的形式下发给各学院和相关单位。2016 年，全校共有 300 余名师生深入贫困农村，增进了师生对省情、国情的了解，推动了全省脱贫攻坚事业的发展。周密的部署、合理的安排为项目化运作的各个细节提供了具体的操作指南、保证了项目化运作的细节落于实处，是大学生暑期社会实践取得成功的根本。

3. 认真组织，引导学生开展社会实践

组织学生开展社会实践活动是整个过程的主体环节，是前期项目寻求、方案策划的继续与延伸，更是实现高校实践育人、提升学生能力、增长学生本领的关键所在。山西农业大学校团委以大学生暑期社会实践活动为核心的实践育人模式的主体环节就是引导学生深入农村，在基层实践中提升综合能力。2007 年，在省、市、县科协的协助之下，在各级妇联、移动公司的支持下，山西农大派 2000 余名大学生在大同、长治、运城等 8 市共 15000 多个农村网络文化站对农民进行电脑科普知识的培训，派由 100 名专家教授、3000 名本硕博学生组成的服务团在 15 个与学校结对的"共建村"开展了"千名师生进乡村，百项成果入农户"科技助推活动，广大师生不仅对当代农村农民有了更深刻的了解，也以自己的知识为"三农"做出了贡献；2016 年开始，山西农大连续三年以"助力脱贫攻坚"为主题的大学生暑期社会实践活动的根本目的就是引导广大青年学生走向田间地头，入村入户，与老百姓同吃同住，感受农民的生活和需求，使学生既在感受基层困难的过程中磨炼了坚强的意志品格，接受了国情、省情教育，接受了实践的教育，接受了人民的教育，同时也能用自己所学的科学文化知识帮助农民朋友解决实际问题，为社会做出贡献。2016 年，600 余名师生深入全省 36 个国定贫困县，定点、有序开展理论普及宣讲、科技支农帮扶、教育关爱服务、美丽乡村打造、省情社情观察、乡村调查研究等活动，不仅为广大农民送去了现代科技，更以实际行动接受国情教育，为将来成长为"懂农业、爱农村、爱农民"的现代农业人才奠定基础。为了进一步巩固学校的实践育人模式，使大学生暑期社会实践形成长期性系统性的机制，山西农业大学还在左权麻田八路军纪念馆、武乡八路军太行纪念馆、刘胡兰纪念馆、梁家河、延安革命纪念馆、临县大禹乡府邸村建立六个"青马工程教育实践基地"，引导在校学生到广大农村接受国情社情教育，为培养现代农业需要的"懂农业、爱农村、爱农民"的优秀人才打基础、建平台。

4. 全面总结社会实践活动，表彰优秀，扩大活动影响面

以表彰先进、反思不足为主要内容的总结是推动事物不断发展进步的重要举

措。在集中组队的社会实践活动中，往往会产生一些优秀的实践团队和个人，也有一些失败的个例。表彰先进，以榜样的力量激励大众；反思不足，化失败为成功的动力。山西农业大学在一年一度的大学生暑期社会实践活动结束后，会进行系统的工作总结，收集优秀典型事迹、评选优秀的调研报告，通过表彰会的形式推广好的经验、做法；以社会实践活动展板进行成绩的展示和宣传；通过"实践归来话感受"活动在新生和未参加社会实践的同学中间交流心得、交流经验，加深这些同学对社会实践活动的认识和了解，通过多年的努力和探索，以暑期社会实践为核心的实践育人模式已经深入广大学子内心，并在校园内形成一种积极参加大学生暑期社会实践，在基层实践中学习知识、在贫困农村增长本领的风尚，为积极向上、和谐稳定校园文化氛围的营建注入了源源不竭的动力。

以社会实践为核心的"项目化运作、社会化合作"实践育人模式的构建与实施，以高校的人才培养目标为指导、遵循大学生的成长规律，解决了当前高校实践育人过程中面临的社会实践项目难寻、经费短缺两大难题。结合国情、省情和学校实际寻找实践项目、科学合理筹划实施方案、精心组织实践活动和全面总结反思的具体操作环节有效整合了校内外各方资源，对形成教育共振、提升实践育人成效提供了参考和借鉴。当然，"项目化运作、社会化合作"的实践育人模式也存在不少待修正和完善之处，需要在实践中进行深入的探索和改善。

参考文献

［1］刘娟．高校"双合双循环"实践育人模式研究［J］．学校党建与思想教育，2018（52）：52-54.

［2］新华社．中共中央国务院印发《关于加强和改进新形势下高校思想政治工作的意见》［EB/OL］．www. gov. cn/xinwen/2017-02/27/content_5182502. htm，2017-02-27.

［3］方正泉．高校社会实践育人实效性探析［J］．学校党建与思想教育，2017（19）：79-82.

地方农业高校研究生实践育人探索与思考

——以山西农业大学为例

周 孝 杨 平 杜海燕 罗 瑜*

山西农业大学党委研究生工作部

摘 要：随着我国高等教育改革的发展，实践育人成为研究生教育的重要内容，实践教育作为研究生教育的深化和拓展，是加强研究生教育实效，提升研究生综合素质，促进研究生就业的有效途径。本文以山西农业大学为例，总结地方农业高校开展研究生实践育人的尝试和探索，思考进一步加强和改进地方农业高校研究生实践育人的思路和举措，为广大农业院校结合地方社会经济发展情况开展研究生实践育人工作提供了一定的参考和借鉴。

关键词：地方农业高校；研究生；实践育人

研究生教育作为高等人才培养的最高层次，肩负着为我国社会主义现代化建设培养拔尖创新人才的重任。研究生实践育人是研究生教育的重要组成部分，在研究生综合素质培养中具有重要作用。贯彻素质教育的要求，提高研究生实践育人质量，探索实践育人的途径和模式成为研究生教育的重大课题，也成为农业高校的重要任务[1-2]。

一、研究生实践育人的重要意义

加强和改进研究生实践育人工作，是落实党的教育方针，深入实施素质教育，不断推动高等教育质量提高的必然要求。进一步加强高校实践育人工作，对

---

* 作者简介：周孝（1976-），山西大同人，讲师，山西农业大学党委研究生工作部部长，研究方向为研究生思想政治教育；杨平（1982-），山西太古人，助理馆员，山西农业大学研究生院培养办公室副主任，研究方向为研究生培养教育管理；杜海燕（1977-），山西偏关人，讲师，山西农业大学党委研究生工作部副部长，研究方向为研究生思想政治教育；罗瑜（1985-），陕西宝鸡人，讲师，山西农业大学党委研究生工作部研究生管理办公室主任，研究方向为研究生思想政治教育。

于不断增强研究生的四个自信，提高服务国家、服务人民的社会责任感和勇于探索的创新精神具有不可替代的重要作用；对于坚定研究生在中国共产党领导下，走中国特色社会主义道路，为实现中华民族伟大复兴而奋斗，具有重要而深远的意义。

深入推进研究生实践育人工作，是适应社会需求，落实"全员育人、全方位育人、全过程育人"要求，培养德智体美劳全面发展的社会主义合格建设者和可靠接班人的客观要求。长期以来，研究生教育重科学研究、轻实践教育，与社会需求脱节。要切实改变重理论轻实践、重知识传授轻能力培养的观念，以强化实践教学为重点，以创新实践育人方法途径为基础，以加强实践育人基地建设为依托，以加大实践育人经费投入为保障，积极调动、整合社会各方面资源，形成实践育人合力，着力构建长效机制，培养好适应国家和社会需求的创新型研究人才，其意义不言而喻[3-6]。

二、研究生实践育人要处理好几个关系

1. 研究生实践育人要处理好科学研究与实践教育的关系

加强研究生的实践教育，提升研究生的创新能力，就要合理协调解决好研究生的科学研究主业和实践锻炼之间的关系，使二者相辅相成，相互促进，有效地推进研究生综合素质和核心竞争力的提高。进行不同程度的科学研究是研究生的主要学业，而必要的实践教育又是促进研究生感知社会、适应社会需求的必要条件。要根据研究生的类别、所属学科和自身特点来从培养计划开始进行合理的安排，做到二者的协调统一。

2. 研究生实践育人要处理好完成学业与推进就业的关系

研究生的就业是整个研究生教育的终端，是每个研究生最为关心的问题。高等学校要完成育人的目标，就要有效处理好研究生完成学业和实现就业的关系。这就要求高等学校适应我国研究生教育的发展，特别是全日制专业学位研究生教育开展以来的新形势，以研究生完成科学研究为主，以推进研究生就业为辅，与社会和用人企业的需求有机结合，协调推进研究生完成学业与就业关系的耦合，不断提升研究生教育的实效性。当前，我国的企事业单位招聘中过于看重毕业生是否来自"985""211"，在这种情况下，地方农业高校只有不断加强实践特色，提高研究生实践能力，才能不断提升地方农业高校研究生教育的质量、推进研究生更好地就业。

3. 研究生实践育人要处理好实践育人的深度与广度的关系

目前，各个高校由于自身的发展情况、学科实力、学科特色的不同，在研究生实践育人成效上千差万别。尽管研究生的实践教育方兴未艾，但深入的、广泛的研究生实践教育格局还没有真正形成。提升研究生实践教育的实效性，就要一方面向实践育人深度方向发展，从培养方案、课程设置上去做文章，实现研究生实践教育的过程化需求，不断加强实践育人的质量；另一方面要克服实践教育精英化的思想，为研究生的实践锻炼提供更多的岗位，以满足研究生的现实需求。对于农业高校而言，着眼于生物领域的前端、农业领域的核心和食品加工领域的终端，进行研究生实践教育的全过程培养，提升实践教育的效果，大有可为。

三、山西农业大学研究生实践教育的探索

1. 实践育人模式

多年来，山西农业大学结合自身省属农业高校的特点，立足山西农业的发展和美丽乡村的建设，形成了课程实践、社会实践、岗位实践和生产实习有机结合、相辅相成的实践育人模式。

（1）课程实践模式。山西农业大学按照实践育人的要求，创新专业学位研究生培养模式，不断提高专业学位研究生的培养质量，主要体现在以下四个方面。

1）突出"应用型、订单式、个性化"培养，进一步优化课程体系。山西农业大学在研究生课程体系的设置上充分考虑用人单位的实际需求、学生的专业背景和职业规划，强化行业组织在课程体系开发中的作用，实行订单式和个性化的培养。为提升专业学位研究生的职业素养和能力，各专业学位类别在课程体系中必须增设 1~2 学分的行业前沿发展讲座，使专业学位研究生及早了解行业，做到专业学位研究生所学知识和技能与行业要求紧密结合。增进专业学位研究生与行业高级管理专家、高级技术专家的交流，促使他们贴近行业实践，激发他们对行业前沿重大应用问题的研究兴趣。

2）改进教学内容与教学方式，大力推进案例教学和实践教学。专业学位的教学方法强调以学生为本、以能力为本、以职业导向为本。山西农业大学在专业学位教育上彻底扬弃传统的以理论讲授为主的教学方式，鼓励采用灵活多样的教学方式，尤其重视运用团队学习、案例分析、现场研究、模拟训练等教学方法。专业学位的教学工作围绕培养学生的实践应用能力来开展，广泛推行以解决实际问题为目标、以项目课题为支撑、多层次全方位的实践教学活动，形成理论教

学—实验实习—生产实践有机结合的教学方式，为学生将来从事职业工作打下坚实的基础。

3）强化研究生的专业实践，打造与行业产学研用紧密结合的示范基地。充分的、高质量的专业实践是专业学位教育质量的重要保证。专业学位研究生专业实践应有相对稳定的实践基地，要求能使研究生的实践内容和企事业单位或相关职能部门的实际需求相对接，既能够提供研究生理论结合实践的场所，又能够满足生产部门的实际需求。山西农业大学整合各种社会资源，按专业学位类别分别建立了五个以上的专业实践基地，多种形式共建共享一批高水准的校企联合实践示范基地。依托各学院的科研优势，将科研成果高质量地转化到实践教学环节当中，建成系列化、层次化的实践能力培养体系。

4）创建多元化的学位论文评价标准和体系，提高专业学位授予质量。山西农业大学着力于构建多元化的专业学位论文评价标准和体系。一是强化学位论文选题的实践导向，论文选题必须来源于社会实践或工作实际中的现实问题，有明确的实践意义和应用价值，提倡论文选题和专业实践的紧密结合；二是根据各专业学位的特点，积极提倡采取案例分析、研究报告、专项调查、技术研究或技术改造方案、临床病例报告等形式的学位论文，并逐步提高这种形式学位论文的比例，规范此类论文的格式和标准；三是专业学位学位论文评阅和答辩成员均需聘请相关行业实践领域具有高级专业技术职务的专家，不断完善专业学位研究生学位论文的评阅和答辩制度。

（2）社会实践模式。社会实践是农业高等院校研究生实践育人的重要抓手，可以通过社会实践增进研究生了解国情、省情和农情，也能让研究生在社会实践中得到锻炼，更能使其研究成果与社会对接，促进农业问题的有效解决[7-10]。

1）紧扣研究生思想政治教育，在社会实践中致力于研究生思想素质的提高。山西农业大学紧扣全国思政会议精神，率先在山西省临县建立大学生思想政治教育基地，利用假期和节假日组织以思想政治教育专业为主的研究生深入开展社会实践。在总结社会实践经验的基础上，又先后在山西省的16个县市建立了思想政治教育基地，开展长期性的研究生思想政治教育。通过近年来的实践教育，广大研究生积极参与，在实践中得到了提高和升华。

2）围绕山西省脱贫攻坚，在社会实践中致力于农民精准脱贫。山西省是我国贫困县比较集中的省份，如何发挥山西农业大学作为山西省唯一农业高校的特点，助力山西的脱贫攻坚成为山西农业大学的责任担当。山西农业大学秉持使命，发挥学科和资源优势，精准评估，以研究生实践教育为依托，组织广大的教授和研究生以广大的农村为研究对象,深入农户开展调查、评估,积极助推山西省的脱贫攻坚,既让研究生得到了良好的实践教育,也取得了良好的社会影响。

3)聚焦山西经济社会发展,在社会实践中致力于美丽乡村建设。党的十九大提出建设美丽乡村的宏伟蓝图,这给农业高校提供了一个极好的机会。山西农业大学结合山西经济转型发展的要求,聚焦山西社会经济的发展,以广阔的农村为对象,紧紧围绕"三农"问题,积极构建小麦、谷子、枣、食用菌等产业体系,组织研究生积极参与"三农"问题科学研究,开展不定期的社会实践,把论文写在田间地头,用自己的研究成果解决山西的"三农"问题,助力山西农业的发展,助推山西美丽乡村的建设。

(3)岗位实践模式。山西农业大学"三助一辅"工作的开展,给研究生的实践育人提供了新的阵地。这项工作的开展极大地调动了研究生参与实践的积极性,参与人数呈逐年上升态势,详情如表1所示。研究生在教学、管理和研究生辅导员岗位上得到了充分的锻炼,得到了指导教师和各实践单位的高度认可。

表 1　研究生助管、兼职辅导员人数统计　　　　　　　　　单位:人

年份	助管人数	兼职辅导员人数	合计
2017	43	15	58
2018	67	23	90

(4)生产实习模式。当前,研究生(特别是专业学位研究生)的实践教育环节越来越得到高校学校和指导教师的重视。山西农业大学结合学科特色,积极与相关的涉农企业共建研究生的实习基地,依托实习基地,组织研究生深入企业和农场进行生产实习。研究生在实习中不但能够了解熟悉企业和农场的生产现状,也能将自己的所学得到应用,更可以结合自己的研究,提升和优化企业的生产效益,因此研究生的实习越来越得到广大实习基地的肯定和认可,实践教育的效果也逐步显现。

2. 山西农业大学实践育人实效研究

山西农业大学根据经济社会发展需求和研究生个人发展需要,将实践育人理念贯穿在研究生培养的各个环节,成效显著。

(1)实践环节不断强化,教学效果不断凸显。

1)优化培养方案,研究生实践教学不断夯实基础。自2017年以来,山西农

业大学不断优化研究生培养方案，不断在培养方案中增加专业实践的学分要求。特别是专业学位硕士研究生，专业实践学分实现"零"的突破，设置了 6 个学分，占总学分的 20%，实践学分的增加为研究生的实践教育打下了良好的基础，详情如表 2 所示。

表 2　专业学位硕士生申请学位最低学分要求　　　　单位：分

学位课		非学位课		总学分
公共学位课	领域主干课	选修课	专业实践	
8	7~8	8~10	6	28~30

2）积极推进课程教学改革，研究生实践教学效果凸显。山西农业大学创新课程教学模式，建立以研究生为中心的互动对话的师生关系，师生共同参与到学习和研究过程中。依据教学内容、学生知识背景和现有的教学手段，因材施教。重视激发研究生的学习兴趣，发掘并提升研究生的自主学习能力。专业学位研究生课程注重加强案例教学、模拟训练或现场教学，提高课堂教学效果，注重培养研究生运用理论知识解决实际问题的能力。鼓励教师编写教学案例，并与基于案例的科学研究相结合，开发和形成一大批具备真实情境、符合案例教学要求、与国际接轨的高质量教学案例。先后组织各领域编写完成案例 155 个、印刷原创案例 1 辑、参评中国专业学位教学案例中心入库征集案例 2 个、成功入选中国专业学位教学案例中心案例库 1 个。

（2）实践基地不断巩固，实践效果不断加强。

1）建设研究生联合培养基地，切实增强实践基地育人成效。山西农业大学按照学院与共建企业定制的运行机制及有关章程累计建成 8 家研究生创新中心，切实推进创新中心导师培育创新型人才模式的建设，不断加强研究生联合培养基地的建设。企业参与中心创新培育计划的制定和调整，研究生教育根据企业、行业的用工要求调整实训计划，充分发挥校企双方优势共同开发课程和实施人才培养方案，做到专业设置与企业用人标准对接，使研究生教育的发展始终紧跟企业需求。对于教学计划、实训内容，由校企相关专家共同授课，真正实现教学与实践、专业与职业、课堂与企业、科研与生产的四个"零距离"。山西农业大学引进企业导师参与对研究生的指导，在创新中心现有的 164 名导师中，企业导师有 53 人，占导师总数的 32.32%，企业导师的加入极大地增强了研究生指导的实践要求。目前，山西农业大学共获批 3 项人才项目，共发表科技核心期刊学术论文

4 篇、实习报告 1 份；承担企业新产品新技术新工艺开发项目数 40 项；获得专利 85 个；参与制定标准 74 个；发表论文 398 篇。实践基地之一的山西鑫四海集团依托山西农业大学学科优势，成功获批长治市第一个博士工作站，同时山西农业大学依托山西鑫四海集团联合申报获批了中国大学生实践教育基地。

2）研究生社会实践基地不断拓展。近年来，山西农业大学以研究生思想政治教育基地建设为契机，积极开展社会实践基地建设。2017 年在山西临县建设校级实践基地 1 个，2018 年又增建 10 个校级社会实践基地，并在其他县区建设了 16 个院级社会实践基地，实现了每个学院都有社会实践基地。同时，以点带面，进一步扩大实践基地，为研究生的社会实践搭建更为广阔的平台。

（3）创新意识不断增强，创新成果不断涌现。山西农业大学的实践育人理念激发了研究生的创新意识，同时促进了研究生创新成果的不断产出。

1）研究生教育创新成果突出。近年来，山西农业大学研究生创新项目一直呈现出稳中有增的态势，详情如表 3 所示。受制于研究生创新项目申报立项的时间晚、农学类实验周期长、发表高水平的文章周期长等因素，目前研究生创新成果的情况还没有完全达到预期，但仍然涌现出了一批成果。在 2015～2018 年已结题的研究生创新项目中，共发表学术论文近 50 篇（其中 SCI 收录论文 18 篇）、获批专利 3 项。

表 3　山西农业大学研究生创新项目申报结题情况　　　　　　单位：项

	2014 年	2015 年	2016 年	2017 年
获批项目	11	7	9	12
结题项目	9	7	9	6

2）研究生教育改革成效明显。2014 年以来，山西农业大学研究生教改项目立项数目逐年增多，详情如图 1 所示。2015～2018 年，研究生教改项目共发表普通期刊学术论文 10 篇、科技核心期刊论文 3 篇、中文核心 2 篇、CSSCI 来源期刊 2 篇、会议论文 3 篇、奖励 6 个、编写教材 1 部、编写 5 个案例库（98 个案例）。

3）研究生就业得到有效促进。近年来，随着实践育人教育的开展，在提高研究生实际应用能力的同时，研究生的就业得到了有效促进。研究生毕业签约率逐年增加，从 2016 年的 15.84% 上升到 2018 年的 44.89%，增长率达到了 283.39%，详情如图 2 所示。

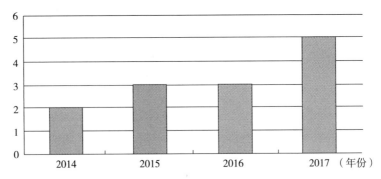

图1　山西农业大学研究生教改项目申报情况统计

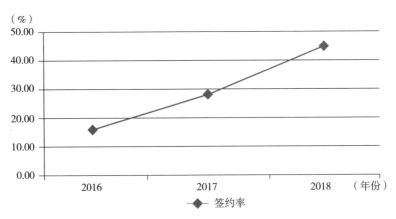

图2　2016～2018年山西农业大学研究生毕业生签约率

四、加强和改进研究生实践育人成效的思考

多年来，农业高校根据自己的研究生教育特色，结合地方社会经济发展要求，在加强和改进研究生实践育人方面做出了许多的有益尝试，成效显著。随着我国高等教育改革的深入，农业高等教育如何进一步强化研究生的实践育人效果，适应社会发展需求，面临着新的考验和挑战。

1. 大力加强内涵建设，不断提高实践育人质量

加强地方农业高校研究生的实践育人成效，就要深层次地摒弃以往研究生教育醉心于科学研究的理念，要坚持以人为本要求，以研究生成长成才为目标，以适应社会经济发展需求为导向，紧紧围绕自身的农科特色，加强师资队伍建设、基础教学条件建设和制度建设，紧密对接社会需求，着力提高地方农业高校研究生培养的实效性，真正培养出一大批爱农业、懂农业、立志从事农业研究的德智

体美劳全面发展的农业高等人才。

2. 积极拓展外延建设，努力拓展实践育人的深度和广度

强化和改进地方农业高校研究生实践育人的成效，就要一方面巩固和发展当前的实践育人成果，深挖细研现有平台的育人效率，进一步激发实践育人的积极性和主动性，不断提高现有实践育人平台的效能；另一方面，更要进一步拓宽研究生实践育人的覆盖度。要结合社会需求，从学校和导师层面给研究生创造更多的实践契机，联合更多的企业为研究生实践搭建更为宽广的实践平台，让每一个研究生都能参与到实践当中，从而促进每一个研究生的成长和成才。

参考文献

［1］徐芳琳．研究生实践育人工作的思考和探索［J］．科教导刊，2016（17）：16-16.

［2］教育部等部门关于进一步加强高校实践育人工作的若干意见［M］．北京：知识产权出版社，2015.

［3］石泽平．研究生实践育人长效机制的构建研究［D］．西南大学硕士学位论文，2016.

［4］吉林农业大学．新时期高等农业院校实践育人模式探析——2018年全国农林高校学工部长论坛论文集［C］．兰州，2019.

［5］韩俊兰．高校实践育人长效机制的理性思考与探索创新［J］．思想教育研究，2013（7）：12-14.

［6］刘川生．高校实践育人工作有效机制研究［J］．思想理论教育导刊，2016（12）：119-124.

［7］安俭，张迪．高校学生服务民族地区的实践探索——以华东师范大学研究生赴舟曲暑期社会实践为例［J］．上海市社会主义学院学报，2013（5）：61-64.

［8］夏拥军，林亦平．基于服务性学习理论增强大学生社会实践育人效果的探索与思考［J］．河北农业大学学报（农林教育版），2013，15（5）：12-15.

［9］涂建波，王秀成．探索高校研究生实践育人的新模式——以云南师范大学研究生实践育人活动为例［J］．当代教育实践与教学研究，2014（4）：52-53.

［10］赵姗，葛亚宇．研究生实践育人新模式——以浙江工商大学选派研究生校内挂职为例［J］．学位与研究生教育，2014（2）：27-30.

创新高等学校军事训练实践育人模式刍议

——以山西农业大学为例

赵　婧　程三宝　杜学一[*]

山西农业大学武装部

摘　要：随着经济社会的发展，作为一种重要的实践手段，军训的地位在大学生爱国主义教育中越来越突出。作为国防教育实践育人的重要环节，军事训练工作取得了学生思想教育、品格锤炼、预备役建设和国防动员等重要成就，但也存在军事理论师资力量短缺、预备役建设水平不足和军训工作模式不够规范系统等问题。本文通过分析山西农业大学军事训练实践育人工作的基本情况、运行模式、育人效果，进而对强化军事理论教学、完善师资队伍建设、提升预备役建设水平、规范军训承训流程中存在的问题进行探讨并提出改进思路和建议。

关键词：军事训练；实践育人；模式

以军事理论教育和军事技能训练为主要内容的国防教育是高校高素质人才培养不可替代的重要组成部分，既是学生进入大学校园的第一堂必修课及实践育人的重要措施，也是增强学生国防观念、爱国主义精神的有效途径。近年来，山西农业大学牢牢把握社会主义办学方向，高度重视大学生军事训练工作，多措并举，不断突出国防教育在新时期培育中国特色社会主义建设者和接班人的实效。随着多年的探索积累，山西农业大学军事训练的实践育人模式已成为学校的经典和亮点。

---

* 作者简介：赵婧（1985-），山西原平人，讲师，山西农业大学武装部军事教师，研究方向为思想政治教育；程三宝（1978-），山西屯留人，讲师，山西农业大学武装保卫部（处）部（处）长，研究方向为思想政治教育；杜学一（1965-），山东禹城人，山西农业大学武装部军事科科长（军转干部），研究方向为军事训练学。

一、基本情况

山西农业大学开展学生军训始于 19 世纪初，早在铭贤学堂时期，学校就组织学生军训。1984 年，《中华人民共和国兵役法》颁布，要求对大学生、中学生进行军事训练。进入 21 世纪以来，《中华人民共和国国防法》和《中华人民共和国国防教育法》[1] 相继实施，2017 年国务院办公厅和中央军委办公厅发布《关于深化学生军训改革的意见》（国办发〔2017〕76 号）（以下简称《意见》），山西省教育厅、山西省军区战备建设局制定了相应的《实施办法》，为学校的学生军事训练工作指明了方向。自 2016 年起，山西农业大学开始尝试由退役大学生士兵和大学生预备役士兵担任新生军训教官；2018 年，学校积极响应国务院、省政府相关文件精神，全面实施退役大学生士兵和预备役士兵担任新生军训教官，翻开了学校学生军事训练的新篇章。

二、运行模式

1. 以国家战略统领工作全局

多年来，山西农业大学自觉站在打牢学生思想政治基础，为国家和军队建设培养高素质人才的战略高度，始终把学生军事训练工作作为造福国家、加强军队力量、加强思想认识、加强组织领导的重大事件。

一是提高站位，统一思想。学校一直重视学生的军事训练，先后印发了《关于开展大学生军训的实施意见》和《学生军训工作暂行规定》，对大学生军事训练提出了明确的要求。在《意见》发布后，学校组织认真学习领会、贯彻落实相关精神，不断增强做好学生军训工作的责任感，做到统一计划、统筹安排、全力保障。

二是健全机构，职责明确。学校早年就成立了学生军事训练工作的职能部门——校党委武装部；2003 年又率先成立了军事教研室，从全校范围内选配了 4 名专兼职军事教师，目前共有 11 名教师承担军事理论教学工作。党委武装部专门负责学生军事训练和军事理论教学的工作机制得以确立。

三是齐抓共管，形成合力。学校军训工作在校党委、校行政的统一领导下，由武装部主导，各相关部门配合，军训团各负其责，形成了统筹规划工作机制，建立了联合管理工作模式，有效保证了学生军事训练的顺利实施。

2. 军事理论教学扎实开展

根据《关于在大学生中开设军事理论课的通知》（校党字〔2002〕15 号）

精神，学校于 2003 年将军事课程纳入本科生人才培养方案，课程设置为 36 学时，教学时间是新生入学的第一个学期，经统一考试成绩合格者，计 2 学分入学生档案。按照新《大纲》要求，经过课程调整，当前学校军事课的内容主要有五个部分：中国的国防、军事思想、国际战略环境、军事高科技和信息化战争。自 2003 年至今，学校先后有 15 名专兼职教师讲授该课程，共为 7 万余名学生进行了授课。

为进一步加强军事教研室业务能力建设，武装部建立健全了军事教研室相关规章制度，使军事教研室逐步走向制度化、规范化。在军事理论教学方面，始终坚持集体备课、示教试讲、学生点名、查课听课、教学反馈等制度，有效提高了军事课的教学质量和效果。

学校注重对军事教师的业务培训：一是组织军事课程教师到军训工作先进高校观摩学习，借鉴兄弟院校军事教研室建设以及军事教学方面的经验做法；二是积极组织军事课程教师参加省教育厅、省军区举办的军事教师培训，把新方法、新知识、新手段运用到教学实践中，军事理论课的教学质量稳步提高。

3. 军事技能训练组织高效有序

学生军事技能训练从 2002 年转入正规训练以来，至 2018 年（其中 2003 年因"非典"未训）共组织学生军训 16 期，每期 2 周。学生军事技能培训严格按照《纲要》和《规定》的具体要求执行。在训练程序上，每期新生军训前学校都要制订严格的军训计划，明确军训时间、带队干部、训练科目与内容和训练标准，要求承训部队军训教官熟悉、掌握军训计划（方案）的内容、要求和标准，明确任务，掌握方法，提高训练能力，同时对各院部带队干部提出明确的训练和管理要求。

军事技能培训的主题和内容包括以下内容：一是学习中国人民解放军三大条例规定，要求学生熟悉各类条例的主要内容，熟悉队列动作的基本要领，增强组织纪律的理念，培养良好的作风；二是在条件允许的情况下进行轻武器的射击预习训练与实弹射击，要求学生了解轻武器的战斗性能和基本射击原理，掌握半自动步枪射击的要领；三是开展基础技术和战术训练，使学生了解步兵战斗的基本类型，熟悉基本战术原则，掌握个人作战的基本要领；四是通过观看教学视频，了解军事地形的基本知识，了解行进、隐藏、伪装、露营等提高野外生存能力的基本程序；五是通过军训汇报表演充分展现大学生的精神风貌和优异的训练成果，激发大学生昂扬向上、奋发有为的学习、拼搏精神。通过军事训练，学生掌握了基本的军事知识和技能，培养了集体主义和爱国主义精神，强化了纪律意识。[2]

4. 大学生预备役部队建设富有成效

学校于 2014 年 4 月与晋中陆军预备役炮兵团进行了商讨，决定在山西农业大学组建大学生预备役连，从国防意识的培养与提升、军事技能及体能素质的提高、国防动员后备力量建设三个方面展开工作，引导学生始终把坚持正确的政治方向放在首位，把积极参与预备役军事训练作为实践途径，力求把学生培养成为合格的新时代中国特色社会主义事业接班人。

按照《兵役法》的规定，学校开展了以下工作：一是登记已退役返校的大学士兵并将其编入预备役连队；二是从各学院中挑选政治觉悟高、体能素质好的男生，特别是新生军训中表现突出的学生，登记编入预备役连队，并作为征兵优先对象。大学生预备役部队实行党委武装部与合作部队双重管理的模式。预备役部队军事思想教育、专业知识学习、军事训练、考核验收等由部队统一组织，提前制订训练计划，配备服装和训练器械；日常训练、文明服务、平时执勤和大型活动的执勤等任务由党委武装部负责；实行校园"三定"管理制度（规定时间、规定地点、规定内容），开展考核淘汰和新老轮换退役机制。

5. 大学生军训教官的培养成果初显

2018 年，学校开始探索由大学生预备役士兵担任新生军训教官承训模式，大学生军训教官训练分为三个阶段：一是基础训练阶段，时间在 3～6 月，利用预备役连每天的早操和周末全天进行，训练内容包括基本队列训练、单兵技战术训练、体能训练、教学方法学习和演练；二是强化训练阶段，在 7 月中下旬选拔表现优良的预备役士兵到部队进行强化训练，时间两周，加强队列指挥能力，基本上达到军训教官的能力，感受部队封闭式军事化训练的氛围，学习部队官兵的优良传统；三是岗前培训阶段，时间为 8 月底、9 月初，在新生报到前进行岗前培训和综合素质的测评等，择优确定军训教官人选。

三、育人效果

1. 学生思想得到提升、品质得到锤炼

通过军训，提高了大学新生对军训重要性和必要性的认识，使他们受到了深刻的国防意识教育，增强了国防观念和国家安全意识；培养了他们的拼搏精神和团队精神；加强了组织纪律，促使其养成严格纪律和自我管理的良好习惯；进一步提升了学生的爱国主义、集体主义和革命英雄主义精神；提高了大学生综合素质，帮助其树立正确的世界观、人生观和价值观。

2. 预备役队伍建设逐步规范化

高校大学生在完成学业的同时接受预备役部队军事训练，能够通过多姿多彩的学生活动平台，激发学习兴趣，培养爱国热情和优良的精神品质。山西农业大学预备役部队当前共计60余名成员，通过严格的训练和管理，他们的精神面貌得到了极大提升，严守校纪校规，坚持早晚操课，集中学习，积极参与高校各类校园文化活动，圆满完成2018级新生军训，积极参与学校大型活动的执勤和安保工作，能吃苦、能战斗，在校内成为标杆，成为学校精神文明建设时代尖兵，受到学校领导、师生的高度关注与广泛好评。

3. 国防动员工作取得实效

大学生预备役部队建设的不断推进，特别是大学生军训教官出现在新生军训中，已经成为校园国防教育一张亮丽的名片，成为校园国防动员中最具启发性的宣传。学校每年均有大批在校学生申请参军入伍、保家卫国，应征入伍的青年数量充足且兵源质量有保证。近年来共向部队输送了260多名优秀在校大学生，二十余名优秀士兵考入了军事院校，长期服役部队，这些学生将在自己的军旅生涯中进一步为国防建设做出贡献。

四、建议与思考

1. 强化军事理论教学，优化师资配备

习近平总书记在党的十九大报告中指出，"我们的国防是国防"。大学生作为国防现代化建设的生力军，肩负着提升国防保障力量的重任，对大学生进行系统的国防教育，关乎中华民族伟大复兴。军事理论课程作为高校教学的重要组成部分，具有全面的素质培养和教育功能，是其他学科和教育方法难以替代的。目前，各高校由于育人观念欠缺、师资力量薄弱、理论研究滞后，军事理论课教学存在边缘化的问题。新时代的教育教学工作，应当更新育人观念，加强军事理论课程的内容更新、教法研究，以军事变革和国防现代化为契机，适应新时期国防教育的新要求，打造学生易于接受、乐于接受的军事理论课程，切实提升学校实践育人的能力。严格按照省教育厅和省军区建设局"实施办法"的要求，按照1：600的比例配备军事理论课程教师，同时保障军事理论课程教师的业务培训、学术交流、职称评定、职业发展，确保与其他科任教师同等待遇，为军事理论课程奠定坚实的师资基础。

2. 进一步提高高校后备力量建设水平

大学生预备役士兵是高校学生中政治觉悟较高、阅历较丰富、综合能力较强、身体素质较好的先进群体，是一笔宝贵的财富。无论从加强国防后备武装力量建设的角度，还是带动提升高校大学生整体精神风貌的角度，大学生预备役部队都应持续在训练和管理等方面加强建设。目前，各高校在预备役部队建设中还存在制度不健全、管理粗放、建设滞后等问题。加强大学生国防教育必须重视这项工作，可以在进一步规范训练计划、组织实施和考评标准并完成相应军事训练任务的基础上，在预备役部队内部加强党团建设，传承"支部建在连上"这一光荣的革命传统，并引入学生社团活动等模式，强化大学生预备役部队作为党团组织、军事组织和社团组织的属性，灵活开展丰富多彩的活动，更好地培养大学生预备役士兵，进一步深化高等院校实践育人职能。

3. 优化高校军事训练指导员的培养模式

山西农业大学大学生军训导师培训模式的构建，对各高校解决军队改革带来的承训官兵数量不足和因军事任务难以完全保证开训时间的难题进行了有益的探索，使军训教官与受训新生之间的心理距离得到拉近，并锻炼出一批干练、成熟的优秀军训教官。但是，该模式还处于起步阶段，实际操作中会出现制度不健全、机制不完善、保障跟不上等问题，各高校在推广使用中需要根据实际情况进行优化、完善，进一步落实《意见》和《实施办法》的精神。每学年第二学期开学即以大学生预备役连为基础，组建"新生军训教导队"，专人负责领导与组织教导队的训练、考核、选拔及后勤保障，并于下一学年新生军训开训前完成教导队承训教官的选拔、分配及任务派遣。这一工作模式的确定与完善，将有效实现大学生预备役部队建设和新生军训的双促进，实现受训大学新生和承训学生教官素能的双提升，成为高校军事实践教育的有力措施。

参考文献

［1］李科. 高校学生军事训练工作 30 年：发展历程、主要成就与基本经验［J］. 武汉科技大学学报（社会科学版），2016（1）：108-112.

［2］苏教体. 努力提高大学生军事训练效果——江苏农学院开展学生军训试点的做法［J］. 中国高等教育，1987（1）.

育人队伍能力提升

山西农业大学思想政治理论课
实践教学模式探索研究*

武慧俊　王冬冬**

山西农业大学马克思主义学院

摘　要： 为提高大学生思政理论课的教学实效性，山西农业大学马克思主义学院不断进行教学模式的创新和改革。例如，马克思主义学院应用"六步法"打造过硬的思政课教师队伍，在紧抓思政课课堂实效性的同时，马克思主义学院在院领导的倡议和积极推动下，全体思政课教师对思政课实践教学的必要性也达成高度共识，积极进行了课堂和课外两方面的实践教学模式探索研究。

关键词： 实践教学；思政理论课教学；教学模式

课堂教学和实践教学是大学生思想政治理论课（以下简称"思政课"）的两个主要内容，围绕大学思政课如何真心让学生喜欢，如何提高教学内容的实效性等的研究受到越来越多学者的重视。山西农业大学马克思主义学院把思政课实践教学研究作为思政课教学改革研究的一项重要内容。在围绕思想政治理论课实践教学模式探索研究的过程中，思政课老师对实践教学必要性达成高度共识，在四门公共政治理论课中展开了课堂和课外两方面的实践教学模式探索研究。

一、山西农业大学思政课课堂教学实践模式探析

山西农业大学思政课教学从实际出发，马克思主义学院紧紧围绕增强思政教育的实效性，以探索思政教学长效机制为目标，实施了思政课"3+2"教学模

---

　*　基金项目：山西省高等学校哲学社会科学项目（项目编号：2017228）。

　**　作者简介：武慧俊（1978-），山西太谷人，副教授，山西农业大学马克思主义学院，研究方向为思想政治教育；王冬冬（1974-），山西翼城人，山西农业大学马克思主义学院副院长，研究方向为思想政治教育。

式（以下简称"3+2"模式）。

1."3+2"教学模式的解读

"3+2"教学模式是山西农业大学马克思主义学院在本科生思想政治理论课中进行课堂教学实践改革过程中，逐步探索形成的一种教学共同体模式。其中，"3""2"有三层含义：一是本科阶段的四门思政课（除形势政策外）在课堂教学和课堂实践教学的比例分配上按照3：2进行；二是每门思政课课堂授课学时的3/5用于理论讲授、2/5用于课堂实践环节；三是每一节思政课（以50分钟计算）教师讲授的教学时间为30分钟，课堂实践的时间为20分钟。通过每一个"3""2"的精心设计，使思政课的问题逻辑充分展开，激发学生个体学习需求从"要我学"到"我要学"的改变，使学生在思政课的学习中成长，教师在讲授基本理论知识后针对学生关注的热点问题结合学生实际引导学生对接触到的社会现象进行正确的评价并帮助其树立正确的三观，达到教和学的相互成长。

2."3+2"教学模式的运行

"3+2"教学模式对思政课教师提出了更高的要求，要求教师课堂3/5的理论讲授彰显教学内容真理的力量、教学体系逻辑的力量、教学手段艺术的力量。在此基础上，通过多种形式完成剩下2/5的课堂教学。从"3+2"教学模式提出到实际运行过程中，四门思政课教师在理论讲授过程中，本着"内容为主，形式为辅"的原则，分别进行了多种形式的课堂实践教学模式的尝试与实践。

（1）翻转课堂实践教学。翻转课堂迎合了大数据时代人们对网络信息技术及数据信息技术在实际生活中的应用，它可以让学生结合个性化的信息特征有效地运用"互联网+"方式来呈现学生对热点问题的关注与理解，进而达到内化教学内容的目的，同时也重塑了课堂教学的时空结构。正如习主席2019年1月25日在十九届中共中央政治局十二次集体学习时讲话强调的："在这一历史进程中，互联网作为划时代的工具，推动人类进行新的传播革命，推动我们进入全媒体时代，信息无处不在、无所不及、无人不用，导致舆论生态、媒体格局和传播方式深刻变化……"[1] 将翻转课堂教学模式应用到思政课课堂实践教学中是深化"3+2"教学模式的一次有益尝试。思政课翻转课堂充分运用了信息化教学元素，实现了在师生角色、交流和考核方式上的重大变革。[2] 同时，翻转课堂改变了传统的教学理念，构建了一个课前自学消化、课中探究内化、课后巩固实践的三位一体应用体系，形成了以学生为中心的交互式学习方式，极大地推动了思想政治理论课的创新和发展。思政课教师应根据教学内容提前布置交流内容和题目，学生根据老师布置的问题自由组合，并以小组为单位制作PPT，利用2/5的课堂实践时间参加大班的学习交流。在这样一个角色和位置互变的过程中，学生的学习潜能和创造力被充分调动起来，同时在自己参与、亲身感悟过程中体会到思政课学习的趣味，从而进一步认识到思政课的价值和魅力。

（2）课堂对话式实践教学。为实现大学生对马克思主义理论的"真懂""真信""真用"及在教学中引发学生的思考，进而达到教学的共鸣，思政课教师应根据教学内容与教学目标进行对话式的教学设计。对话式教学是教学实践改革最基本也是最核心的内容，案例式对话、问题式对话、讨论式对话、思辨式对话、情境式对话及网络对话等都是对话式实践教学的可行性方式。在"3+2"教学模式中，通过每一个"3""2"的精心设计，教师能够充分利用课堂实践的20分钟，在师生的对话互动和双向交流中，教师不再是传统的"灌输"，而是引导学生学会创造知识和创造性运用知识，启发学生面对热点问题和切合自身的实际问题时学会理性思考，进而达到分析悟道的目的。同时，面对学科交叉综合的趋势，传统教学模式下单靠思政理论课教师个人是无法向学生展示对问题的多思维、多角度及多论点的，而在师生对话式教学过程中，思政课教师可以利用学生的学科特点，通过学生关注的问题启发学生的学习兴趣、学习态度、学习意志力进而拓展对问题的不同理解。因此，在课堂对话式实践教学探究中，思政课教师通过激发学生学习的主体性，努力做到让学生对思政课理论"入脑""入心""入行"。

（3）制作微电影实践教学。微电影的出现代表了新时代影视教育全新模式的创新与探索。微电影实践教学法因其迎合了信息时代全媒体、融媒体不断发展需要及新时代大学生追求时尚、个性化的特征，日益成为思政理论课实践教学的热门模式。这种实践教学模式让学生在团队合作的过程中充分发挥学习的主动性、兴趣性及创作的个性化特征，达到课内和课外双教学的有机统一。微电影教学法通过在明确主题的情况下让学生自编、自导、自拍微电影，可以有效地解决当前课堂实践教学单一的问题，实现知识体验、能力锻造和德行培育的实践育人目标。在具体实施过程中，首先思政课教师可根据教学安排提前布置与教材内容相关的微电影主题，让学生在同一大班级中自己组创团队；其次团队根据对主题和对应教学内容的理解，在相应分工的基础上按照"贴近生活、贴近实际、贴近学生"的原则自编自导自演微电影，完成相应主题的微电影实践教学作业；最后教师可提前筛选出优秀的微电影作品在课堂上与学生进行交流和分享。例如，《马克思主义基本原理概论》中在讲到第二章真理和价值时，在提到人生价值及人生境界的追求时，教师可提前布置微电影作业，让学生自己去寻找生活中的真善美，通过实践去体悟对人生价值的追求。

（4）写一封家书实践教学。习主席在2018年全国教育大会上强调"培养什么人，是教育的首要问题"，"要把立德树人融入思想道德教育、文化知识教育、社会实践教育各环节，贯穿基础教育、职业教育、高等教育各领域，学科体系、教学体系、教材体系、管理体系要围绕这个目标来设计，教师要围绕这个目标来教，学生要围绕这个目标来学"[3]。通过学习全国教育大会精神，学院深刻体会到习主席对新时代教育提出了新的要求，把立德树人放在教育的首要位置，同时明确了新时代学生的基本素质和精神状态。因此，新时代的高校思政课教师在教学中要与学生专业结合起来，进行渗透式、嵌入式、融入式等多种教育方式的创新和努力。在此基础上为进一步探究思政理论课"3+2"教学模式，在"思想道德修养与法律基础"这门课中探索"一封家书"感恩教育的实践教学模式。[4]在思修课中，教师须根据理论教学的需要选择合适的实践教学内容。例如，在讲到道德部分时，思政课教师先完成对相关知识体系精致的讲授，然后腾出20分钟的时间让学生写一封家书。在家书中，让学生讲述入学以来的所见所闻，及离开家人后对父母爱的思考及对朋友的想念等。同时，鼓励同学互相交流，并在课堂上分享自己的书信，以此增强感恩意识和孝道观念。在教师与学生进行家书的共读和交流中，让学生在不自觉中接受感恩教育，从而提升道德责任感。

（5）主题演讲式实践教学。主题演讲式实践教学以课堂的实际效果为出发点，体现了教师主导和学生主体的统一，重塑传统师生关系，提高学生学习效率。学院将这种教学法运用到思政课中，对学生、教师、思政课本身都有重要意义。学生是课堂教学活动的主体，"3+2"教学模式其目的是让大学生深度参与课堂教学活动，增强学生在思政理论课中的获得感。主题演讲式实践教学是思政课课内实践教学的又一种探究方式。"思想道德修养与法律基础"是大学新生最早接触到的一门思想政治理论课，内容涉及生活适应、理想目标、人生价值、恋爱观及家庭观等，与大学生的日常生活实际联系密切，可以以主题演讲比赛（如"时代、青春、理想"主题演讲）等各种竞赛为主要形式，引导学生在互动、体验中健康成长。

（6）诵读经典式实践教学。对于大学生而言，接触经典并坚持诵读经典，一段时间后会润物细无声地滋润学生的心灵，让学生在感受经典魅力的同时获得知识的喜悦与成就。大学思政理论课的学科性质与马克思、恩格斯经典著作及相关文献选集是紧密联系在一起的，同时诵读经典在培育核心价值观、了解和弘扬中华优秀传统文化等方面都起到重要的作用，因此诵读经典式实践教学成为"3+2"教学模式的又一种尝试。在"经典诵读"理论和实践创新中，通过提升大学思政理论课的实效性，实现立德育人目标。"马克思主义基本原理"一课的学科性、理论性较强，教师可以与学生共同诵读马列主义原著经典语段，让学生领略经典原著的理论魅力，但是在实践教学过程中也需要思政课教师在制定规划、选编读本、创新方法、营造氛围、培育特色等方面积极优化，以期发挥出经典诵读应有的作用。

3. "3+2" 教学模式实践意义

（1）摆脱理论之争，创新实践教学内涵。思政课实践教学内容与学生课外的社会实践是紧密联系在一起的，课外的社会实践无论从形式上还是内容上都会在一定程度上丰富思政理论课课堂。但我们不能忽视以下几点：第一，学生社会实践需要教师的引导和规范，而不是带领；第二，教师的主导作用不仅是要决定学生课堂上听什么、课后去哪里，更主要的是引导学生们对所接触到的人和事的进行正确的评价并帮助其树立正确的三观；第三，思政课学生学习的主体作用发挥不仅在于教师多样性课内教学实践模式的探索与改革，更体现在学生主动运用所学的理论知识分析和解决生活中遇到的问题，并在这一过程中产生兴趣、实现创造、树立正确的三观。基于上述认识和现有研究成果，"3+2"模式兼顾"内容"与"形式"，在"功能论"与"场所论"之外，创新"实践教学"内涵，缓解了理论之争与实践需要之间的现实矛盾。

（2）科学规划学时分配，为实践环节提供时间保障。现有课堂实践教学模式主要是依据教学理论内容，由教师适时嵌入实践环节。这往往不能保证实践环节的时间，容易给学生造成"实践环节可有可无"的错觉。"3+2"模式在形式上为实践教学提供了充分的时间保障，在实质上体现了对实践教学的高度重视。将课程总学时的2/5平均分配到每节课用于实践教学，既能减轻教师"长篇大论"的负担，又能给学生"积极参与"留有时间；既能督促教材内容的精彩讲授，又为实践内容进入课堂留有时间。

（3）发挥教师主导作用，强化理论与实践的深度结合。无论是课内实践教学，还是课外学生的社会实践都脱离不开理论与实践融合的必要过程，而这一融合的过程必须要有专职教师的正确引导。否则就有可能出现事倍功半、碌碌无为，甚至南辕北辙的效果。"3+2"模式强调教师事先对实践主题的确定和事中与学生代表的交流引导及事后对学生实践结论的评价。这不仅能提高实践的针对性，而且确保了实践效果的正向性；既能体现理论与实践结合的及时性，也能体现理论与实践结合的全面性。

（4）强调人文关怀，确保学生对实践主动选择。在日益注重人文关怀和心理疏导的当下，脱离学生实际的教学必定是尴尬的自说自话、自娱自乐。教师能否充分利用课堂，调动起学生的积极性来提高思政课的亲和力和针对性，使思政课彰显其时代性和吸引力是思政课教学成败的关键。"3+2"模式将教学实践的视野扩大到学生的生活实际——学生每时每刻都在社会实践；将选择时间内容、实践地点和实践形式的主动权还给学生；将形成实践结论的思考过程交给学生。这不仅能提高学生发现问题、分析问题的能力，也能让学生充分享受思考的乐趣；不仅能保障课堂教学的鲜活性，也能丰富课堂教学的实践性；不仅能弥补教师的实践不足，也有利于教学相长；不仅有利于师生互动，也能达到因事而化、因时而进、因势而新的效果。

（5）创新考核方式，追求真心喜欢与终身受益的有机结合。习主席在全国教育大会强调"构建德智体美劳全面培养的教育体系是我国教育一直以来努力方向"，"德智体美劳全面发展，既是对人的素质定位的基本准则，也是人类社会教育的趋向目标"，"让学生德智体美劳全面发展，归根到底，就是立德树人，这是教育事业发展必须始终牢牢抓住的灵魂"。[5] 习主席在这里强调了教育的灵魂就是培养德智体美劳全面发展的人，这是国家的大计，也是党的大计。大学思政课作为大学生思想政治教育的主战场，是主流意识形态传播的主渠道，因此教学的最终目标同样是培养德智体美劳全面发展的社会主义事业建设者和接班人。新时代对思政课教学的改革提出了许多新的要求，需要在改进中不断加强。考核形式也不仅限于知识内容的考核，教学的最终要达到学生真心喜欢、终身受益的目的。"3+2"模式在学生自主实践、自由发挥、充分展示的基础上，强调教师通过对学生实践过程和实践结论的考察、分析，进入并了解学生的精神世界；注重教师通过对学生实践过程和实践结论的评价、考核，影响并纠正学生的三观。这既能提高课程考核的针对性，也容易使学生愉快地接受；有利于实现润物无声的现实效果，也更接近于让学生终身受益的最终目标。

二、山西农业大学思政课课外实践探索模式探析

思政课课外实践教学延伸了教材内容，有利于拓展学生的视野，更重要的是能够促使学生课下自主学习，从而有效实现课上与课下学习、理论学习与实践提升的有机结合。

马克思主义学院四门思政理论课课外实践教学模式的运行情况如表1~表4所示。

表1 "马克思主义基本原理"课外实践教学内容及课时分配

序号	实验项目名称	类型			学时
		基础	综合设计	研究创新	
1	围绕课后思考题进行小组讨论				2
2	观看相关课程视频，撰写观后感				2
3	阅读经典，撰写阅读笔记				2

表2 "毛泽东思想和中国特色社会主义理论体系"课外实践教学内容及课时分配

序号	实验项目名称	类型			学时
		基础	综合设计	研究创新	
1	暑期社会实践活动，撰写实践报告				10
2	讨论课				2
3	可以再拓展其他形式，鼓励创新				

表3 "思想道德修养和法律基础"课外实践教学内容及课时分配

序号	实验项目名称	类型			学时
		基础	综合设计	研究创新	
1	观看一部爱国题材影片				2
2	做一件有意义的事				2
3	授课教师根据课程具体安排				2

表4 "中国近代史纲要"课外实践教学内容及课时分配

序号	实践项目名称	实践内容及基本要求	学时
1	读书报告	在教师指定的书单里选读若干篇马列经典文章或一本课程相关书籍，摘抄若干经典段落并完成一篇读后感	4
2	期中小论文	围绕课程相关内容，自拟主题写一篇小论文，要求结合现实，选题有针对性，分析有理有据	4
3	参观爱国主义教育基地	在任课教师指导下利用节假日以5~7人为一组，就近到一些革命纪念馆、革命教育基地参观，完成一篇考察报告	4
4	观看爱国教育影片	由任课教师提供与中国近现代史相关的、有说服力和感染力的、有教育意义的纪录片、影片等，完成一篇读后感	4

续表

序号	实践项目名称	实践内容及基本要求	学时
5	其他形式（如"生日报"、分组专题研讨等）	由任课教师根据课程内容自行拟定实践主题、制定实践要求并指导实施	4

注：在以下"中国近代史纲要"课外实践教学项目中，任课教师可任选一类实施，实践课时总学时为4学时。在"中国近代史纲要"改为3学分后，实践课时也调整为6学时，接下来学时会做相应调整。

三、思政理论课理论教学与实践教学的关系

基于思政课自身所具有的一些特点，如深刻的理论性、严密的逻辑性、严肃的纪律性及丰富的情感性和强烈的现实性等，要保持思政课的生命力，彰显思政的时代性，提升思政课的实效性，必须把课内实践和课外实践联系统一起来，确保理论教学与实践教学的紧密结合。在整合理论教学和实践教学的过程中，思政课教师必须认清理论与实践二者的辩证关系。二者的关系正如恩格斯提到的："全部社会生活在本质上是实践的。凡是把理论引向神秘主义的神秘东西，都能在人的实践中以及对这种实践的理解中得到合理的解决。"[6] 在这里恩格斯强调了实践是理论的来源、目的，同时理论对认识具有指导作用。落实到思政课教学中，即理论教学是实践教学的前提和必要准备，同时实践教学则是理论教学的延伸和深化。只有将理论教学与实践教学统一于一个完整的教学过程，才能真正促进大学生对理论观点和相关知识的认可、消化和吸收，才能内化于心、外化于行。同时，思政课实践教学能够突出教育的内隐性、渗透性与灵活性，通过学生主动参与、体验与感悟课堂中、校园里与社会实践活动，自主去发现、思考和解决问题，从而促使青年学生对国史国情、现行制度、价值观念的认同，最终转化为信念与践行标准，实现"入脑""入心""入行"。

四、实践教学模式运行过程中存在的问题

1. 互动不充分

思政课课堂由于受一些主客观条件限制，班级容量在200余人。班级规模比较大，阶梯教室的固定座椅设置不利于课堂分组讨论。最重要的是，相当一部分学生的学习观念还没有完全转变，从原来的教师"满堂灌"到现在的讨论式、互动式对话课堂教学还不完全适应。大班教学还使师生间、生生间的互动没有足够的时间和空间保证。一些互动性较强的教学组织形式，如案例教学等，适合在

小班课堂上组织实施，要想在目前普遍存在的思政课大班课堂上组织非常困难，难以达到预期教学效果。

2. 指导不到位

微电影实践教学需要服装、场景、道具、拍摄剪辑设备等，目前主要是靠学生自己解决这些问题，受上述条件限制，微电影实践作品整体水平不高。再加上一个思政课教师要负责 15～20 个学生班级的微电影实践教学，受时间和精力限制，仅能给予学生一些粗浅的指导，这在某种程度上也影响了学生微电影实践教学作品的质量。在不同专业实施微电影实践教学过程中，不同专业、不同班级、不同小组学生参与微电影实践教学的热情不同，能力差异较大。

目前的微电影教学存在教学主体能力不足、组织形式有待改进、教学内容深度不够和传播渠道狭窄等问题。只有针对性地解决这些问题，才能使微电影成为思政课课堂教学的有效补充，并不断提升其教学实效性和社会影响力。

3. 条块分割

"大思政观"理论指导下的思想政治教育强调教育人员参与的广泛性、时空利用的广延性以及内容体系的针对性和开放性。高校的"大思政观"有五个方面的含义，即大视野、大课堂、大教材、大目标、大队伍。它既是高校思政课教学的教学观也是方法论。从目标上看，它主张从知识目标向人学目标转变，关注人的和谐发展；从内容上看，它主张生活即教材，关注思政教学的针对性；从教学队伍上看，它主张全员育人，关注育人环境对人的潜在影响；从教学时间和空间上看，它主张时间和空间的现实、真实拓展，关注思政教学的时效性。山西农业大学建立了包括思政课专职教师、辅导员和各级党组织团组织参与的思政课教学体制，但在运行中条块分割，需要党委进一步推进和长时间的磨合，这样才能进一步推进思政课实践改革。

五、下一步深化思政课实践教学的思考

习主席在 2016 年全国高校思想政治工作会议强调切实加强和改进思想政治工作必须做到"五要"，即"要遵循思想政治工作规律"，"要用好课堂教学这个主渠道"，"要加快构建中国特色哲学社会科学学科体系和教材体系"，"要更加注重以文化人，以文育人"，"要运用新媒体新技术使工作活起来"。[7] 针对总书记的指示，结合自身思政课的现实情况，本着创新思政课实践教学形式必须构建大思政格局。"大思政"教学是体现和落实"大思政观"的重要途径，其教学的运行涉及面广、环节众多，除了遵循整个学校的教学运行机制之外，还要有学校

多部门的相互配合和统一领导，多学科的相互融合和资源的相互共享，多位一体的教学组织和特色师资的引进，三者的良性运行是保障"大思政观"实现的重要基础，在此基础上才能进一步推进和深化思政课实践教学改革。

参考文献

［1］推动媒体深度融合，做大做强主流舆论［N］.人民日报，2019-01-26.

［2］夏银银.新媒体时代高校思政理论课教育教学改革研究——评《高校思想政治理论教育教学改革研究与实践》［J］.新闻爱好者，2018（12）：105.

［3］习近平全国教育大会重要讲话金句速览［EB/OL］.人民网，http：//politics.people.com.cn/n1/2018/0910/c1001-30284629.html，2018-09-11.

［4］靖治.应用型高校"思想道德修养与法律基础"课实践教学改革研究——以"一封家书"感恩教育实践教学为例［J］.中小企业管理与科技，2017（12）：119-121.

［5］努力构建德智体美劳全面教育体系——二论学习贯彻习近平总书记全国教育大会重要讲话精神［N］.光明日报，2018-09-14.

［6］马克思.关于费尔巴哈的提纲（1845年春）［M］.//马克思恩格斯文集（第1卷）.北京：人民出版社，2009：501.

［7］习近平.把思想政治工作贯穿教育教学全过程［EB/OL］.新华网，http：//www.xinhuanet.com/politics/2016-12/08/c_1120082577.htm，2016-12-08.

论高校思想政治理论课实践教学的拓展优化*

李　伟**

山西农业大学马克思主义学院

摘　要：进入 21 世纪以来，特别是党的十八大以后，高校思想政治理论课实践教学工作稳步前进，逐步走向规范化。这既得益于党和国家对高校实践育人工作的高度重视，出台多个文件对思想政治理论课实践教学提出明确要求，也得益于学术界对思想政治理论课实践教学理论的广泛深入研究，还在于各个高校和广大思政课教师的行动落实与积极探索。新时代面临新情况、新任务、新要求，高校思想政治理论课实践教学需要继续不断拓展和优化。首先必须明确思想政治理论课实践教学目标，其次创新整合思想政治理论课实践教学形式，最后要逐步健全思想政治理论课实践教学机制，从而不断提升思想政治理论课实践教学的质量和效果。

关键词：思想政治理论课；实践教学；拓展

实践教学是高校思想政治理论课教学的重要环节，是加强新时代高校思想政治理论课建设、不断提升教学质量和思想政治工作质量的重要途径。党和国家高度重视实践育人工作，在不同时期多次出台相关文件，对高校思想政治理论课实践教学做出具体要求。学术界围绕思政课实践教学的理论研究也取得了丰硕的成果。再加上各个高校思想政治工作部门长期的探索和实践，绝大多数高校思想政治理论课实践教学已经全面展开，并取得了很好的效果。但与此同时，部分高校

* 基金项目：山西省高校哲学社会科学研究项目（思想政治教育专项）"大思政格局下高校实践育人工作协同机制研究"（项目编号：2018ZSSZ0013）。

** 作者简介：李伟（1989-），山西昔阳人，山西农业大学马克思主义学院讲师，研究方向为国际问题与大学生思想政治教育。

思想政治理论课实践教学落实不到位、形式化、不规范、教学质量不高等问题依然存在，实践教学效果与国家政策要求、形势发展变化、学生心理期待仍有不小的差距。如何推动高校思想政治理论课实践教学扎实有效和持续开展，不断增强思想政治理论课实践教育教学的针对性和实效性，始终是思想政治理论课教师需要重点关注和研究的现实课题。

一、思想政治理论课实践教学逐步规范

思想政治理论课实践教学经历了从无到有、从笼统到具体、从无序到规范的演进过程。党和国家对思想政治理论课实践教学的高度重视、学术界对思想政治理论课实践教学的理论研究，以及各高校的积极探索和实践，成为推动思想政治理论课实践教学逐步规范从而不断取得实效的重要原因。

1. 党和国家对思想政治理论课实践教学的高度重视

实践育人思想，既秉承了中华文化知行统一的优良传统，也是马克思主义实践观的重要体现。新中国成立以后，中国共产党一直将教育与生产劳动相结合作为党的教育工作的基本方针。进入 21 世纪，国家多次出台相关政策文件，强调要充分认识高校实践育人工作的重要性，对统筹推进实践育人各项工作做出了安排和部署。作为高校思想政治工作的主渠道和主阵地，同时作为高校实践育人的重要组成部分，思想政治理论课实践教学也得到了前所未有的重视。进入 21 世纪以来，中共中央、国务院、中宣部、教育部等多次下发的有关高校思想政治教育工作和思想政治理论课建设文件都有实践教学方面的具体要求。

其中，2004 年发布的《中共中央国务院关于进一步加强和改进大学生思想政治教育的意见》（中发〔2004〕16 号）指出，加强和改进大学生思想政治教育的基本原则之一就是要坚持政治理论教育与社会实践相结合，既重视课堂教育，又注重引导大学生深入社会、了解社会、服务社会。而后中宣部、教育部于 2005 年颁布了《关于进一步加强和改进高等学校思想政治理论课的意见》（教社政〔2005〕5 号），明确要求高等学校思想政治理论课所有课程都要加强实践环节。2008 年中共中央宣传部、国务院教育部下发的《关于进一步加强高等学校思想政治理论课教师队伍建设的意见》（教社科〔2008〕5 号）首次明确规定思想政治理论课实践教学学分，要求从本科思想政治理论课现有学分中划出 2 个学分、从专科思想政治理论课现有学分中划出 1 个学分开展本专科思想政治理论课实践教学。2011 年教育部首次制定《高等学校思想政治理论课建设标准（暂行）》（教社科〔2011〕1 号），规定实践教学纳入教学计划，落实学分（本科 2 学分，

专科 1 学分）、教学内容、指导教师和专项经费，建立相对稳定的校外实践教学基地，实践教学覆盖大多数学生。2012 年教育部等七部门出台的《关于进一步加强高校实践育人工作的若干意见》（教思政〔2012〕1 号）对统筹推进高校实践育人各项工作做出了系统安排，专门强调思想政治理论课所有课程都要加强实践环节，深化实践教学方法改革。在"05 方案"实施十年后，2015 年中宣部、教育部先后印发《普通高校思想政治理论课建设体系创新计划》（教社科〔2015〕2 号）和《高等学校思想政治理论课建设标准》（教社科〔2015〕3 号）。创新计划专题论述实践教学，从培养学生理论骨干和理论社团、提高校园文化建设的理论品质、整合资源三个方面努力强化实践教学。在 2011 年建设标准的基础上，2015 年建设标准提出统筹思想政治理论课各门课的实践教学，进一步要求实践教学覆盖全体学生。2018 年 4 月，教育部刚刚印发了《新时代高校思想政治理论课教学工作基本要求》，再次明确要求严格落实学分，从本科思想政治理论课现有学分中划出 2 个学分、从专科思想政治理论课现有学分中划出 1 个学分开展本专科思想政治理论课实践教学；提出实践教学作为课堂教学的延伸拓展，重在帮助学生巩固课堂学习效果，深化对教学重点难点问题的理解和掌握；要制定实践教学大纲，整合实践教学资源，拓展实践教学形式，注重实践教学效果。

通过上述文件回顾和梳理可以看到，中央文件及配套文件的出台，为高校进行思想政治理论课实践教学理论研究和实践探索提供了直接动力和政策支持。随着国家文件规定的具体化、清晰化，高校思想政治理论课实践教学也在逐步规范化、多样化。

2. 学术界对思想政治理论课实践教学的理论研究成果丰硕

随着国家政策文件的逐步出台和提高思想政治理论课教学实效性的迫切需要，实践教学成为思想政治理论课教师和学术界研究的热点课题，相关学术成果不断涌现，数量惊人。检索中国知网，以"思想政治理论课"和"实践教学"为关键词，可以检索到 1845 条文献；以这两个词作为篇名，可以检索到 2307 条文献；如果以主题进行检索的话，可以检索到 8855 条文献。以"实践教学"为关键词，检索《思想理论教育导刊》，共找到 84 条结果；检索《思想教育研究》，共找到 45 条结果；检索《思想理论教育》，共找到 15 条结果，这些文献几乎都是在研究和探讨思想政治理论课实践教学问题。①

从内容上看，现有文献基本上涵盖了高校思想政治理论课实践教学的方方面

---

① 检索时间为 2018 年 10 月 18 日。

面，主要涉及内涵、类型、特征、作用、原则、现状以及实施过程中存在的问题及对策。既有从整体上探讨思想政治理论课实践教学，也有研究思想道德修养和法律基础、中国近现代史纲要、马克思主义基本原理概论、毛泽东思想和中国特色社会主义理论体系概论、形势与政策五门必修课的实践教学问题；既有研究本科高校思想政治理论课实践教学，也有研究专科高校思想政治理论课实践教学；既有研究高校思想政治理论课实践教学的共性问题，也有研究个别高校的典型经验和创新做法。经过多年的学术积累和交流碰撞，关于思想政治理论课实践教学的很多方面已经形成了比较成熟、一致的理论观点。这些学术成果丰富了思想政治课实践教学的理论研究，同时为更好、更有效地进行高校思想政治理论课实践教学提供了有益的参考，推动实践教学工作不断向前发展。

3. 高校积极探索思想政治理论课实践教学的有效形式

除了政策推动和理论研究外，思想政治理论课实践教学的规范开展和有效实施离不开各个高校的积极探索和创新实践。实际上，越来越多的高校结合本校实际在实践中体现了思想政治理论课实践教学的特色及实效。

以山西农业大学为例，近年来，学校十分强调思想政治理论课实践教学活动，在严格落实国家政策文件规定的基础上，努力探索思想政治理论课实践教学新形式，不断完善实践教学相关制度和体制机制。第一，探索形成了"3+2"课堂实践教学模式，即将思政课课堂授课学时的3/5用于理论讲授、2/5用于课堂实践环节，并按照"教师在课堂上指定实践主题、实践时间、实践方式—学生按照要求课下自主实践活动—学生代表在课堂上向教师汇报实践成果—教师对学生实践成果进行课堂评价并针对学生的实践活动提出正确的实践结论—教师对学生实践结果进行科学考核"的顺序依次进行的教学模式。第二，建立了稳定的思想政治教育实践基地。学校以定点帮扶县为载体，以参与脱贫攻坚实践为重点，建立思想政治教育实践基地，通过在国家扶贫开发工作重点县选点、选事、选人，挖掘当地扶贫工作方面的先进人物和典型事迹，把扶贫素材作为大学生接受思想政治教育的重要内容，提高思政教育的感染力和吸引力，进一步拓展思政教育和国情教育的工作空间，构建青年学生思想政治教育与社会实践的耦合机制，使广大青年师生亲身参与到脱贫攻坚这一伟大事业当中，切实增强脱贫攻坚社会实践在思政教育中的重要作用，推动高校思想政治教育创新发展。第三，思想政治教育专业硕士研究生教学考察实习活动全覆盖。学校将教学实习纳入思政研究生培养方案，每年由专门的指导教师带队，组织所有思政研究生赴华东地区，在中共一大会址、南京大屠杀纪念馆、中山陵、中国近代历史博物馆、华西村等地进行教学实习。此外，学校还成立了高校思想政治工作实践育人协同中心，思想政治理论课实践教学成为研究和建设的重点内容。

二、不断拓展优化思想政治理论课实践教学

国家政策规定、学术界广泛关注研究和各高校的探索实践共同推动高校思想政治理论课实践教学逐步开展并走向规范化。经过几十年的努力，高校思想政治理论课实践教学取得了长足的进步，极大地提高了教学效果，增强了思想政治理论课的感染力和实效性。然而，与相当成熟规范的课堂理论教学相比，实践教学仍然是思想政治理论课教学的薄弱环节，依然面临着各种瓶颈，存在许多问题，从而制约了实践教学的有效开展，思想政治理论课实践教学质量有待提升。

1. 明确思想政治理论课实践教学目标

"教学目标是教学活动的起点与终点，教学活动实际上就是确立教学目标、追求教学目标、达到教学目标的一个文化活动过程。"[1] 思想政治理论课实践教学作为教学活动的重要环节，应当与课堂理论教学一样，有明确的教学目标。教学目标是否明确直接影响着思想政治理论课实践教学的质量和效果，但实际情况是，多数高校的思想政治理论课实践教学目标模糊不清，既不明确也不具体。《新时代高校思想政治理论课教学工作基本要求》指出实践教学作为课堂教学的延伸拓展，重在帮助学生巩固课堂学习效果，深化对教学重点难点问题的理解和掌握。[2]

思想政治理论课实践教学目标可以分为三个不同的层次。一是作为一个整体，思想政治理论课实践教学的总体目标应该与课堂理论教学目标一致，即坚定大学生的中国特色社会主义道路自信、理论自信、制度自信、文化自信；引导大学生正确认识世界和中国发展大势，正确认识中国特色和国际比较，正确认识时代责任和历史使命，正确认识远大抱负和脚踏实地；进一步增强大学生的理论认同、政治认同、情感认同，不断激发广大师生投身改革开放事业的巨大热情，凝心聚力共筑中国梦。总体目标是统筹思想政治理论课各门课实践教学的基础。二是高校思想政治理论课由五门不同的必修课组成，每门课的实践教学目标应该有所区别和侧重。在实践教学中，"马克思主义基本原理"课应该着重帮助大学生更好地理解和掌握马克思主义的世界观和方法论，增强运用马克思主义的自觉性；"毛泽东思想和中国特色社会主义理论体系概论"课应重点坚定大学生的"四个自信"，坚定在党的领导下走中国特色社会主义道路的理想信念；"中国近现代史纲要"课应努力帮助大学生了解国史、党史、国情，深刻领会历史和人民

是怎样选择了马克思主义,选择了中国共产党,选择了社会主义道路;"思想道德修养和法律基础"课主要增强大学生的道德和法制观念,培养社会责任感;"形势与政策"课则是帮助大学生树立"四个意识"、引导大学生做到"四个正确认识"、第一时间推动党的理论创新成果"三进"的核心课程。三是具体到每门课每一次实践教学活动都应该根据特定的教学主题设定明确、详细、具体的教学目标。

2. 创新整合思想政治理论课实践教学形式

思想政治理论课实践教学形式创新包括课堂实践教学形式的创新和课外实践教学形式的创新。有些人主观认为,思想政治理论课实践教学就是学生课外实践活动,这样一种认识首先就从场域上限制了思想政治理论课实践教学的广泛开展。[3] 实际上,思想政治理论课实践教学应当是理论教学之外的所有与实践相关的教学方式,它既可以体现在思想政治理论课的课堂之外,也可以体现在思想政治理论课的课堂之内,而且与课堂外的实践教学相比,课堂内开展实践教学在很多方面更便利、更有效。首先,课堂实践教学目标更明确,与课程理论教学联系更密切,理论教学为实践教学提供了必要的前提,实践教学可以使理论教学具体化,可以检验和巩固理论教学的效果。其次,课堂实践教学更易管理,教师的主导和指导作用更易发挥。最后,课堂实践教学更易实施,可以规避课外实践教学面临的很多难题,如安全风险、经费短缺、学生人数多而实践基地不足等问题。因此,高校思政工作部门以及思政课教师应该重新重视课堂实践教学形式的创新,包括师生互动、课堂讨论、情景模拟、翻转课堂、对分课堂等各种形式。

另外,思想政治理论课课外实践教学形式也应创新整合。课外实践教学按照实践场所的不同还可以分为校园实践和社会实践。校园实践活动丰富多彩,要充分发挥党团组织在大学生思想政治教育工作中的重要作用,把形式多样的校园文化活动与思想政治理论课实践教学目标结合起来,发挥校园文化活动的育人功能。思想政治工作部门也要主动发挥自身的作用,开展一些思想政治理论教育特色鲜明的校园实践活动,如鼓励学生创办理论社团、开展"理论之星"评选活动、举办马克思主义学习沙龙、多媒体创作展示、主题理论学习讨论会等。同样,思想政治理论课社会实践教学也应与大学生社会实践活动有机结合,丰富实践内容,创新实践形式,促进大学生在参观访问、社会调查、生产劳动、志愿服务、创新创业等社会实践活动的过程中实现思想政治理论课课外实践教学目标。思想政治理论课课外实践是全国各高校都需要进行的教学活动,因此既要整合现有的实践教学资源,又要鼓励大家结合学校、学院和地方实际,勇于创新、大胆探索、相互借鉴、共同提高，形成百花齐放的生动局面，树立各具特色的活动品牌。需要引起注意的是，思想政治理论课社会实践与一般的大学生社会实践在教学目标和组织实施上有一定的区别和差异。[4]

3. 逐步健全思想政治理论课实践教学机制

思想政治理论课实践教学能否持续、是否有效，关键还在于相关机制是否建立健全。这些机制大致包含了思想政治理论课实践教学的管理机制、运行机制、保障机制和监督评价考核机制等。

在管理机制方面，2015 年印发的《高等学校思想政治理论课建设标准》明确思想政治理论课实践教学的教学管理和责任部门为教务处、财务处、学生处、团委、思政课教学科研机构。很明显这些部门在思想政治理论课实践教学过程中发挥着不同的作用，这就涉及责任分工、沟通协调、相互配合的问题。在大思政工作格局下，思想政治理论课实践教学作为高校实践育人系统工程的重要组成部分，应该有专门的、明确的、更高的教学管理机构和负责人员。

在运行机制方面，高校思想政治理论课实践教学应当设立统一、明确的教学基本要求，逐步形成具有较强科学性、规范性和可操作性的长效运行机制。在实践教学活动过程中，要整合思政课教师和辅导员队伍，共同参与组织指导实践教学。教师在指导学生进行实践教学时要明确自身角色定位，既不能缺位也不能越位，防止实践教学活动放任自流或者体现不出学生作为实践活动主体的情况出现。

在保障机制方面，高校应该严格落实思想政治理论课实践教学学时、学分，划拨实践教学专项经费，建立相对稳定的实践教学基地。此外，学校要积极争取社会各方面支持，不断整合实践教学资源、拓展实践教学形式。

在监督考核评价机制方面，高校应该将过程考核与结果考核相结合，将学生评价与教师评价相结合，将思想政治理论课实践教学目标是否实现作为评价实践教学效果的重要指标。客观而言，由于学生人数多、教师数量少、实践形式多、地点时间不固定等各方面因素，要实现对所有思想政治理论课实践教学过程的有效监督和管理，仍然存在很多困难，目前考核的主要依据还是学生撰写的社会实践报告等文字材料。这样一种考评机制应该逐步得到改善。除了对学生的考核之外，高校教师在思想政治理论课实践教学活动中的组织、参与和指导作用应该引起足够重视。开展实践教学的最终目的是要实现思想政治教育目标，因此思想政治理论课实践教学目标是否实现应该是衡量实践教学质量和效果的终极之问。

参考文献

［1］武星亮. 提高思政课质量和水平，须着力增强教师的目标意识和能力［J］. 思想理论教育导刊，2017（9）：39.

［2］教育部关于印发《新时代高校思想政治理论课教学工作基本要求》的通知［EB/OL］. http：//www. moe. gov. cn/srcsite/A13/moe_772/201804/t20180424_334099. html，2018-04-12.

［3］戴钢书等. 高校思想政治理论课实践教学论［M］. 北京：中国人民大学出版社，2015：9-10.

［4］刘社欣等. 高校思想政治理论课实践育人模式创新研究［M］. 广州：世界图书出版有限公司，2013：56-60.

对实践育人体系和机制建设的总结与思考

冯 涛*

山西农业大学城乡建设学院

摘 要：实践育人体系和机制建设是实现高校教育健康、良性发展，提高人才培养质量的重要途径，本文结合城乡建设学院建院四年来的实践育人体系和机制建设中存在问题进行了分析和总结，并提出一些可行的建议与对策。

关键词：实践；育人体系；机制建设

理论教学一直在高校中被用作传授知识的主要教学手段，扮演着重要的角色，实践教学却一直作为辅助教学手段，没有在高校教育中发挥真正的作用，山西农业大学城乡建设学院现有五个本科专业：城乡规划、风景园林、土木工程、农业水利工程和农业建筑环境与能源工程。这五个本科专业都为工科类专业，实践性很强，所以学院自建院以来一直重视实践育人体系和机制的建设。

一、实践育人的内涵与意义

实践育人是以引导学生、激发学生自主实践探索能力为主的一种新型育人手段，通过培养学生自主实践的兴趣，使之能够在实践中更加有效地提高自身综合素质[1-2]。实践育人主要是提倡学生自主实践，用自主学习的方式去领会相应的教学要点，这种实践型的教学方式既能让学生掌握必要的理论知识，又能让学生将理论真正应用于实践。

实践育人工作是服务大学生成长成才的基本途径，通过实践有助于学生了解社会、增强社会责任感；有助于提高学生的动手能力、组织协调能力和沟通交流能力；有助于促进大学生素质的全面发展，加速大学生适应社会、融入社会的

* 作者简介：冯涛（1983-），山西太谷人，助教，山西农业大学城乡建设学院党委副书记，研究方向为思想政治教育。

进程[3]。

二、城乡建设学院实践育人体系和机制建设存在的问题

1. 与专业联系不够紧密，缺乏针对性的育人机制

学院现有的五个专业都为工科专业，在实践育人的活动中，也是偏向于理论宣讲，没有切实的动手实践，有些专业的实践活动仅限于参观或考察。这些形式的实践活动，由于缺乏针对性和专业性，容易使学生留下"走过场"的印象，难以得到学生的支持和欢迎，不利于学生的学以致用，基本不能提高学生的实践动手能力和专业应用能力。

2. 缺乏实践育人体系和机制的创新建设

目前，学院的实践育人活动在形式上缺乏创新、没有特色，也没有结合学院"十三五"规划的人才培养目标，即培养具有较强行业背景知识、工程实践能力、胜任行业发展需求的应用型和技术技能型人才，缺少对新时代大学生心理特点和需求的研究，具体表现在以下几个方面：一是缺乏针对性的个体实践活动，缺乏有效的指导，导致学生的实践收效甚微，无法从根本上满足学生的需求；二是实践活动的时间短，学生的动手实践和创新能力一般都得不到发挥；三是实践育人的活动内容及形式没有结合学生的知识水平和接受能力进行安排，缺乏合理性和科学性。学院土木工程专业的实践活动内容由于存在很多安全限制而得不到保证，更谈不上创新建设，这也是目前各高校土木工程专业普遍存在的共性问题。

3. 缺乏相应的考核评价机制

学院现在的实践育人活动的考核评价体系还有待完善，主要表现为考核模式单一，基本以书面实践报告为主；评定形式单一，没有形成相应的激励和制约体系，使学生对实践活动的参与积极性不高。另外，实践活动缺乏对实践的内容、主题及效果的关注，导致实践育人的效果非常不明显，难以达到实践活动的真正目的。

三、推进城乡建设学院实践育人体系和机制建设的对策

针对学院在实践育人活动中存在的问题提出了相应的对策，具体内容如下：

1. 加强实践育人体系和机制建设的针对性，与专业进行紧密联系

加强实践育人活动的针对性，体现实践育人的实用性，具体可以从以下几个方面进行：首先，要提高实践活动经费专业化。在开展实践活动之前，要结合学

生的专业进行具体的分析，从而使有限的活动经费能够投入到有效的实践活动当中，这样既可以提高学生的创造性，又可以增强实践活动的社会服务性和实用性，加强教学内容和社会实践的高度契合。其次，实行实践活动的专业化。学院要把教学科研课题与学生实践主题进行结合，开展专业研究活动，从而有效地提高学生的实践能力和专业素养。最后，还要实现实践活动内容专业化。学院要根据学生的认知水平和接受能力，有效地将实践活动的内容优化整合，提高其针对性，细化其具体实施方案。

2. 加强对实践育人体系和机制的创新建设

实践育人对于人才的培养有着重要的意义和作用，因此必须转变观念，把实践活动和素质教育、专业教育进行紧密的结合，进行不断的创新，从而推动人才培养工作的进行[4-5]。具体措施如下：第一，加强校企联合，实行工学结合的人才发展机制，使教学资源进行社会化的整合，减轻学院资金负担，既促进了企业的发展，又培养了学生的能力[6-7]。第二，加强社会实践基地建设，学院要建立多种形式的社会实践基地，形成育人、科研与教育的三位一体化发展[8]。创新是持续发展的主要动力，只有紧随社会发展潮流，不断对实践育人机制进行完善，才有可能培养出符合社会需要的人才，才能有效提升学生的实践能力。

3. 构建和完善考核评价机制

学院要对实践育人的各项工作进行统筹安排，保证实践育人活动的实效性，促进社会实践的规范化，具体的实施方法可以从以下几个方面进行：首先，要对学院的各项课程考核项目进行规范。要根据教学大纲的要求，确定实践育人的内容和目标，培养社会需要的创造性人才。其次，要加强实践育人体系和机制建设的过程管理。学院要建立学生实践活动经历卡，对实践的过程及其相关情况进行记录并评价，将其作为考核评价的主要依据。最后，加强学分的认证与规范，量化学分考核。学院可以让学生在规定的时间上交其实践经历卡，对其参加的实践活动进行监督和评价，一方面，可以提高用人单位对学生的信任；另一方面，可以强化学生实践活动的自觉性。同时，学院对学生的实践活动进行量化学分的考核，提高学生实践活动的平时积累。

实践育人体系和机制的实施效果需要通过考核评价机制进行客观的评价。通过考核评价，可以从中发现工作的"短板"，尽快补齐差距，提高实践活动的质量；通过评价激励，可以充分发挥典型示范带动作用，调动师生的积极性。在具体制定考核办法时，学院根据不同的考核对象制定不同的考核主题、内容等，从组织单位、教师和学生三个方面进行考核：一是对组织单位进行考核，主要考核安排是否合理科学、指导是否到位；二是对教师进行考核，主要考核指导学生开展实践教学活动是否有效，是否制定了详细的评价细则；三是对学生进行考核，学生的专业技能、思想品德、创新能力等都是考核的重点。通过学生的实践总结、心得体会、调研报告等，对学生的思想、能力等方面进行评价，帮助学生了解真实的自己和社会需求的各种差距，激发学生的学习热情；从而引导学生把实践锻炼转化为自觉学习的动力，提升道德境界，发挥实践育人的最大功效。

4. 注重学生主体、教师主导地位，完善实践育人理念

一是要充分体现教师在实践育人中的组织和引导作用，激发教师的热情和创造性。教师作为实践活动中的一部分，扮演着十分重要的角色，教师的热情和创造性往往能够决定实践活动发展的走向。因此，加大对教师团队的考核标准，完善教师的实践经费福利十分必要。

二是尊重学生主体地位，提高学生参与实践的热情，学生是整个实践活动的主体，要求学生拥有自主学习的能力，掌握自主学习的方法，主动参与实践活动。

三是教与学有效互动，进一步完善实践育人理念。在教师拥有了教学热情和创造性，学生拥有了自主学习的意识和动手能力的基础上，学院再开展实践活动将会事半功倍。学院通过专业课程的实训环节、社会实践小分队、社团实践活动等方式，在实践中充分联系教师与学生，产生实践育人的升华效应，扩大实践育人成果。

四、结语

实践育人与理论教育并不是对立的，而是相辅相成、相互影响的，实践育人体系和机制是将学生管理与教学开展进行深入性的结合，在注重巩固学生理论知识的同时，为学生能够开展实践活动奠定发展目标[9-12]。

实践育人是一项系统工程，学院必须建立和完善运行保障体系，确保实践育人机制能够长期运行。活动经费、师资队伍、实训场所、实训内容是完善运行保障体系的核心问题。首先要将实践育人机制经费纳入学院专项预算；其次要根据教师的专业、技能构建实践育人机制资源库，根据主要实践项目类型进行师资队伍管理，将有特长和专业水平高的教师纳入学院实践活动[13]；再次要构建校企合作的实训基地，充分发挥产学研的功能，为学生提供广阔的发展平台，使学生的综合能力得到充分提升；最后要合理设置实践育人的内容。

学院必须积极调动整合社会各方面资源，形成实践育人合力，努力构建全院

参与、课程化建设、组织化推进、社会化运作、多元化结合的长效机制，推动实践育人体系和机制建设取得新成效。

参考文献

［1］蔡健，罗嘉文，王亚煦．高水平大学建设背景下高校实践育人资源整合问题及其应对策略分析［J］．社会工作与管理，2018（2）：90-96．

［2］方正泉．高校社会实践育人实效性探析［J］．学校党建与思想教育，2017（19）：79-82．

［3］杨育箐．"电子商务人才实践育人创新创业基地"建立的实践与探索——以四川信息职业技术学院为例［J］．现代职业教育，2016（18）：54-55．

［4］姚祖军，冷涛，张博．创新高职学院实践育人机制探析［J］．现代企业教育，2014（10）：201．

［5］刘净彤．以素质教育为目标构建高职实践育人体系［J］．长春金融高等专科学校学报，2014（2）：71-74．

［6］陈伟，左艳．校企合作模式下应用性创新型人才培养实践教学体系的构建［J］．经济研究导刊，2016（12）：115-116．

［7］曹瑾．校企深度融合背景下高职院校实践育人体系建设的研究［J］．文化创新比较研究，2017（19）：99，101．

［8］倪春虎．政府、社会、企业共同参与高校实践育人的协同体系研究［J］．宿州教育学院学报，2017，20（1）：89-90．

［9］朱飞．地方普通本科院校实践育人体系探索［J］．创新与创业教育，2016，7（2）：60-62．

［10］闵江红，张琼楠娟．构建职业学校实践育人体系的探究与实践——以新疆林业学校为例［J］．漯河职业技术学院学报，2014，13（4）：3-5．

［11］张震斌，张启俭，周立岱等．环境工程专业实践教学体系改革与实践——基于辽宁工业大学特色［J］．辽宁工业大学学报（社会科学版），2017，19（4）：125-126．

［12］刘宏达，许亨洪．我国高校实践育人共同体建设的内涵、问题及对策研究［J］．华中师范大学学报（人文社会科学版），2016，55（5）：170-176．

［13］周一帆，陈晓君．打造实验教学育人平台，培养学生实践创新能力［J］．赤峰学院学报（汉文哲学社会科学版），2017，38（11）：153-155．

山西农业大学体育育人的实践与思考

毛晓霞　杨志峰　王文清[*]

山西农业大学体育学院

摘　要：高校体育是大学生由学校体育向终身体育转变的关键期。塑造"体魄强健、身心健康、人格完善"的时代新人，发挥好高校体育在培养社会主义建设者和接班人中的独特功能，是高等学校体育工作的主要环节。树立正确的教学指导思想、强化"课内外一体化"教学模式、抓牢"实践锻炼"的育人核心，真正促使大学生在体育运动中得到磨炼、获得成长。

关键词：高校体育；大学生；育人研究；实践锻炼

高校是为国家培养各级各类高素质人才的重要阵地。高校体育工作是学校教育的重要组成部分，"高校体育工作的好坏，直接影响到党的教育方针是否得到贯彻落实，关系到我国高级人才培养的质量，关系到我国大学生的身心健康"。除健身功能和娱乐功能之外，高校体育更有着强大的育人功能。体育活动中广泛的交往、激烈的竞争、坚持不懈的努力，都为青年学生人格的完善和素质的提高创造了机会和条件。特别是在教育改革的背景下，很多高校都在围绕"立德树人"的根本任务，坚持群众性、自主性、课外性、创新性、长效性原则，从打造特色项目、丰富活动内涵、优化活动形式等方面入手[1]，进一步加强高校体育文化建设，营造科学、合理、和谐的高校体育氛围，更充分地挖掘出高校"三全育人"、服务地方的内在潜力，实现高等教育资源的优化配置，使正在发展的高校体育少走弯路，更好、更快地进入良性运转的轨道。山西农业大学的体育教育历史悠久、特色鲜明，近年来推行了大学体育课程教学综合改革并取得了成效，组

---

　*　作者简介：毛晓霞（1979-），山西昔阳人，讲师，山西农业大学体育学院党委副书记，研究方向为思想政治教育；杨志峰（1970-），山西怀仁人，山西农业大学体育学院党委副书记，研究方向为思想政治教育；王文清（1962-），山西太谷人，教授，山西农业大学体育学院院长，研究方向为体育教学。

织了大量丰富的校内外体育活动，从体魄上锻炼学生，在人格上培养学生。

一、山西农业大学体育育人的开展情况

高校体育是学校体育的最后一站，也是大学生由学校体育向终身体育转变的关键期。塑造"体魄强健、身心健康、人格完善"的时代新人，发挥好高校体育在培养社会主义建设者和接班人中的独特功能，是高等学校体育工作的主要环节。然而，我国的学校体育长期存在"重育体轻育心""重体魄轻人格"的现象，以及将体育课与学校体育活动、竞赛、训练等割裂开来的情况，这就导致学校体育活动、竞赛等只是少数学生的专利，使"学生爱体育而不爱体育课"成为普遍现象。大学生体质健康水平整体持续下滑，学校体育对大学生意志品质、道德人格、社会责任、团队精神的培养差强人意，这些无疑背离了学校人才培养和体育课程目标。所以，高校体育教育"既要强健其体魄，也要文明其精神"，面对大学生普遍缺乏体育的正确认知观，没有形成良好体育健康价值观，缺乏体育思考等现象，山西农业大学体育教育着眼于未来，立足学生在校期间，以锻炼学生身体、增强学生体质，追求学生终身健康为主要目的，进一步完善了"课内外一体化""三自主"的体育教学模式改革，提出了"育人为本、健康第一、全面发展、服务社会"的教学宗旨，以"男拳、女操、人人会游泳"为教学特色，特别是在围绕大学生课余体育活动方面，提出了大学生课外体育锻炼次数要与体育课程平时考核成绩相结合、与《国家学生体质健康标准》测试相结合、与田径运动会相结合，提升大学生综合身体素质的"三结一提"实践特色。

二、山西农业大学体育育人的运行模式

1. 围绕立德树人任务强化育人功能

高校体育教育是推进体育强国建设和实施健康中国战略不可或缺的重要组成部分。高校体育教学和体育活动的有力开展，既能激发学生的运动兴趣，养成参与体育运动良好习惯，促进学生健康成长，又能带动全社会加强体育锻炼、促进体质健康。应该充分认识到，中国特色社会主义合格建设者和可靠接班人，必须德智体美劳全面发展，而且"德"居首位。2018 年 5 月 2 日，习近平总书记在北京大学师生座谈会上就明确指出："人才培养一定是育人和育才相统一的过程，而育人是本。人无德不立，育人的根本在于立德。"[2] 中共中央、国务院印发的《关于加强和改进新形势下高校思想政治工作的意见》明确要求，高校必须坚持

全员全过程全方位育人，把思想价值引领贯穿教育教学全过程和各环节，形成教书育人、科研育人、实践育人、管理育人、服务育人、文化育人、组织育人长效机制[3]。这就说明，新时代高校体育教育教学同其他教育教学一样，必须强化育人功能，坚持全员、全过程和全方位育人，将把思想价值引领作用贯穿教育和教学的全过程，切实肩负起锻炼和维护大学生身心健康的重任。

2. 围绕人才培养目标开展健康理念传导

2018 年 9 月 10 日，习近平总书记在全国教育大会上明确提出"要落实立德树人根本任务，发展素质教育，培养德智体美劳全面发展的社会主义建设者和接班人"。"体"就是强调高校要树立健康第一、终身体育的教育理念，开齐、开足体育课，帮助学生在体育锻炼中享受乐趣、增强体质、健全人格、锤炼意志[4]。在教育改革的背景下，把学校体育活动做实、做新、做精、做久，进一步推进学校体育教学向纵深方向发展，增强学生的体育意识，传授使其终身受益的健身技能。山西农业大学体育教育突出对学生终身受益的体育科学知识的传授，增加体育理论教学的时数，调整教学内容，开设学生感兴趣的、走上社会后适用的、对增强身体素质有效的终身学科。

3. 围绕教学实施效果开展体育育人研究

高校体育的根本特点是"技艺性"，通过身体练习学习技术文化进行育人是其独特的方式。无论是从促进大学生身心健康的人体适应性规律及提高大学生运动技能的身体认知规律要求，还是从培养大学生终身体育锻炼习惯的教学目标来看，均要强化高校体育"课内外一体化"的教学模式[5]，体育"课内外一体化"是指在开展常规性体育课基础上，有计划、有目的地组织大学生开展课外体育锻炼，并将学生参与课外体育活动情况按一定比例纳入体育成绩的考核。这是高校牢牢把握第一课堂教学主阵地和巩固、拓展第二、第三课堂育人要求的体现。当"每天锻炼一小时，健康工作五十年，幸福生活一辈子"的体育理念深入人心的时候，高校必须保证大学生享有获得体育教育的权利，拥有每天进行课外体育锻炼的空间和时间，若离开了具体的体育实践锻炼，体育育人就成了无本之木、无源之水，更谈不上体育文化的传承、体育精神的熏陶。山西农业大学体育教育一贯坚持课内教学与课外锻炼相结合，统筹规划，互相促进，使其形成一体化，这样的课内外一体教学使学生自主能动性得到体现，同时保留了传统教学优势，使教师和学生之间教学相长，体育教师跟学生结成了共同体，让学生学习也变成一个互相启发的过程，也就是主体与载体的相辅相成的关系，教师开发学生的潜能，学生在教师的指导下不断进步，实现体育理论和实践真正的内在贯通，以学习促实践，以实践指引学习，互为指导与促进。

4. 围绕终身体育开展习惯养成教育

大学体育教育以育人为宗旨，以满足学生个体成长和社会发展需要的"健康第一""终身体育"为出发点，以"培养自我规划能力，养成自主锻炼习惯，强化终身运动意识"为教学目标，深入了解体育文化和体育育人功能的价值和精神，严格执行《国家体质健康测试标准》，注重过程管理，开齐、开足体育课，推进大学生群众性课外体育锻炼活动常态化、机制化，切实发挥体育活动在促进大学生体育锻炼意识提升、习惯养成、意志磨炼、体质增强、健康成长的重要作用。山西农业大学深入贯彻国家教育政策，积极响应"全国亿万学生阳光体育运动"的号召，认真组织开展以"我运动、我健康、我参与、我快乐、我坚持、我胜利"为主题的阳光体育运动，推行山西农业大学阳光体育健身平台，在计米中，要求男女每次跑动距离至少1000米；在计次中，要求每次活动至少一小时。平台的推行旨在培养学生主动参与体育锻炼的习惯，锤炼学生拼搏向上、公平竞争的意志品质，全面提升学生的身体健康素质、思想道德素质和身体健康素质，使其养成终身锻炼的习惯。

三、山西农业大学体育育人的初步效果

1. 创新项目取得突破

近年来，山西农业大学体育教学实施了体育课程和课外体育活动相推进的方针政策，建立健全了学生体育竞赛体制，围绕学校七大竞赛活动，形成了体育锻炼课内外一体化，竞赛活动班院校三级共抓，大学生体育活动不断线的锻炼特色。此外，积极鼓励学生参与健身教练资格和羽毛球裁判资格等培训并创建大学生体育俱乐部。自2014年以来，学院分别在2015年、2016年大学生创新创业训练计划项目获得省级立项2项，1名学生的项目在山西省首届"互联网+"大学生创新创业大赛中获实践类二等奖。教师在课堂教学实践中探索出了"任务化""情景案例""体育社会话题辩论""模拟招聘"等多种教学方法。2015～2018年共有4位体育类教师获得山西农业大学教学风范奖，3位教师获得山西省六院校体育教学技能交流理论教学比赛一等奖。

2. 学习热情不断高涨

在新形势下以新思想为指导，山西农大体育教学以"学有所乐、学有所用、学有所长"为培养目标，让"我运动，我快乐，我健康"生活化、日常化，激发了学生体育兴趣，提高了学生体育锻炼的积极性，提升了学生的体育知识和技

能水平,增强了他们的体育实践能力。学院针对不同年级、不同体质和爱好的同学开设了不同的课程。除基础体育课和选项体育课外,学院开设了多项特色课程,对体弱及残疾的少数学生开设以运动生理学、运动医学、康复医学等人体科学的知识为基础,以中国传统养生方法和西方体育疗法相结合作为康复手段的保健体育课;为实现"每天锻炼一小时"的目标,体育学院郭瑞老师提出了"大学体育课程课内外'2+3'课程化教学的实效性研究"的课题,进行"边研究、边试点、边推广",即每周两次体育课,每次 50 分钟,每周参加 3 次体育社团课程化的课外体育锻炼,促使学生体育锻炼经常化、生活化,使学生由"要我锻炼"向"我要锻炼"转化,充分实现了学生身心健康、个性发展,有利于培养其终身体育的意识。

3. 学生身体、心理和社会适应能力得到协调

高校德育的目的在于提高大学生的道德品质。从这一目标考虑,体育教育同样具有德育功能,作为高等教育工作的一部分,既与德育和智育教育有许多相同之处,又有其独到之处,就其教学环境而言,主要以室外教学为主,育人于自然之中;就其教学形式而言,师生一起在户外学习,言传身教并行,增添了几多理解与亲情;就其功能而言,学校体育不仅能增强学生体质,提高其运动能力,而且能塑造学生的行为、品质、个性、情感等诸多素质,培养学生的竞争意识与团结协作精神,提高其争取胜利的信心和勇气,以及承受失败和挫折的能力,还能培养学生严密的组织性、纪律性、集体责任感、荣誉感,民族进取心和探索精神,提升学生的身体、心理和社会适应能力,促进大学生身心全面发展。多年来,学院教师组建的足球、田径、武术、啦啦操等代表队多次参加山西省、华北地区以及全国高等农业院校的体育比赛,取得了优异成绩,先后有 200 多人次获得集体或单项冠军,以 2017 年为例,校足球队夺得山西省大学生足球联赛校园组冠军;武术代表队在山西省大中学生武术锦标赛中共获得 3 项第一、3 项第二、2 项第三;拉拉操队在山西省健美操、拉拉操锦标赛中荣获 2 项特等奖;跆拳道队在山西省学生跆拳道锦标赛中获 2 枚金牌、2 枚银牌和 3 枚铜牌;篮球队在山西省大学生篮球锦标赛暨 CUBA 基层赛获得第四名;羽毛球队在山西省大学生羽毛球锦标赛上获得第三名。可以说,体育运动环境也是一种德育"默化"大课堂,能使学生在不知不觉中达到培养自身道德风貌和陶冶情操的效果,也能进一步提高学生的身体、心理和社会实践能力。

四、进一步强化体育育人工作的思考

1. 进一步探索开展体育课程思政的有效路径

体育作为高等教育的重要内容，其育人目标是把大学生培养成德、智、体、美、劳全面发展的社会主义合格建设者和可靠接班人；在育人思想上要牢牢把握和弘扬社会主义核心价值观，要充分利用体育课程的独特优势，真正把思想政治教育贯穿到日常教学中，真正在传统的体育课程中实现向课程思政的转变，形成专业课教学与思想政治理论课教学紧密结合、同向同行的育人格局，充分彰显中国特色社会主义办学思想和教学理念，使大学生通过体育课程中既能强健身心，又能精神健全，人格高尚。

2. 进一步利用体育活动引导学生自我教育

自我教育是指"在教育者的指导下，受教育者在自我意识基础上产生积极进取心，为形成良好思想品德而向自己提出任务，进行自觉的思想转化和行为控制的方法"，自我教育对个体的发展十分重要。学生在长期的训练和学习中形成了独特的自我认知特点和心理特性，他们在自我认知方面明显趋于稳定，自我意识迅速发展并且逐步趋于成熟，主体意识有了很大提高。大学生的基本独立人格使其能对客观事物做出基本的价值判断和理性选择，但同时，实践经验的匮乏和辩证思辨能力的不足导致了他们在自我认知方面也存在着一些问题，如"理想中的我"和"现实中的我"还有一定的差距，总是认为专业基础好就是优秀的，自我感觉理想化，所以引导大学生正确地认识自我，树立远大的理想和目标，帮助其克服自我追求的单一化，将自我发展和自身所担负的社会责任联系起来成为体育教育的一个主要内容。

3. 进一步利用体育教学塑造学生的精神风貌

高校体育的"技艺性"特点有利于培育大学生认真的参与精神、知行合一及"公开、公平、公正"的精神品质；高校体育的"艰苦性"特点有利于培育磨炼大学生顽强拼搏、吃苦耐劳的精神；高校体育的"人文性"特点有利于培育大学生友爱、和谐的精神品质；高校体育的"情意性"特点有利于培养大学生良好的兴趣和持之以恒、永不放弃的精神品质；高校体育的"竞争性"特点有利于培育大学生追求卓越的自我超越精神和规则意识；运动项目的"合作性"特点有利于培养大学生团队合作精神与责任意识；等等。充分挖掘高校体育中大学生精神的丰富内涵并在教育实践中加以引导，必将对塑造大学生的精神风貌起到十分重要的作用[5]。

4. 进一步利用参加体育竞赛拓宽学生的视野

在高校体育教学中引导学生树立和增强团队合作意识十分重要。当今世界是一个需要树立和践行合作共赢、分享共享理念的世界[6]。多种多样的体育竞赛可以锻炼学生的意志品质，催人奋发进取，培养集体观念，还可以拓宽学生的知识和思维视野，最终达到培养品德高尚、自信、务实，掌握专业本领，德智体美劳全面发展的人才的目的。

习近平总书记指出，"青年兴则国家兴、青年强则国家强"。新时代的高校体育不仅担负着强健全民体质的责任，更肩负着立德树人、实现"健康中国2030"和"两个一百年"战略目标的责任。中国的高等教育改革要有服务健康中国、幸福中国建设的使命与担当。《健康中国2030规划纲要》鼓励青年进行体育锻炼、提高身体素质，而高校体育作为青年学生接受体育教育的最后阶段，是实现"终身体育"的关键一环，更需要我们勇于构建面向全体青年的大学体育教育新格局。

参考文献

［1］李英杰. 新常态下高校体育育人模式的探索与实践［J］. 玉林师范学院学报，2017，38（6）：54.

［2］在北京大学师生座谈会上的讲话［N］. 新华网，2018-05-02.

［3］关于加强和改进新形势下高校思想政治工作的意见［N］. 新华社，2017-02-27.

［4］习近平出席全国教育大会并发表重要讲话［N］. 新华社，2018-09-10.

［5］钱利安，黄喆. 高校体育促进大学生精神成人的策略研究［J］. 湖北函授大学学报，2017，30（20）：8-10.

［6］黄德星. 强化高校体育教学的育人作用［J］. 社会主义论坛，2018，399（5）：62.

对提升高校教师实践育人能力的总结与思考

——以山西农业大学为例

赵富才*

山西农业大学人事处

摘　要：实践育人能力是教师能力的重要组成部分。本文分析了教师实践育人的四种作用，分析了实践教育中教师能力，培养学生爱国、励志、求真、力行品质的具体步骤和内容；总结了山西农业大学教师实践育人的六种途径和取得的成绩，在此基础上，阐述了评价教师的原则和要求，并提出了"能力培训+实践教学+产业服务+基地锻炼"的能力提升模式。

关键词：实践育人；教师能力；模式

实践育人是指通过人们改造自然和改造社会的有意识活动来培养人才。党和国家历来十分重视实践育人工作。坚持教育与生产劳动和社会实践相结合是党的教育方针的重要内容。教育部等部门在 2012 年 1 月 10 日发布的《关于进一步加强高校实践育人工作的若干意见》（以下简称《意见》）中指出，"实践教学是学校教学工作的重要组成部分，是深化课堂教学的重要环节，是学生获取、掌握知识的重要途径"。《意见》对高校实践育人工作做出了全面部署。《国家中长期教育改革和发展规划纲要（2010~2020 年）》也强调，要"强化实践教学环节。加强实验室、校内外实习基地、课程教材等基本建设"。《中共中央国务院关于全面深化新时代教师队伍建设改革的意见》指出，全面提高高等学校教师质量，建设一支高素质创新型教师队伍，着力提高教师专业能力，推进高等教育内涵式发展。

---

* 作者简介：赵富才（1968-），山西孟县人，编辑，山西农业大学人事处处长，研究方向为师资队伍建设。

习近平总书记十分重视实践在人才成长中的作用，他指出"既要向书本学习，也要向实践学习"[1]。"坚持学以致用，深入基层、深入群众，在改革开放和社会主义现代化建设的大熔炉中，在社会的大学校里，掌握真才实学，增益其所不能，努力成为可堪大用、能担重任的栋梁之材"[2]。习近平总书记在北京大学师生座谈会上讲话中指出，"人的潜力是无限的，只有在不断学习、不断实践中才能充分发掘出来"。"做人做事，最怕的就是只说不做，眼高手低。不论学习还是工作，都要面向实际、深入实践，实践出真知；都要严谨务实，一分耕耘一分收获，苦干实干。"习近平总书记在系列重要讲话中都强调教师要重视实践育人。例如，在全国高校思想政治工作会议上的重要讲话中，他强调要广泛开展各类社会实践，把远大抱负落实到实际行动中[3]。又如，在全国教育大会上他讲话指出："要努力构建德智体美劳全面培养的教育体系，形成更高水平的人才培养体系。要把立德树人融入思想道德教育、文化知识教育、社会实践教育各环节，贯穿基础教育、职业教育、高等教育各领域，学科体系、教学体系、教材体系、管理体系要围绕这个目标来设计，教师要围绕这个目标来教，学生要围绕这个目标来学。"[4]

一、教师实践育人的作用

1. 教师实践育人的作用分析

（1）激发兴趣。学生学习热情与参与程度有着紧密联系。培养"一懂两爱"的农业高级人才，需要教师激发学生学习兴趣，促进学生对农业科学知识的好奇心和探究的欲望。山西农业大学近年来涌现出的创业典型如黄超、江利斌等，都是大学学习期间在老师的指导下，对食用菌栽培产生兴趣，并在周边农村租用大棚，利用课余时间进行大量生产实践，针对生产中的难题再请教老师指导，最终掌握技术的。

（2）培养品格。中国特色社会主义大学教育的本质是培养社会主义建设者和接班人。作为农业高等院校，合格人才首先应树立为社会、为"三农"服务的理想和志向。完成育人任务，首先要看教师服务"三农"做得如何。如果教师乐于、善于和敢于到农业生产一线解决问题，就能为学生起到很好的示范引领作用。"纸上得来终觉浅，绝知此事要躬行"，生产实践中情况千变万化，问题层出不穷，许多是课堂上、书本中读不到、见不到的。学生通过实践真正深入农业、农村、农民，站在田间地头，在老师的正确指导下，能够真正了解实际需求，树立坚定、正确的"三观"。通过实践环节，教师也能够培养学生顽强的意志，增强他们不断克服困难的智慧和勇气。长时间的锻炼会塑造人格，使学生养成习惯，使优秀品格在学生中内化于心、外化于行。

（3）传授知识。实践是认识的目的、来源、动力和标准。实践的丰富性、创新性、差异性要求学生具备多层次的知识结构。对教师来讲，回答学生实践中随时提出的问题是对自身的更高要求，可能需要"十八般武艺样样精通"。通过实践，教师可以让学生亲自体验，从"眼中竹到心中竹再到手中竹"。利用这样的过程，能使学生通过自己认真、主动的思考来更全面地掌握学习的内容；对知识力求真正理解掌握而不是死记硬背；强调提出问题而不是简单知晓答案。

（4）提升能力。教师要想使学生实现从知到行的转化，使学生能够将课堂学习的知识变成能力，需要依靠实践环节。要掌握一项技能，学习者必须自身做出努力。实践的机会是学校、教师为学生提供的外部条件。通过实践使学生获得动手机会，可以促进学生将学到的书本知识、课堂知识变为实际能力。与此同时，实践是一个增加反馈、延长学习时间的过程。2007 年，英国面对近几十年间学生规模至少扩大 1 倍，导致老师与学生接触时间减少的问题，在对大学生的学术经历进行调查研究后认为，"反馈"在高等教育教学实践中最重要，尤其是面对面的反馈。"反馈、关注、响应、讨论"是学生想得到的。如果能够得到教师的反馈，学生每周就会学习更长时间。英国曼彻斯特大学提供一对一辅导，使学生学习经历个性化。牛津大学认为对理工科来说，教与学的过程主要是实验室的实践课、田野实地考察等。牛津大学近几十年间研讨班规模扩大而导致老师与学生接触减少，因此其实行了导师制，将教师和学生关系变为导师和受指导者关系，而不是大学主考官和考生的关系。[5]

2. 教师能力与育人效果分析

笔者根据实践育人的八个过程，围绕爱国、励志、求知、力行等品质培养，分析了教师能力在学生能力培养中的作用[6]，具体如表 1 所示。

表 1　实践育人中实践过程、教师能力及学生培养

实践过程	对学生的培养	教师能力	育人效果
提出问题	（1）激发学生学习主动性和研究欲望，鼓励创新； （2）注重联系实际	（1）指导学生主动寻找有一定难度、有创新的问题； （2）帮助学生明晰问题情境； （3）重点了解学生学习情况，指导学生选择问题的表现方式； （4）避免死记教科书中的条文、概念	（1）培养学生爱国，忠于祖国，忠于人民。面向实际，深入实践，把自己人生目标实现和国家、社会需要紧密联系，扎根人民、奉献国家，承担社会主义建设者和接班人的使命担当； （2）培养科学探索兴趣，在查阅资料、提出问题过程中有兴奋感、满足感

实践过程	对学生的培养	教师能力	育人效果
猜想假设	培养学生以能动的方式学习科学，掌握运用现有知识分析问题的方法和手段	教师运用先进教学理念，对学生进行鼓励或提醒，帮助学生思考问题	（1）激励志向，培养学生奋斗精神；培养其不怕困难，勇于开拓，顽强拼搏，永不气馁的品格；（2）培养学生分析问题的能力；形成科学态度和科学情感，培养为社会做出贡献的思想品质
制订计划	明确责任分工，提高团队意识	指导学生运用已学知识解决问题	培养学生求真精神，求真学问，练真本领。培养计划性、分工合作精神
进行实验收集证据得出结果	观察能力、收集信息和处理信息能力	（1）突出主体性、实践性、创新性；（2）了解并记录学生通过实践获得什么，还要记录学生参加了哪些活动、投入程度如何，有什么表现和进步	（1）培养学生力行品质，实现知行合一，以知促行、以行求知；（2）激发学生自信心。鼓励学生在不同侧面有好的表现，如在实验、调查、整理数据、团队组织等方面发挥自己的特长和爱好
反思评价总结交流	反思能力、总结能力、写作能力、表达交流能力，对实践数据和发现进行整理	注意观察学生表现，了解学生投入程度，在科学态度、研究兴趣、解决问题能力、团队合作等方面的状态和进步，并做好点评和记录	（1）鼓励学生善于将学到的知识落实到行动中，脚踏实地，一点一滴干出来，严谨务实，苦干实干；（2）重视学生形成性评价和终结性评价。形成有本校特色的育人案例

资料来源：靳玉乐．探究教学的学习与辅导［M］．北京：中国人事出版社，2004：145-146.

二、对山西农业大学教师实践育人总结及分析

1. 实践育人总结

（1）开展实践教学。学校认真落实本科专业类教学质量国家标准对实践教学的基本要求，不断增加实践教学比重，全面加强实践教学管理，提高实验、实习、实践和毕业设计（论文）质量。支持教师带领学生参加校内外实践。近年来，学校在创新创业教育上不断取得成绩。思想政治理论课都加强了实践环节比重。

（2）组织社会实践。重视社会实践育人是学校的传统。1978年3月，《山西

农学院学生守则》（以下简称十七条守则）施行。在十七条守则中，强调树立劳动观点，鼓励学生积极参加生产劳动，增强集体主义观念，积极参加各项社会活动。1980 年起，学校组织教师带领大学生广泛开展社会实践活动。师生走向农村，通过社会调查、开展服务、接触农民，了解"三农"。1988～1989 年，学校一大批青年教师带领学生在吕梁山、太行山集中开展了一至两年的社会实践。学校领导、青年教师通过发表文章、举办报告会等介绍和总结在思想认识、知识结构、服务能力等方面的收获。2005 年，学校出台《关于加强思想政治理论课建设的实施意见》，提出充分发挥教师主导作用和大学生的主体作用，增强大学生社会实践活动的针对性。2006 年 4 月开始，通过参加生产实习和教师科研等形式，学生在太谷县 8 个乡镇 15 个共建村开展了新农村规划设计、文化发展规划、科技带头人培育等"七个一活动"，帮助建设了一批特色鲜明、科技先导、文化浓郁的新农村示范点。同年暑期，280 名教师带领 6000 多名大学生深入山西全省 28000 多个行政村开展采集村情信息，制作门户网站，宣传党的方针政策，普及网络知识的实践活动，培训农民 30 万人次，发放资料 10 万余份。2007 年 6 月，学校创建了"师生受教育、农民得实惠"的基层党建新模式，举行了"千名师生进乡村，百项成果入农户"科技助推活动。学校 15 个学院党总支与太谷县 15 个新农村建设示范村合作共建。近年来，在教师带领下，社会实践主要围绕助力脱贫攻坚、服务乡村振兴等开展了系列主题活动。[7]

（3）服务地方需求。面向"三农"服务地方发展一直是学校坚持的实践重点。1993 年 4～8 月，山西农业大学农学系 5 名教师带领作物 901、902 班学生组成棉花生产服务队，进驻闻喜、祁县、夏县等产棉大区，进行全面的棉花生产技术指导，进行 4 个月棉铃虫综合防治。至 1996 年，农大师生以集团承包的形式，先后在平遥、临猗等 11 个县市承包指导棉铃虫防治，面积达 100 万亩，取得明显的经济效益和社会效益，仅闻喜、夏县、临猗三地就增加收入 1.42 亿元。[8]在此基础上，学校总结形成了获得国家级教学成果奖的"5-2-1 教学实践"模式。

（4）结合产学研用。资源环境学院紧密结合产学研用开展实践育人，形成学院特色。2008～2009 年，资源环境学院组织 10 多名教师带领 100 多名学生承担了寿阳、榆次两地第二次全国土地调查（以下简称"二调"）。实践中将"土地资源调查""土地规划学"等 10 多门课程知识综合运用，每一门代课教师都通过参与这项工作掌握了第一手资料，获取了教学中需要的最新数据，也使原来单纯通过课堂讲授的知识活了起来。学院 2009 年毕业的 53 名学生中有 12 人考取研究生，其余 41 名学生全部签订了就业协议，成为太原、杭州等地区众多公司争抢的"香饽饽"。在"二调"中，大学生从课堂走向田间，仪器测量、绘制图纸、整理数据，既掌握了理论知识又提高了动手能力，还培养了团队合作精神和人际交往能力。许多大学生在总结时说，是否参加"二调"成为当年择业的"敲门砖"，毕业生用实践中培养的能力赢得了多家用人单位的选择，同时为将来从事土地科学研究打下了基础。[8]

（5）重视基地建设。山西农业大学一直十分重视实践基地建设。山西农学院成立以后，改建、扩建了实习农场、工厂，建立了林果牧实习基地，加强教学实习。同时，积极开辟校外产学研三结合基地，培养学生实践能力。由于将实践教学与育人紧密结合，树立了教师和学生学农、爱农、务农思想和吃苦耐劳、艰苦奋斗的思想。[7] 近年来，园艺学院充分发挥校外基地实践育人作用，把园艺专业教师知识更新、学生实践技能提升与企业生产有机结合，积极探索"2+1+1"校企（所）联合培养人才的模式，取得了很好的效果，现已建立 10 个稳定的校外基地。这项教学成果获山西省教学成果特等奖。

（6）树立先进典型。学校坚持倡导教师要将理论与实践结合，直接服务"三农"。1999~2000 年，学校与山西人民广播电台共同举办"农大专家讲技术"栏目，播出 700 多讲，回答农民来信和现场咨询上千次。学校选出了一批把论文写在三晋大地的实践育人先进典型：有用自己心血智慧帮助建立双千亩果园，使浓郁果香香飘山庄，农民为其立碑的解思敏教授；有执着追求将"柴火"变财源，不断用科技创新推动山西产业转型、农民脱贫、乡村振兴，走出食用菌产业发展闪光道路的常明昌教授；有瞄准红枣产业亟待解决的裂果减收问题，致力于自主研发推广新技术，促进红枣产业稳定增收，被农民称为"枣神"的高培芳教授。

2. 山西农业大学教师实践育人存在问题分析及对策建议

笔者就"学校在提升教师实践育人能力方面存在不足主要有哪些？请提出你的改进建议"两个问题，对学校 15 位专家教授进行了访谈。受访教授提出意见（重复不计）共 28 条。其中，指出存在不足的 6 条，提出改进建议的 22 条。主要观点如表 2 所示。

表2 山西农业大学15位专家教授对提升教师实践育人能力的看法

存在不足	改进建议
（1）与过去相比，教师本身实践能力有所下降，青年教师尤为明显，影响了育人成效。主要原因是教师评价体系中忽视应用研究，影响了承担科研任务的教师走进产业一线的积极性，实践能力恐慌在高校教师中普遍存在； （2）教师拥有实践教学资源不够，包括实践基地、科研项目、团队人才、社会态度等。实践教学资源不足和教学广度不够； （3）从学校到学校，青年教师普遍缺乏丰富的实践经历和经验，尤其缺少服务教学的与专业结合的实践技能培养； （4）理论与实践脱节，人才培养与社会脱节，没有定位好培养哪类人才，需开设哪些课程； （5）学院在提升青年教师实践育人能力方面存在计划不周详、随意性大的问题； （6）公共基础课教师主要以课堂教学为主，实践环节比较弱	（1）在学院层面建立教师实践育人机构，形成制度，结合学科特点，定期组织教师交流汇报； （2）积极拓宽与知名高校、大型企业合作渠道，让青年教师结合研究课题深入生产第一线； （3）将实践育人作为一项建设任务，纳入人才强校项目，尤其是高层次人才建设工程中，明确具体考核指标，促进科研创新与实践育人的有效结合，实现教师实践能力和学生实践成效的提高； （4）在教师年度和聘期考核中，增加实践育人刚性指标，将实践育人作为教师教育教学中的一种自觉行为长期贯彻。同时，对实践育人成效显著的设立单项奖励，增强他们的荣誉感； （5）本科生科研训练和毕业实习应有充足时间，注重实验设计、室内分析、农田实践、毕业论文撰写等整个过程的完整性； （6）鼓励本科生参加更多的生产调研与校外基地科研工作，增加考核制度； （7）采用"基于项目的教育和学习"方法，聘请有实践经验的高级工程师来校举办讲座。青年教师到企业、研究院所实践一段时间； （8）修订人才培养计划，大三开设多个实践方向，学生可以选，并对应专业课和实习企业，减少一些内容重复的专业课，增加实践学时，延长大四学生毕业论文写作时间； （9）利用导师制和团队机制，加强青年教师教学技能和科研技能的培养，选送教师到华东师大等名校进行短期培训。教师到工厂或农业企业进行为期半年以上随岗实习； （10）鼓励教师参加行业或专业实践培训，并配套经费； （11）扩大教师国际化视野，选派教师出国深造； （12）形成多部门或学院协同机制，形成合力； （13）实践育人考虑区域特色、专业特色和个性化； （14）教师可以通过专业实践实习实训、开展第二课堂等形式培养； （15）以学生能力提升为核心确定一些标准，如文科的调查研究能力、口语表达能力； （16）围绕农村社会发展提倡学科融合，创新实践内容； （17）学校出台政策向提高实践水平教师们倾斜，纳入考核。建立实践团队，加强校内外基地建设； （18）人文社科教师课题少，经费少，自身社会实践少。本科专业实践是学生自行实践，存在老师"下不去"、教师缺乏实践机会问题。参与政府决策咨询少，对接难。指导学生创新创业训练不能得心应手，课堂教学不鲜活。人文社科教师缺乏鼓励社会实践的政策引导，社会考察、挂职锻炼、公益活动机会少； （19）教育教师要树立为社会、为"三农"服务意识，提高学生实践动手能力，打通成果转化"最后一公里"，靠为产业解决问题来得到大项目； （20）学校要确定教师必须每年半个月的社会实践时间，可以是指导学生实践、生产实习、参与社会调查、脱贫攻坚和美丽乡村建设； （21）加强企业顶岗实习，通过实践来巩固专业思想； （22）建立四年一贯制实践育人机制。大一学生认知教育，通过劳动课培养学生爱党、爱国、爱劳动思想，课前要讲明劳动的意义，课后要写出心得体会。大二学生要了解农业，通过暑、寒假社会实践走进农村。大三时教师项目中要有学生参与，科研成果推广等都要吸引学生参与。大四学生加强创新创业教育，搞好毕业实践

近年来，学校进一步发挥教师在实践育人工作中的作用，内容和形式上都有新的丰富和拓展，取得了很好的成绩。但还应清醒地看到，教师实践育人能力依然是学校师资队伍培养中的薄弱环节，教师自身的实践能力、创新能力与人才培养的要求还有差距；重理论轻实践、重知识传授轻能力培养的问题在一些青年教师中还不同程度地存在；实践育人基地建设数量和质量上都有差距。青年教师实践能力亟待提高；实践育人经费投入还待增加；积极调动整合社会各方面资源，形成实践育人合力开展不够，尚未完整构建起实践育人长效机制；评价教师实践育人能力的原则和要求尚不明确，需要提出和探讨。

三、提升教师实践育人能力的模式

1. 教师能力评价原则及要求

提升教师能力，首先应明确评价原则和标准，为此，笔者结合教育评价的要求[9]，围绕实践育人的特点，拟定了六方面的教师能力要求，具体如表3所示。

表3　教师实践育人能力的评价原则及具体要求

原则	含义	教师能力要求
教育性	强调形成性功能，淡化鉴定和总结功能。体现形成、改进和提高功能	（1）指导学生，促进其改进工作，提高水平； （2）坚持把学生的长处和不足反馈给学生，并提出建设性意见
真实性	在客观性事实基础上，对教育活动过程和结果做出准确的价值判断	（1）建立指标体系和评价标准，并进行详细说明，注重结果和过程了解； （2）注重隐性信息，掌握学生以何种方式取得业绩
动态性	教师在工作中不断改进和调整方式方法，这是一个活动的、持续的过程	（1）指导学生实践过程，适时进行调控，熟悉使用即时性评价、档案袋评价、分层达标评价等方法对学生评价； （2）立足学生进步和动态发展，在学生变化中完整把握发展情况，着眼于学生和自身比较的进步； （3）以发展眼光发现学生潜能，具备对学生未来发展的预见力，并提供支持和指导
协商性	教师与学生能协商讨论，达成共识，形成平等交流的信任关系	（1）改变自上而下，以权威方式评价学生的方式，考核内容和标准应征求学生意见，让学生参与，充分协调和平等交流意见； （2）重视学生在成绩、进步、不足、自我发展状况等方面的自我评价，自我反思，避免产生逆反心理

原则	含义	教师能力要求
多元化	以人为本，鼓励多元发展，着眼学生的情感和态度改变，鼓励自我纵向比较，获得积极内心体验	（1）参与评价主体多元化，如教师、学生、实验实践管理人员、企业人员、专业研究人员、家长、被评价学生等参与到评价中； （2）评价内容丰富性和标准的差异性，在知识技能基础上增加过程与方法、情感与价值的要求，广泛评价学生智能； （3）评价学生采取量化与质性评价相结合，在测试给分基础上，还可包括平时实践行为、项目调查、实践报告等。还可教师与学生面谈、行为观察等
伦理性	活动中坚持师德行为规范，包括对学生态度、处理和使用评价方式、正确行使教师权利义务	（1）忠诚教育事业，热爱学生，为人师表，教书育人，全面学习掌握师德规范要求，避免因缺乏相应师德认知带来不良后果； （2）尊重学生，不出现师德禁止和失范行为； （3）公正无私对待学生

资料来源：涂艳国. 教育评价［M］. 北京：高等教育出版社，2007：83-98.

2. 提升教师实践育人能力模式探讨

加强教师实践育人能力提升，笔者认为应重点做好以下三方面工作：一是做好总体规划，出台教师实践育人的相关政策；二是加强教师实践能力培训；三是系统设计教师实践育人教育教学体系，强化实践教育的标准意识。为此，笔者提出实施"能力培训+实践教学+产业服务+基地锻炼"的实践育人能力提升模式。

（1）能力培训。采取"走出去，请进来"的方法，三年内对专任教师进行实践育人全员培训，不断提高教师实践育人能力。要采取多种方式，聘用科研院所、企业中具有丰富实践经验的专业人才来校开展实践教学。专任教师特别是中青年教师每年要有实践经历，通过参加团队的方式，使其全部参与产业化科研项目。

（2）实践教学。教师要结合专业特点和人才培养要求，对照本科专业类教学质量国家标准对实践教学的基本要求，按照教育部规定的"人文社会科学类本科专业不少于总学分（学时）的15%、理工农医类本科专业不少于25%、专业学位硕士研究生不少于半年"要求，制定从事专业和课程的实践教学标准；加强实践教学研究和管理，提高实验、实习、实践和毕业设计（论文）质量；鼓励教师编写优秀实验教材；思想政治理论课所有课程都要加强实践环节；教师要把加强实践教学方法改革作为专业建设的重要内容，重点推行基于问题、基于项目、基于案例的教学方法和学习方法，加强综合性实践科目设计和应用；加强大学生创新创业教育，支持学生开展研究性学习、创新性实验、创业计划和创业模拟活动；系统指导学生开展社会实践活动。

（3）产业服务。构建教师全过程指导、学生积极参与的市县校协同产业服务机制，三年内逐步实现全体教师全员参与实践育人的目标。各学院要突出办学特色，结合各市县资源优势和发展需求，在服务乡村振兴的同时，分专业、教师团队构建实践育人工作平台。每个专业或者教师团队要结合人才培养和专业特点，组织学生按照"实践八步"开展工作。以创建全国高校实践育人创新创业基地为目标，制定《关于教师指导大学生实践教学工作量计算办法》，将实践活动列入教学计划，明确要求，鼓励全员参与。教师按"导师制"指导学生，着力提高6方面能力，从学生大一入校开始就明确指导任务，通过举办实践开题报告、中期进展汇报、结题报告等对教师和学生进行考核。实践育人成绩要作为教师聘期考核和职称晋升中教学考察的内容；学生成绩要和毕业资格、就业推荐相挂钩。教师在每个聘期（3年）自己完成或担任指导教师完成下列任务中一项：社会调查，形成高质量调查报告1次；开展1次不低于15天的产业服务志愿活动，提升社会责任感；参加1次产业化科研项目，推进科教融合、校企联合等协同育人，增强社会阅历。学校搭建青年教师志愿者支农支教平台，鼓励到贫困山区奉献青春，服务发展。

（4）基地锻炼。教师要参与实验室、实习实训基地、实践教学共享平台建设，中青年教师要在国家级实验教学示范中心，校所合作、校企联合共建的校内外实践教育基地，"农谷"高新技术产业开发区等基地进行锻炼。

参考文献

［1］习近平．党的十九届一中全会上的讲话［R］．2017．

［2］习近平．在同各界优秀青年代表座谈时的讲话［M］．北京：中央文献出版社，2013．

［3］习近平．全国高校思想政治工作会议重要讲话［N］．人民日报，2016．

［4］习近平．习近平在全国教育大会上的重要讲话［N］．人民日报，2018，24（25630）1．

［5］大卫·帕尔菲曼．高等教育何以为"高"——牛津导师制教学反思［M］．北京：北京大学出版社，2011．

［6］靳玉乐．探究教学的学习与辅导［M］．北京：中国人事出版社，2004：145-146．

［7］《山西农业大学百年集览》编辑组．山西农业大学百年集览［M］．北京：中国文史出版社．

［8］何玮．资环学院土管专业毕业生成为"香饽饽"［EB/OL］．山西农业大学新闻网，https：//new.sxau.edu.cn/info/1019/16297.htm，2009-04-21．

［9］涂艳国．教育评价［M］．北京：高等教育出版社，2007：83-98．

高校勤工助学的育人功能分析与路径探索

原广华　冯巧兰　薛轶娟　张　哲*

山西农业大学学工部

摘　要：勤工助学是解决高校贫困学生生活困难的有效手段，伴随其内涵不断丰富、受众群体不断扩大，新时期国家教育发展对勤工助学提出新的要求，成为实现全过程育人、全方位育人的重要平台。本文在以山西农业大学为例分析勤工助学工作现状的基础上，从塑造心理、锤炼品质、提升能力、增强理论与实践结合四个方面对勤工助学的育人功能进行探索分析，并对其实现路径进行深入思考，提出"两个加强，三个结合"的改进建议，以期完善高校的勤工助学工作，使勤工助学这一平台发挥出更深刻、更全面的育人功能。

关键词：勤工助学；育人功能；实现路径

根据教育部、财政部联合制定的《高等学校学生勤工助学管理办法》，勤工助学活动的含义为"学生在学校的组织下利用课余时间，通过劳动取得合法报酬，用于改善学习和生活条件的社会实践活动"。[1] 它既是高校贫困资助的重要方式之一，大学生通过付出一定的劳动来获得经济报酬以给养自我和完成学业，也是高校重要的实践课堂与实现全程育人、全方位育人的有效平台。

一、勤工助学现状分析——以山西农业大学为例

1. 运行模式

山西农业大学勤工助学工作由校学生工作部负责，由专职人员承担勤工助学

＊ 作者简介：原广华（1966–），山西交城人，山西农业大学学工部（处）部（处）长，研究方向为思想政治教育；冯巧兰（1971–），山西寿阳人，讲师，学工部（处）副部（处）长，研究方向为思想政治教育；薛轶娟（1981–），山西交城人，助教，山西农业大学学工部资助中心主任，研究方向为思想政治教育；张哲（1993–），山西平遥人，助教，研究方向为思想政治教育。

的统筹安排、服务咨询工作，连接用工单位与有意愿参加勤工助学工作的学生群体，与用工单位沟通岗位设置与数量要求，为学生建立信息渠道并筛选出合适人选推荐至用工岗位。

学生工作部积极为学生扩大获得勤工助学信息渠道。通过利用网络平台，建立讨论群，并在第一时间将岗位数量与相关要求等具体信息向学生公布；同时联系各学院辅导员，通过学院渠道向学生发布相关信息。以此双管齐下，确保勤工助学的信息以最快速度和最大覆盖面传达至有意愿的学生。

岗位的申请、审批过程实施"个人—学院—学校"三级流程，先由学生提交申请书，对个人情况、意愿、申请原因等进行简要阐述，学院分团委审核签字盖章，再提交至学生工作部，学生工作部依据学生情况与用工单位要求进行筛选，并组织学生填写勤工助学申请表与上岗通知单。申请书、申请表、工作考核、学生工资由学生工作部留档并建立电子化档案。

2018年，学校制定了《山西农业大学勤工助学实施办法》，对岗位的设置和管理、计酬及支付办法、学生申请勤工助学的条件、程序和原则等内容做出系统规定，进一步推动了勤工助学的制度化与规范化，保障了勤工助学切实发挥资助与育人作用。

2. 基本情况分析

学校重视勤工助学平台的建设，近年来，从岗位数量、参与人次、经费数量、岗位设置等方面分析，勤工助学工作整体向积极的方向发展。

岗位数量逐年增多，学生的参与度逐年提升。勤工助学岗位从2014年的270个增加到2017年的488个，提高了80.7%；学生参与勤工助学的主动性与积极性也日渐提高，其参与度由2433人次增加至3855人次，增加了58.4%（见表1）。

表1 2014~2017年山西农业大学轻工助学岗位数量及参与人次情况

年份	2014	2015	2016	2017
岗位数量（个）	270	389	450	488
参与人次	2433	3083	3507	3855

依照国家规定，及时调整勤工助学薪酬。勤工助学工资标准由原来的8元/小时调整为10元/小时，并将在新规定颁布后调整为12元/小时。2014~2017年，勤工助学工资总额逐年上升，由57万元增加至85万元（见表2），四年累计发放勤工助学工资293万元，充分体现了集中有限资金发挥最大资助效益的政

策设计初衷。

表2 2014~2017年勤工助学工资经费总额变化

年份	2014	2015	2016	2017
工资总金额（万元）	57	68	83	85

深度挖掘潜力，拓宽岗位设置渠道。学校积极发掘可提供的勤工助学岗位，给予学生更多的锻炼机会。据统计，2013~2017年学校提供勤工助学岗位的部门由29个增加到40个，增加37.9%（见表3）。增加的岗位主要来源于各学院管理岗位以及网络中心、期刊社、校友办公室等服务岗位。学校勤工助学岗位的设置比例也呈现出后勤服务型岗位所占比例逐渐下降，教学助理、科研助理、行政管理助理等岗位所占比例提高的趋势，2014~2017年，打扫教室与打扫校园的后勤服务型岗位所占比例由接近50%降为33.9%，这体现出学校勤工助学岗位结构日趋合理，工作内容日趋丰富的发展态势，逐步形成多岗位、多层次、多形式资助育人的新格局。

表3 2013~2017年勤工助学用工部门数量统计

年份	2013	2014	2015	2016	2017
用工部门数量（个）	29	36	37	40	40

二、勤工助学的育人功能价值分析

《国家中长期教育改革和发展规划纲要（2010~2020年）》强调："要把育人为本作为教育工作的根本要求，尊重教育规律和学生身心发展的规律。"2018年8月修订的《高等学校学生勤工助学管理办法》也多次强调了勤工助学的育人功能。

在加快建设高水平本科教育全面提高人才培养能力和构建德智体美劳全面培养的教育体系的大趋势下，勤工助学工作所发挥的育人功能受到高度重视，伴随着勤工助学学生主体的逐渐变化，即越来越多的中等收入家庭学生和小部分高收入家庭学生加入到勤工助学的队伍中[2]，高校的勤工助学工作面临着新的要求与挑战，深入挖掘勤工助学的育人功能价值成为重要课题，也是做好新时期勤工助学工作的坚实基础。勤工助学的育人功能可以主要概括为塑造积极健康心理、锤炼优良精神品质、提升综合素质能力和增强理论与实践结合能力四个方面。

1. 塑造积极健康心理的育人功能

大学阶段是学生心志塑造的关键时期，和其他同龄人相比，由于家庭的期望、自己的责任等众多因素，经济困难的学生会承受更大的心理压力，也更易产生不良的心理倾向，产生逃避的想法。[3] 同时，在部分贫困学生群体中会出现较强烈的自我保护意识，主要体现在不让其他同学了解自己的实际情况，虽然内心深处想要与人交流，但由于自卑而主动拉开与同学、老师之间的距离，更不愿意接受"施舍型"的帮助，长期处于这种状态，贫困学生极易形成抑郁、焦虑等心理问题。

勤工助学是对学生进行发展性资助的重要方式，相较于"施舍型"帮助，更容易使贫困学生接纳，在一定程度上减轻了他们的经济压力，进而缓解部分心理负担。更重要的是，在勤工助学过程中，学生体验承担不同的社会角色、工作和职责，接触到更多的人，不断地认识自我、丰富自我、完善自我，加速了自身的社会化进程，提升了客观评价和正确定位自身的能力[4]；参加各类助学工作岗位的客观要求也在潜移默化中锻炼着学生的人际交往能力，进而激励他们克服自我封闭、焦虑、偏激的个性缺陷，去主动适应、融入班级学校生活与社会环境，大大提高了学生的心理承受能力，引导学生正确认识困难，形成乐观自信的人生态度。

2. 锤炼优良品质的育人功能

自立自强，培养独立人格。随着"奖、助、贷、减、免"国家综合援助体系的逐步完善，部分学生已经习惯于被动地接受资助，产生了"等、靠、要"的认识偏差。勤工助学在育人过程中可以有效地纠正这种认识偏差，让学生真真切切地体验通过个人努力获得收入的过程，体会通过付出得到回报的愉悦感和价值感，充分调动学生的主动性和积极性，有效培养学生的自立自强精神。同时，这种生活自立能力的获得，能够深化自主意识、自主精神的培养，引导学生成为有独立人格的个体[5]。

尊重劳动，培养劳动精神。习近平总书记在教育大会中指出要在学生中弘扬劳动精神，而勤工助学正是进行劳动教育的最佳课堂。勤工助学岗位上辛苦的体力劳动和脑力劳动是劳动精神在学生中萌芽、生长的最好时机，由己及人，学生们也会更加尊重生活中从事各类工作的劳动人民。例如，山西农业大学属农林类院校，勤工助学工作中有涉及农事劳动的岗位，学生们在劳动中更能体会广大农民的不易，更能激发出学农、爱农情怀。因此，勤工助学在培养学生劳动精神方面发挥着重要功能，引导学生崇尚劳动、尊重劳动，懂得劳动的艰辛、价值与崇高，能够辛勤劳动、诚实劳动、创造性劳动。

感恩帮助，培养回馈意识。资助的目的在于育人，在从事资助工作时我们发现，部分学生不仅对国家的各项资助产生了依赖思想，而且会产生理所应当的心态，因此感恩教育十分重要。在勤工助学工程中，学生会感知到每一分收获后所蕴含的付出与劳动，进而会对国家对于大学生的无偿帮助心怀感恩，当自己存有余力时回馈自己曾经得到过的帮助，形成"资助—育人—成才—反馈"的良性循环。

3. 提升综合素质能力的育人功能

勤工助学是一种将经济资助、精神资助和能力资助相结合的发展性资助模式[6]，它在学生综合素质能力培养中发挥的作用是对课堂教育的一个很好的补充。

当代大学生群体中独生子女占有很大比例，团队精神、人际关系协调能力、团队协作能力不足，而在勤工助学活动中，可以与老师或者其他同学合作完成项目任务，这是团队协作、人际沟通能力的一种有效培养方式。学生在决定是否参加勤工助学、参加哪一类岗位、勤工助学期间如何协调学习、娱乐与勤工助学三者关系、合理安排自己时间的过程中，是对个人发展规划能力、统筹安排能力的极大锻炼。同时，勤工助学岗位种类多样，各有侧重，如专业技术类岗位有助于学生增强专业技能，行政管理类岗位对学生的办公软件操作能力与组织协调能力的培养起到促进作用等。[7]

4. 增强理论与实践结合能力的育人功能

勤工助学为学生搭建了实践锻炼的平台，从事专业相关的岗位可以在劳动中运用检验所学专业知识，将其付诸实践；从事行政服务相关的岗位可以在劳动中将自己的价值观和处世哲学与组织协调、沟通表达等实践体验相结合；而勤工助学更是一个帮助学生将日常的思想政治教育理论与生活工作实践相结合的难得机会。学生在勤工助学过程中感受到学有所长、学有所用，在实践锻炼基础上实现了理论结构的补充与理论认知层次的升华，大大增强了学生理论结合实际能力的能力。

三、勤工助学推动全方位育人的路径探索与思考

勤工助学四方面功能均发挥着重要的育人作用，是实现"全方位育人、全过程育人"的重要方式，为保障勤工助学育人功能的有效发挥，可通过工作条件的"两个加强"与工作实施的"三个结合"加以改进和完善：

1. 勤工助学工作条件的"两个加强"

一是加强对勤工助学育人功能的认识。从目前各高校勤工助学工作的实际情况来看，虽然其育人功能的作用已经得到一定发挥，但部分管理人员对于勤工助学育人功能的认识仍不够深入，仅仅将其作为解决学生经济困难的一种方式。这种观念不利于勤工助学的全面开展，也在一定程度上限制了其育人功能的发挥。因此，高校仍需要加强勤工助学兼具资助功能与育人功能的认识教育，及时转变观念上的误区与局限，为充分发挥勤工助学育人功能奠定良好的思想基础。

二是加强对勤工助学队伍体系的建设。勤工助学工作的顺利开展涉及多个群体，包括管理人员、指导教师、贫困学生，构建完善、专业的勤工助学队伍体系显得至关重要。勤工助学工作队伍体系对于教师的组成要求是全面的，通过构建"校勤工助学部门专职教师—工作部门指导教师—辅导员"三位一体的队伍体系，实现全员参与、全面覆盖、相互配合，同时可以不断增强各类型老师在其专业领域的能力与素养，这对勤工助学工作的有效完成有着重要的意义。

专职教师负责全校勤工助学的统筹安排工作，要实现学生能力与岗位职责的合理匹配，并对参与勤工助学的学生进行入职前的培训与指导，这要求工作人员对勤工助学岗位职责和学生能力水平进行精准把握；指导教师负责规划勤工助学岗位的工作内容，对学生日常工作进行引导与帮助，要最大化发挥指导教师对学生的教育引导效用，不能只停留在把学生当作单纯的体力劳动者或者完成事务性工作即可的工作状态，同时定期评估与反馈学生工作情况；辅导员需要定期和学生进行沟通和交流[8]，向学生传达勤工助学的最新信息，了解学生的心理变化和实际需求，了解学生参与工作的反馈意见。三方合理分工、有效配合，进而构建规范化、职业化、专业化的勤工助学队伍体系。

2. 勤工助学工作实施的"三个结合"

一是与专业教育相结合。勤工助学为学生提供了一个良好的将实践与理论相结合的平台，因此学校的专业教学应牢牢把握这一特点，促进专业教育与勤工助学的有机结合，不仅丰富了勤工助学工作内容，也强化了专业知识的教学效果。应加强学校各教学部门对勤工助学的重视程度，鼓励各个学院设置教学助理、各实验室与研究团队设置实验助理、科研助理等勤工助学岗位，使更多的学生在勤工助学中接触专业实践内容，在实践中理解与消化理论知识，在教师的指导下实现理论与实践的有机结合，进一步激发学生的学习兴趣与创造创新能力。

二是与校外资源相结合。目前高校勤工助学在工作薪酬和工作岗位数量等方面尚不能充分满足学生的需求。因此，学校的勤工助学工作应积极与校外资源相结合，拓宽校外勤工助学渠道，在社会上创设勤工助学的通道与窗口，实现勤工助学的基地化、实体化、产业化。在具体操作过程中可充分利用发掘校友资源，将企业带进校园；对于山西农业大学这样专业性较强的农林院校，可尝试与市县乡镇的农业部门接洽合作，在学生的寒暑假期间开辟一些勤工助学岗位，让学生们有机会将自己所学与工作实践结合，更加了解我国的国情民情，为目前的扶贫工作贡献力量。勤工助学与校外资源的结合为大学生提供了更多的岗位数量、岗位类型与工作平台，也扩充了勤工助学薪酬的经费来源。大学生可以更自主地选择适合自己有优势且满意度高的岗位，在具体的工作实践中检验自己，培养自身的"造血"机能，进一步增强自助能力。

三是与创新创业相结合。在创新创业背景下，对于大学生勤工助学来说，学校可尝试从以下两个方面进行创新，做到与创新创业工作紧密结合：

创新工作内容。过去的勤工助学岗位多是单一靠劳动力的机械劳动，其他类型岗位比例较小，为了充分发挥勤工助学的育人功能，可由学校勤工助学负责部门与校创新创业团队接洽，设置相关岗位，让学生充分地感受创业文化氛围，体验创业实践，也为学校创新创业团队注入新的血液，丰富学校勤工助学的内涵，实现三方的共赢。当学校设置内容更多的趋向于管理、创造和使用新技术等具有挑战性的勤工助学岗位，可避免学生对机械性劳作的厌烦心理，从而提高学生对勤工助学的参与度。

创新工作形态。以往的勤工助学多是学校设置岗位，学生只能依据岗位设置被动选择，创新创业背景下，学校应更多地鼓励学生既做参与者，又做策划者。校方可以制定相关的制度，开创勤工助学创新创业项目，将其作为创新创业教育活动的实践机会[9]，由学生自主策划，由学校给予资金、场地支持和专业指导，进一步推动和加强勤工助学和创新创业的有机结合。[10]

勤工助学是高校重要的实践教育环节，也是实现全过程育人、全方位育人的有效平台。勤工助学工作是一项系统工程，需要科学的认识、完善的组织、专业的队伍，各高校应当高度重视其育人作用的发挥，并鼓励相关人员工作实践中深入调研、开展研究，在内容和形式上不断丰富创新，充分发挥勤工助学的育人功能，实现经济资助、能力资助与精神资助的有机结合。

参考文献

[1] 教育部，财政部. 高等学校学生勤工助学管理办法［J］. 中国职业技术教育，2007

（22）：15-16.

[2] 王传历，卢珊. 高校勤工助学学生主体变化带来的挑战和机遇 [J]. 湖北经济学院学报（人文社会科学版），2017，14（12）：134-136.

[3] 陈秀娇. 关于勤工助学体系完善与育人功能发挥的思考 [J]. 高教学刊，2017（18）：136-138.

[4] 戴小兵. 论勤工助学在实践育人和资助育人中的作用 [J]. 淮海工学院学报（人文社会科学版），2018，16（7）：138-140.

[5] 王霞. 新时期高校勤工助学的育人功能 [D]. 华东师范大学硕士学位论文，2011.

[6] 郝菲菲. 高校勤工助学的发展及功能研究 [J]. 教育理论与实践，2012，32（33）：12-14.

[7] 刘昌滨，黎琼芳，李金兰. "五位一体"高校勤工助学现状及对策分析——以广西民族师范学院为例 [J]. 科教导刊，2018（20）：168-170.

[8] 巴达日呼. 高校勤工助学中的思想政治教育功能分析 [J]. 现代教育，2015（16）：31-32.

[9] 邢舒雅，王志宇，郭李维，邓雅媛. 创新创业环境下的高校大学生勤工助学实践研究 [J]. 中国管理信息化，2018，21（2）：206-207.

[10] 王琳琳. 创新创业教育背景下大学生勤工助学方法探究 [J]. 经济师，2018（5）：186-188.

校外协同育人

山西大北农农牧科技有限公司浅谈实践育人

山西大北农农牧科技有限公司

一、实践育人的含义

实践是相对于理论而言的。实践是人们能动地改造客观世界的活动，是"主观见之于客观的活动"。高等学校的教学活动也是人类的一种实践活动，而且是一种特殊的实践活动。教学活动按其不同的特点，又可以划分为两类活动：理论教学和实践教学。理论教学侧重于对理论知识的传授，传授内容是前人概括和总结的概念、理论、规律等，传授方式以课堂教学为主，教学方法以讲授为主；"大学实践教学则是指高等学校根据其培养目标的要求，组织和引导学生参与各种实践环节并使大学生能从中接受教育、培养综合素质的一类教学活动。"实践育人尽管不完全在课堂外进行，但一般不是在课堂上进行的，即使是实验课也不是完全意义上的实践教学，实践性、"做"和"干"是它的主要特征。

在中世纪的大学里已经有实践育人的雏形。随着 17 世纪工业革命的爆发，科学技术被广泛引进大学，实践育人就变得越来越普遍了。

二、实践育人在本科高校人才培养中的作用

1. 实践育人可以提高学生的思想政治素质

思想政治素质是大学生的首要素质。"培养什么人，如何培养人"是当前大学面临的两大基本问题。培养合格的社会主义事业的接班人，就要把大学生的思想政治素质放在第一位。大学生思想政治素质的培养，不仅要靠向他们传播马克思主义理论知识，即不仅要靠理论教学，更重要的是要靠实践教学。"在实践中，学生可以体会到劳动的辛苦与快乐，开阔了眼界，受到了实实在在的教育，尤其能认识到党在社会主义现代化建设中不可替代的领导地位，从而更有利于树立科

学的世界观和为人民服务的人生观和价值观。"

2. 实践育人可以提高学生学习兴趣，巩固学生的知识

学生学习的过程是获得认识的过程，但这个过程从总体上讲，不是从"实践"开始的，而是从"认识"开始的，是从学习间接经验开始的。理论知识本身都是抽象的，学生没有切身的感受，学习时就会感到抽象，有距离感，难以理解，有时只能靠死记硬背，这样对知识的学习不仅十分枯燥乏味，且死记硬背的知识也很容易遗忘。"由于学生的学习过程不可能从实践开始，但巩固理论知识和学会知识的应用则离不开实践环节。因此，在教学过程中必须加强学生学习中的实践活动，以便给学生提供更多的思维材料和更多的感性认识，只有这样才有利于学生巩固和深化对理论的理解。"

3. 实践育人可以增强学生的合作意识和创新意识

创新是每一所高校的内在要求。培养学生的创新精神和创新能力，特别要改变传统的教学方法，将以课堂教学为唯一教学形式转变为理论教学与实践教学并重，增强学生的合作意识、团队意识和创新精神。"通过实践育人，学生可以把课堂上的专业学习与实际结合起来，对学生的认知起到事半功倍的效果，同时经过不断的技能操作和训练，学生能够针对专业实际探索事物内在关系和变化规律，实践能以问题驱动的方式启发学生的思维，引导学生更好地理解、掌握、发现规律，尝试解决问题的途径，从而促进学生主动学习、积极思考、动手操作，引发学生的创新意识。"

4. 实践育人可以提高学生的动手能力，增长学生的实际才干

"艰辛知人生，实践长才干。"动手能力、实践能力主要是靠加强实践教学来培养和提高的。实践育人是培养创造性思维能力的有效手段，通过对实际问题的解决，培养学生科学的思维方式，增强学生的综合实践能力。"通过企业实习，学生能了解企业运作和管理的内在规律和相关规定，更好地接触工作实际。""对于企业内技术人员来说，动手能力非常重要，即使是精英型技术人员，基本的动手操作训练也必不可少。"[1]

三、深化与山西农业大学全面战略合作，加快创建世界级农业科技企业

大北农集团于 2017 年 9 月与山西农业大学签订协议，向学校捐助 500 万元，设立大北农教育基金。这一基金的设立，既有感恩学校培养莘莘学子的情节，也彰显着企业的社会责任，成效显著。山西农业大学历史悠久，声誉卓著，为我国

农业事业发展做出了杰出贡献。作为学院代表，动物科技学院办学历史悠久、文化沉淀雄厚、办学理念先进。学院历史可追溯到 1928 年铭贤学校成立的农科畜牧组，现有畜牧学和兽医学 2 个博士后科研流动站，畜牧学、兽医学和草学 3 个一级学科博士学位授权点，1 个兽医博士专业学位授权点。其中，畜牧学是山西省"优势学科攀升计划"和"1331 工程"统筹推进"双一流"建设重点学科。在二级学科中，有 1 个国家重点培育学科和 3 个山西省重点学科、1 个山西省重点实验室、5 个山西省重点创新团队、5 个山西省工程技术研究中心、1 个山西省协同创新中心和 2 个山西省产业技术创新战略联盟。此外，学院有 9 个系、9 个研究所、1 个动物医学国家级实验教学示范中心、2 个校内本科教学和科研基地、1 个国家级大学生校外实践教育基地，以及 50 余个校外产学研实习实训基地。

设立大北农公益基金是践行大北农集团报国兴农使命的具体体现。未来，学校会将大北农教育基金做成有特色、有亮点、有影响力的品牌，希望大北农教育基金能在学校人才培养领域做出更大贡献。大北农恳切希望依托山西农业大学优势，深化全面战略合作，推进自身早日成为世界级农业科技企业。未来，大北农将继续立足创新驱动发展战略，在推动中国农业现代化建设中充分发挥好引领与示范作用，携手更多高校为农业科技发展注入不竭动力，为早日实现中国农业梦贡献更大力量。

四、引进企业入校、实现企业需求与人才培养方案精准对接多渠道探索校企合作之路

山西农业大学动物科技学院与大北农科技集团股份有限公司本着平等合作、共同发展的原则，共同推动山西农业科技创新和农业供给侧结构性改革，在人才培养、科技研发等积极合作，建立了优势互补的全面战略合作关系。具体合作模式如下：

（1）校外基地建设。动物科技学院在大北农集团及其子公司建立人才培养和就业实习基地，落实卓越兽医师、卓越畜牧师、卓越农艺师等人才培养方案，与企业人才需求进行良好对接，创新校企合作培养人才模式，在校企合作培养人才上发挥示范作用。目前已与大北农总部、河北大北农和山西大北农等签订实习基地协议，并组织毕业生参加企业不少于半年的顶岗实习。

（2）设立奖学奖教金。大北农集团与山西农业大学签订 5 年 500 万元的合作协议，其中每年设立 50 万元"大北农奖学金"和"大北农奖教金"。奖学金用

于奖励品学兼优、有志于献身我国农业现代化事业的学生；奖教金用于奖励在"三农"教学、管理、服务领域有突出贡献的教职员工。奖学金、奖教金名额和评选标准由双方相关部门另行制定细化准则。同时，每年设立 50 万元"大北农创新创业基金"。基金用于资助青年骨干教师从事现代农业科技，特别是有关生猪养殖、饲料、动物保护、种猪、作物种子、肥料等领域的科学研究和学生创业活动。基金由双方共同管理并制定管理办法。

（3）设立院企共建实验室。大北农集团和河北大北农与动物科技学院共同建设本科实验室，实现人才培养和产业发展的有机结合，每年各出资 3 万元用于实验室修葺、实验设备维修和购置，以及企业文化的宣传和宣传展板的悬挂。

（4）大北农集团加入学院从 2014 年开始实施的"大学生创新创业能力提升工程暑期实践活动"，响应《国务院关于大力推进大众创业万众创新若干政策措施的意见》精神要求，充分发挥院企双方优势，创建产、学、研结合的实践模式，培养复合型、创新性畜牧兽医人才。

此外，随着合作的深入，大北农集团及其子公司还将与学院在企业人才培训、人力资源共享、联合科技攻关、推动成果转化和申报重大奖项等方面开展合作。

五、构建立体化实践育人体系

学校与企业合作，仅围绕应用型人才培养目标，本着服务地方区域经济的发展，建立校企实习基地，将人才培养与市场需求紧密对接，将学校专业和企业岗位相对接，不断创新合作模式和内容，搭建起基地共建，人才共训的人才培养合作共赢的平台。在企业设立学生学习工作室，分批安排学员和教导员深入企业一线学习，学生在工作的过程中遇到困难，不仅有部门主管可以请教，还可以随时咨询在企业的指导教师，可以对市场分析与预测、沟通技巧与谈判等课程的理解更加深刻。通过校企合作学生实习，学生专业贴合度更高，教师深入企业指导学生实践，了解了企业对人才的需求，丰富了实践经验，教学、科研效果明显提高。订单班校企互相融入育人模式，学校与企业达成订单班培养意向，设立订单班，从大一开始，学校安排专人每月至少一次为学生进行专业指导培训，为学生提供将、助学金，制定职业发展规划，学生接受企业文化的熏陶，利用节假日、寒暑假深入企业锻炼，参加企业大兴活动，根据岗位需求制订自己的学习计划，使学习目标更加明确。

构建立体化实践育人体系，采取专业认识学习和毕业实习两个层次，一种是采用校内实训和校外实践相结合的方式；另一种是实行导师制的实习管理方式：企业技术管理人员结合学校班主任老师共同作为实习老师，对整个实习过程的安全、专业和管理角度进行全方位的指导，实习/实训前校企双方互相考察，在学生进入企业之前由班主任老师带队，对实习企业情况进行摸底，确保实习环境的安全，同步实行过程监控，学生、老师、企业负责人可对学生的实习情况进行深入交流探讨。

近年来，山西农业大学实践育人模式不断改进，不断突破，企业也在不断寻找新的管理模式，学校将以此次交流会为契机，进一步深化校企合作，实现产教深度融合。一方面，不断推进校企合作，实现互利共赢的育人模式；另一方面企业与学校共建实验室、实习实训基地、实践教学平台，逐步完善与加强双方实习、实训、实践制度，推进实践应用型人才的发展。

参考文献

吴亚玲. 实践育人理念的哲学分析 [J]. 现代大学教育，2010（1）：13-17.

山西大象农牧集团实践育人的实践探索

山西大象农牧集团

引 言

人才培养的关键是素质培养。人才基本素质构成不仅要具有扎实的理论基础，还要有丰富的实践知识，同时现代社会要求团结协作精神、无私奉献精神、吃苦耐劳精神等，这些往往都不是在课堂内能培养出来的。因此，发挥企业的实践育人作用，在教学中培养复合应用型人才就显得至关重要。

山西农业大学动物科技学院办学历史悠久、文化沉淀雄厚、办学理念先进。学院历史可追溯到1928年铭贤学校成立的农科畜牧组，现有畜牧学和兽医学2个博士后科研流动站，畜牧学、兽医学和草学3个一级学科博士学位授权点，1个兽医博士专业学位授权点。其中，畜牧学是山西省"优势学科攀升计划"和"1331工程"统筹推进"双一流"建设重点学科。在二级学科中，有1个国家重点培育学科和3个山西省重点学科、1个山西省重点实验室、5个山西省重点创新团队、5个山西省工程技术研究中心、1个山西省协同创新中心和2个山西省产业技术创新战略联盟。此外，学院有9个系、9个研究所、1个动物医学国家级实验教学示范中心、2个校内本科教学和科研基地、1个国家级大学生校外实践教育基地，以及50余个校外产学研实习实训基地。

山西大象农牧集团有限公司起步于1989年，成立于1998年，通过30余年的滚动积累发展，将一家300只的蛋鸡场发展成为目前山西省最大的集种畜禽繁育、饲料加工、畜禽养殖及屠宰为一体的国家级农业产业化重点龙头企业。山西大象农牧集团是农业产业化国家级重点龙头企业、国家级"守合同、重信用"示范企业、全国农产品加工业示范企业、全国新农村建设百强示范企业全国诚信守法乡镇企业，全国妇女双学双比示范基地、国家星火计划龙头企业技术创新中心。集团通过"公司+基地+农户（家庭农场）"的经营模式，逐步形成了种禽繁育、饲料加工、肉鸡（肉鸭）屠宰、生猪养殖等产业链。集团下辖29个分

（子）公司，80 余处生产基地，基本形成吕梁聚落、雁北聚落、临汾聚落、长治聚落、晋城聚落、运城聚落六个生产基地新格局。公司直接安排农村剩余劳动力8000 余人，带动农户增收达 20 亿元以上，社会效益非常显著，走出了一条政府满意、公司发展、农户致富、生态和谐的循环经济产业链经营之路。

山西农业大学动物科技学院与山西大象农牧集团有限公司本着平等合作、共同发展的原则，以创新为动力，以发展为核心，在人才培养、科技研发、技术服务等方面开展十余年的合作，建立了优势互补的全面战略合作关系。具体合作模式如下：

一、成立大象励志班

双方于 2009 年开始共建"大象励志班"，由有志于从事畜牧兽医行业的二三年级本科生自愿报名组成虚拟班级，由企业领导或者部门经理针对企业文化、经营管理知识、职业规划知识、商务礼仪知识、行业市场知识等进行培训；同时为学生提供教学实习、毕业就业实习工作岗位；设立奖学金，用于鼓励班级中表现优异的学生；设立团学赞助基金，用于赞助学院学生的专业技能大赛、运动会、职业规划大赛等团学活动。励志班设立以来，累计有 400 余名学生参加"大象励志班"，其中 240 余名学生获得"大象励志奖学金"，200 名左右的学生参加大象的暑期实习实训活动。

二、安排学生暑期双创活动

动物科技学院从 2014 年开始实施"大学生创新创业能力提升工程暑期实践活动"，企业积极响应《国务院关于大力推进大众创业万众创新若干政策措施的意见》精神要求，充分发挥院企双方优势，创建产、学、研结合的实践模式，培养复合型、创新性畜牧兽医人才，组织学生在饲料、兽药、养殖等实践活动单位名单中选择一个，进行为期一月以上的企业实践活动。五年来，累计超过 200 名学生在大象集团参加此次创新创业活动。

三、提供顶岗实习专项岗位

应届毕业生顶岗实习是企业储备优秀人才的重要手段和有效方式，为规范实习管理，做好实习培养工作，使顶岗实习达到预期目的，为企业储备优质后备人才，特制定《山西农业大学学生顶岗实习方案》。实习对象是山西农业大学大四学生，实习时间是 6~8 个月，至实习学生返校答辩时终止。

四、制定"导师制管理"人才培养方案

导师制管理：各实习单位应按照《实习学生培养导师制管理办法》提前为实习学生安排导师，导师由分子公司总经理及以上人员担任。每月由各事业部组织集中培训或座谈交流一次，学习企业文化，专业知识，了解学生感受和需求。实习结束前，实习学生对实习工作进行总结，并向公司提交《实习报告》。由导师填报《大学生实习鉴定表》，对实习学生的实习情况进行评价。

五、实施新生入学教育和毕业生离校教育

近年来，在动物科技学院每年的新生入学教育中，邀请大象集团的高层领导或职业经理人到学院对新生开展专业认知教育和专业导学实践课的培训和指导；同时在每年的毕业生离校前，组织毕业生到大象集团进行离校前的行业认知教育。

六、成立大象经理人研修班

动物科技学院多次举办"大象集团职业经理人研修班""大象集团高管研修提升班"等培训班，参照 MBA 教学模式，分批次为山西大象农牧集团在职管理者围绕进行集种畜禽繁育、饲料加工、畜禽养殖、屠宰及深加工等方面开展针对性培训，并为成绩考核合格的学员颁发山西农业大学结业证书。累计有 120 余名大象集团学员参加培训，并获得证书。此外，学院教师，尤其是猪研究团队和鸡研究团队的教师积极与大象集团进行科学研究、成果转化和技术指导等方面的合作，帮助企业，尤其是与企业和合作关系的农户减少养殖风险，提高经济效益。

山西大象农牧集团与山西农业大学动物科技学院一直以来保持友好的院企合作关系，为莘莘学子提供了更多的实践机会。

浅谈实践教学对提升大学生
素质的现实意义

郭玉永

山西庞泉沟国家级自然保护区管理局

大学课堂是以讲授理论知识为主，与实践联系相对较少，这就造成了在社会与学校之间存在一个空档期，这种相脱节的状况需要实践教学来弥补。早在20世纪80年代，山西农大老一辈林学人就以庞泉沟保护区为实习基地，开创了林区综合教学实习的先河，40多年来，一代代林学人传承接力，始终坚持和不断加强实践教学这一人才培养的重要环节，并不断发展创新，为社会培养了大量高素质综合实用型人才。

一、林学实践教学的必要性

1. 林业的特殊性要求必须搞好实践教学活动

森林一般分布于大山深处，大多在江河源头地区，交通不便，信息不畅，生活较为艰苦，并且随着城镇化建设的推进，整体移民搬迁在促进群众脱贫的同时，也造成了林区人口大幅度锐减，除了夏季避暑短暂的人流如潮外，大多时候人烟稀少，长年与寂寞为伴。这就造成了在校大学生的认知问题，因为不仅从小生活在城市的大学生对森林缺乏认识，而且从小生活在平川的，甚至虽然出生在山区，但很小就整体移民走出山区，就读于城镇的在校大学生也对森林也没有近距离的接触与认识，面对这样的授课群体、这样的现状，必须解决第一步，即大学生对森林的认知问题，知其然才能知其所以然，所以说林学专业的实践教学十分重要。

2. 社会的不断发展进步要求必须搞好实践教学活动

山西林业从1998年停采后，实施天然林保护工程，森林得到了休养生息，资源得了巨大保护，但是因前期经费不足，工资欠发，林区陷入了极度贫困之中，为此实施了买断工龄、下岗分流、自谋生路等不得已的措施，在此状况下，林区彻底停止了招收大学生。直到2010年，随着国家政策的扶持、经费的扶持，陆续开始招收新人，但十余年的人才断档，与社会其他行业日新月异的发展相比，形成了巨大的反差，不仅林学专业奇缺，而且森保专业、计算专业、财会专业、文秘专业等都急需补充。这就不仅要求招来的新人专业知识要扎实，而且要马上进入角色，进入实战状态。所以，在校大学生们在走出校门之前，就要有一定的林业实用技术，一定的实践经验，把过去步入社会才经历的磨合期、适应期提前消化在学生阶段。

3. 培养综合型人才要求必须搞好实践教学活动

通过林区综合教学实习，把专业认知、专业调查、专业实践等相关课程全部贯穿在一起进行综合实习，不仅能使学生直接了解林业社会生产实际，巩固专业理论知识和操作技能，还能进一步牢固专业思想，强化专业素质，养成良好的工作作风与思想品德，同时通过集体野外实习，在生活、外业调查、内业分析等方面，增强了师生的互助、合作与奉献理念。

二、庞泉沟保护区具有得天独厚的林学实践教学优势

庞泉沟保护区建于1980年，是山西省最早建立的两个自然保护区之一，1986年晋升为国家级保护区，2006年被确定为全国51个国家级示范保护区之一。横跨交城、方山两县，面积15.6万亩。吕梁山脉主脊线横贯区内，最高处的孝文山海拔2831米，是华北第二大高峰，最低处阳坨台村，海拔1540米，森林垂直分布非常明显，森林覆盖率高达86%，区内主要分布有华北落叶松、云杉、桦树、山杨、辽东栎、油松等，已发现的高等植物88科828种，鸟类38科189种，兽类15科32种，两栖爬行类8科17种，昆虫1000余种，其中有褐马鸡、金钱豹等5种国家一级保护动物，鸳鸯、苍鹭等25种国家二级保护动物。物种丰富，森林茂密，巨大的水源涵养作用，使庞泉沟成为汾河一级支流文峪河的发源地，也是黄土高原上不可多得的一颗绿色明珠，对于农大林业实践教学活动具有良好的实习对象与环境。

三、实践教学的主要内容

1. 林学认知实习

通过实地观察、野外调查和识别环节，掌握野外气象要素的观测方法，认识森林植物、树木、森林土壤、森林昆虫和菌类等主要特征。

2. 森林生态系统健康管理综合实习

通过森林生态环境综合实习，认识森林生态系统特征，了解林火生态管理、林业有害生物综合防治、森林生态系统健康管理的基本方法。

3. 森林培育学林区综合实习

通过林区综合实习环节，了解林木良种选育过程和苗木培育生产，学习造林技术，了解幼林抚育、森林抚育采伐与更新、森林可持续经营等方法与技术。

4. 森林调查规划与可持续经营综合实习

通过森林调查与规划的实习环节，掌握森林计测方法，学习林业遥感与地理信息系统等现代林业信息技术，学习森林资源监测和评价的方法与技术，培养学生进行森林资源调查和编制森林经营方案的能力。

四、实践教学成效显著

庞泉沟保护区拥有丰富的动植物资源，除了日常的野生动植物保护工作外，科研宣传教育也是一项重要的工作，为更好地服务于社会，众多大专院校在此建立了实践教学基地，山西农大林学院连续40余年来在保护区开展实践教学活动，不仅积累了丰富的教学实践经验，培养了大量实用技术人才，而且取得了良好的社会声誉。

1. 提高了学生的业务素质

实践教学是检验理论的"试金石"，当前社会知识呈现高度分化态势，各个专业知识相互交叉渗透在一起，社会需要对知识提出了新的更高要求，摆脱单一的专业知识的束缚，对于大学生全面发展是非常必要的。大学生在实践教学过程中，将实践和理论融合为一体，加深了对原有知识的理解和分析，同时对自身知识存在的差距有了清晰的认识，明确了学习方向，从而激发了大学生努力学习业务知识，努力拓展知识面，增强了学习的原动力。

2. 提高了学生的思想道德素质

通过实践教学，学生们对林区的一草一木，对林业人的日常生活与工作情怀，对林业事业的重要性等各个方面，在耳濡目染中得到了潜移默化的提升，尤其对林业事业的热爱，表现出的不怕苦不怕累的顽强意志和团结互助的高尚情操也深深地感动着林业人。

3. 提升了团队的社会服务能力

通过实践教学，培养了一大批不仅理论知识过硬，而且实践经验丰富的年富力强的教师团队，社会各界纷纷邀请他们完成各类资源调查与保护规划、生态环境调查与质量评价、林地资产评估与生物多样性保护、林地更新与林业征占用林地调查评估、古树名木资源调查与评价、林区社会服务与森林资源监测以及森林旅游与康养基地建设等项目，为林学院赢得了良好的社会声誉。

五、发展建议

希望在实践教学的基础上，探索教学与科普基地共建、科学实验室共建、实践教学与科普活动联运等新的模式，建立长效机制，进一步促进实践教学的质量与效果的提高。

不断强化校企合作 深入推进产教融合

——以园艺学院与巨鑫公司合作为例

巨鑫伟业农业科技开发公司

山西巨鑫伟业农业科技开发有限公司（以下简称"巨鑫公司"）位于"山西农谷"建设核心区，占地面积 2000 亩，已成为集科技研发、新成果引进、科技展示、科技培训、科技推广、观光旅游、果蔬生产、加工、储藏、销售于一体的综合型农业产业园。自巨鑫公司成立以来，不断强化与山西农业大学园艺学院（以下简称"园艺学院"）的合作与交流，特别是双方针对技术和人才需求，创新内部管理体制机制，建立了"你中有我、我中有你"的良好合作关系，为巨鑫公司成长为山西省农业龙头企业提供了强有力的人才和技术支撑，同时有力促进了园艺学院的人才培养、学科建设、科技创新和科研成果转化，实现了企业与学院互利共赢。

一、做法和经验

一是以生产实习为载体，构建校企联合人才培养模式。围绕园艺、设施农业科学与工程专业学生的实际培养需求，每年分四批、共安排本科生 100 余人次到巨鑫公司进行为期两个月的顶岗实习，培养学生的实践能力和综合职业能力，同时为企业储备高素质的技术和管理人才。

二是以定期协商为纽带，强化园艺科技服务体系建设。针对巨鑫公司在试验试种、工厂化育苗、蔬菜和果树生产等方面存在的技术问题，园艺学院组织以资深专业教师为主体的技术服务团队，深入生产一线，提供技术方案、技能培训或跟踪服务，解决企业发展中的瓶颈制约，同时让专业教师在为企业技术服务过程中获得合理收入，激发专业教师创新创业活力。

三是以共同承担科研课题为引领，开展联合技术攻关。近年来，园艺学院与巨鑫公司合作承担山西省重点研发计划重点项目课题、山西省农业科技成果转化和推广示范项目等省部级科研课题 5 项，包括设施蔬菜营养强化与轻简化栽培技术研发、温室大棚改造及土壤改良技术集成与示范、设施蔬菜轻简化生产技术集成与示范、苹果盆栽生产栽培技术示范等，组织实施联合技术攻关，取得了良好效益。

二、存在的主要问题

一是产业发展技术有待升级。巨鑫公司的园艺产业新旧动能并存，如蔬菜育苗、果蔬种植与鲜果采摘、盆栽果树等，初期发展快、效益高。但随着绿色兴农、质量兴农和"农谷"建设力度的加大，这些产业面临着升级换代，设施设备配套率，自动化智能化率，保鲜储藏，产品深加工，第一、第二、第三产业融合等技术需要进一步突破，亟须园艺学院等科研单位在科研团队和服务能力上形成稳定支撑力量。

二是协同创新活力有待激发。园艺学院服务巨鑫公司的专业教师，其科研任务主要来自政府部门，缺少以市场需求为导向的企业委托科研任务，创新模式比较单一和僵化。同时，高校在岗兼职兼薪等创新激励政策落地难，相关政策没有具体实施方案和执行措施，影响了专业教师的积极性。例如，一旦专业教师以更多的精力投身于企业的创新创业，就无法完成单位安排的正常教学和科研任务。

三、主要意见建议

一是建立利益捆绑机制，确保长久有效合作。通过技术入股等形式，园艺学院与巨鑫公司结成紧密的利益共同体。随着企业的壮大，有力地支撑学院的发展。同样，对于企业发展中出现的各种困难，学院也给予尽可能的支持和帮助。

二是创新人才流动机制，鼓励适度兼职兼薪。通过完善人事聘用、考核激励等一系列管理政策和制度，努力破除"人才流动"体制障碍，鼓励资深专业教师到巨鑫公司兼职和在岗创业，让专业教师"愿意去""去得了"。例如，学院在课程安排、指导研究生等方面给予外派到巨鑫的教师最大限度便利，把课程集中安排，研究生带到企业做课题。企业根据兼职科技人才的工作背景、工作能力和工作岗位的不同，制定专门的待遇政策。

三是健全协同攻关机制，增强创新供给能力。把科技创新合作摆在双方合作全局更加重要的位置，通过共同承担科研课题、共建科研平台、巨鑫公司定向委托科研任务等举措，实现科技创新与企业需求紧密对接。例如，巨鑫公司出资设立企业研究基金课题，围绕"研究思路从产业中来，研究任务紧盯产业需求"的项目实施，由园艺学院组建科研团队，针对巨鑫公司园艺产业发展中的技术瓶颈开展科技攻关。

校企精诚合作　实践培育优秀

——山西金瓯公司实践育人简述

山西金瓯公司

多年来，山西金瓯公司（以下简称"金瓯"）高度重视校企合作，大力支持山西农业大学的各项教育教学工作，在山西农业大学资环学院设立"金瓯奖学金"，累计奖励了近百名优秀学生；接收和培养了大批农大毕业的学生，涉及 6 个学院，目前在职的农大毕业生达到 68 人，其中 36 人走上中高层管理岗位，大多数人成长为公司各个业务方向的骨干技术人员；同时公司与学校积极合作，对实践育人工作做出了积极响应和支持，每年都接收大批大四学生进入金瓯实习，为学校培育优秀学生、为提高学生个体素质做出了积极贡献。多年来，金瓯在实践育人方面不断进行探索，不断优化与改进工作方法，培养了大批优秀实习生，积累了一定工作经验，同时发现了一些问题，与学校商榷，共同进步。

一、对实习生易出现的心理及行为问题的认识

1. 自傲

对自己估价过高，这是实习生普遍存在的最突出的问题，他们对自己的各项能力的认识比较模糊，总感觉自己什么都会，在实习岗位上往往不能够虚心听取工作安排和指导，好高骛远。事实上他们所掌握的知识能力与岗位要求相去甚远，存在二次学习的必要。

2. 自卑

经过一段时间的实习后，自卑情绪取代了自傲，现实给实习生们上了生动的一课，他们意识到自己有诸多不足，在学校学习到的知识并不能与工作无缝链接，需要他们学习与补足的东西太多，这样一来部分学生会对自己产生偏低的认识与评价，在实习工作中容易夸大自己的缺点，贬低自己的成绩和优点。

3. 患得患失

一部分实习生把自己的实习成绩和表现看得过重，希望评上先进或优秀，从

而为毕业找工作增加砝码，或者正相反，担心如果自己评上了先进或优秀，会得罪人或失去朋友。

二、金瓯对实习生的教育及管理

针对实习生的基本心理和行为特点，金瓯公司制定了《实习生管理办法》，为学生的实习生活提供了制度保障，有针对性地帮助学生克服各种心理障碍，并且保证学生切实学习掌握各项业务知识和技能，达到提高个体素质的目的。

1. 生活有朋友

首先，金瓯把实习生尽量安排在有学长在的部门或项目组，相同的教育背景可以产生共同语言，帮助学生们快速去除在新环境的陌生感、恐惧感，安心工作。

其次，金瓯要求员工在生活上对实习生多加照顾，多做思想工作，基本上每一个农大的实习生在公司都可以结交到一帮好同事、好兄弟，大家在工作之余一起运动、玩游戏，一起谈心，让漂泊在外的实习生感受到了家的温暖，如外业工作组，在一天辛苦的野外工作回来之后，大家一起分享当天工作中的趣事，坐在一起吃一碗热腾腾的面，心里是欢喜的、满足的。

最后，公司有各种兴趣小组，如篮球小组、跑步小组、健身小组等，对实习生完全开放，他们可以和公司员工同等地参与各项活动，丰富了大家的生活，也把实习生与公司员工凝聚在了一起，大家共同快乐工作、快乐生活。

2. 工作有师傅

第一，公司对实习生进行岗前培训。一方面向实习生介绍公司的规章制度、企业文化，让他们熟悉并遵守公司的规章制度；另一方面也对业务情况做出详细说明，确保实习生具备相应的基础知识与基本技能，以免他们面对工作产生茫然不知所措的情况。培训者都是各部门经验丰富、业务水平高、耐心和细心的员工。

第二，实地训练，在公司专业技术人员的技术指导下，让实习生尝试着从事即将开展的工作，整个过程中，指导老师会协助实习生完成工作并随时指出注意事项和应改进的地方，帮助实习生快速成长。指导老师会毫无保留地把他们的工作经验工作技巧分享给实习生，把自己掌握的技术耐心地通过培训传授给实习生，一些优秀的实习生可以在实习阶段就做到得心应手，书本的知识也能运用到实践工作中，并且热爱上这份工作。例如，通过 4 个月的学习，有的学生就可以熟练运用 Excel 等常见办公软件的各项运算，也能熟练操作 ArcGIS、CAD、Supermap、Orcal、SQL 等比较专业的软件，甚至对不动产数据整合的超图系统、臻善系统非常熟悉。学生在校期间虽然也有学习这些知识，但使用起来比较生疏，通过在工作中频繁的接触和使用，加强了对校园知识的消化吸收，使之变成自己的技能。

第三，除了技术培训之外，公司还注重对实习生进行系统的教育培训，培养他们工作中的时间管理和计划能力，从而使其在今后的工作中能通过适当的组织与协调工作，按一定的程序达成工作目标。

第四，公司也注重培养实习生形成乐观、自信的精神与积极的态度，帮助他们以热忱服务、信誉至上的信念履行职责。在工作的过程中，需要与上级沟通工作方法及工作进度，需要跟客户沟通各种情况，有些项目，如确权等，还需要面对大量基层群众，在刚开始接触这些事情的时候，实习生容易胆怯、烦躁，甚至会控制不住自己的脾气。通过前辈们的指导、影响，大部分实习生可以慢慢调整自己的情绪，慢慢地能比较从容地处理各种交流问题。

第五，进行实习考核与鉴定。公司会阶段性地对实习生的工作进行考核与评价，帮助他们明确自己的工作优势与不足，扬长避短，做出实绩。并以评选"优秀实习生"，发放奖状与奖金的方式，引导实习生认真学习、努力工作。

三、存在的问题与建议

经过多年的实习生教育与管理工作，公司看到目前的实践育人工作还有一些问题或不足，希望引起学校重视，进一步加强校企合作，提高学生的实习质量。

1. 进一步加强制度化管理工作

实习生的主体身份是学生，实习是教育教学的组成部分，校方对学生的管理是严肃的、高效的，在将学生输送到用人单位后，学校可以派出专业老师跟队指导，或者指定老师专门负责，协助用人单位共同管理，相互配合，多沟通、及时沟通，这样管理效果往往事半功倍。

2. 进一步加强实习生引导工作

实习开始前，建议学校加强心理疏导与引导工作，对很多学生而言，实习是他们人生第一次远离父母、教师的管教，独立在社会上生存，容易产生生理和心理问题，希望学校通过一些活动唤起学生的实习情感，克服恐惧与焦虑，可以请往届生或者实习单位的指导老师事先来校与学生交流，帮助其做好充分的实习准备，心中有底，以快速消除环境与身份转换可能带来的心理障碍。

3. 更加有针对性地选派实习生

一部分学生进入大四之后，对自己的未来有比较清晰的规划，有的就是希望本科毕业后立即参加工作，希望学校能够有针对性地为用人单位选派这类型的学生，一方面这种学生态度积极、配合度高，另一方面也便于用人单位优选毕业生，达成就业结果，提高学校就业率。

总之，实习是"演习式"地把学生从学校这个相对封闭的环境一下子推到了开放而真实的社会环境及人际交往中，需要校企双方各自从实际出发切实履行自己的职责，充分发挥校企的协同作用，群力群策，协同用力，确保实践育人目标的实现。

多样多举建设好实践育人质量体系工程

朱伟民

中国一拖

山西农业大学举办的"首届实践育人论坛"隆重召开，这是中国高等教育界的一件大事，这是在习近平新时代中国特色社会主义思想领导下的一个创新型论坛，它标志着中国的高等教育与中国特色社会主义的人才需求将紧密结合，有力地推动了高等人才与社会需求接轨。

一、中国一拖高校实习管理中心

中国一拖集团有限公司（以下简称"中国一拖"）原名"第一拖拉机制造厂"，是中华人民共和国"一五"计划建设的 156 个重点项目之一，坐落在中国历史文化名城，有着"千年帝都、牡丹花城"之称的洛阳。中国一拖是以拖拉机为主产品的大型装备制造生产基地，拥有完整的机械工业全体系加工制造能力。多年来，中国一拖与中国农业大学、中国矿业大学、四川大学、山西农业大学等 200 余所大学签订了校企合作协议。中国一拖是国家教育部和河南省授予并指定的高校实习基地，是全国工程教育中心建设单位，是洛阳市高校实习管理中心理事长单位。中国一拖高校实习管理中心是代表中国一拖实习业务的唯一单位，面向全国高校开展校企共建、厂内实习、就业见习等多种样式的实习模式。中国一拖高校实习管理中心以企业内部实习基地为核心，共享企业各种优质资源；以企业外部友好单位为辅助，充分挖掘企业外部优质实习资源，为全国各高校提供全过程的实习服务。全年接待全国来一拖实习的大学生及老师 4 万余人。

高校实习大学生主要在中国一拖完成以下类别的实习：①热加工类：如锻造工艺技术、铸造工艺技术、热处理工艺技术等；②通用机械加工类：各类车、铣、刨、磨、钻、镗、拉、锯、插及多轴加工类和各种加工中心等机床应用；③制造装配类：大、中、小轮式拖拉机及履带式拖拉机装配线；④收获机械类：如玉米收获机械，小麦收获机械等的生产及装配；⑤农业机具类：如翻转犁、旋耕机、深松机等农机具的生产装配线；⑥柴油机的装配生产线及零部件加工；⑦齿轮类加工：各种直齿轮、斜齿轮、伞齿轮、盘齿轮以及各种链轮等的加工工艺；⑧基于板材材料的各种覆盖件的材料成型加工；⑨自动焊接和全国劳模焊接工作室基地；⑩典型、复杂、异型零部件的特种加工，如桥壳体、发动机壳体、变速箱、曲轴、凸轮轴等零件加工，⑪车辆工程类：城市垃圾压缩运输车、环卫洒水车、叉车、城市道路空气净化喷水车等。

以上11类实习项目都由中国一拖高校实习管理中心聘请专业工程师、高级工程师、专家精心编写典型工艺课程，为实习学生讲解并进行互动。管理中心还有发动机的实体拆解、装配等实操课程，增加高校实习实践效果。

为了保证各高校大学生安全、深入、愉快、高质量地完成实习任务，建设好实践育人质量体系工程，中国一拖高校实习管理中心配合企业实习基地建设，在建设路（本部）和汉宫路（工业园区）建设了两处集宾馆、餐饮、大学生公寓为一体的高质量住宿基地，可同时容纳教师、学生1500人入住，提供80~200人的教室，供大学生实践之余学习、看书、集会。

二、校企合作的成果

中国一拖与山西农业大学建立校企合作以来硕果累累。人才是企业快速发展的最大资源和活力。企业实习基地的建设对中国一拖具有深远的意义，不仅有利于企业吸引更多的优秀毕业生就业，而且为各高校学生提供了就业实习平台，提高了高校学生的动手实践能力，增强了大学生参与社会竞争的能力。山西农业大学工学院于2004年7月与中国一拖建立了高校实习合作基地，为社会、学校、企业提供了许多优质人才，实现了企业人才需求与高校人才培养需求的双赢。山西农业大学工学院每年按照教学计划实施企业实践培训工作。目前，就职于中国一拖各类岗位的山西农业大学的校友们已达50多人，分布在中国一拖各单位的高级管理、工程技术、产品研发等关键重要岗位，为中国一拖发展立足本岗位尽职尽责。

中国一拖希望能进一步完善实践育人质量体系平台，进一步扩大合作，积极探索产、学、研相结合的新路子，积极探讨实用性人才培养的新方法。落地实践教育在"高校卓越工程师培训班"、社会实践认知学习、顶岗实习等多样、多举措培养方式中的应用，为社会培养大批优秀、优质、复合型人才。

山河醋业有限公司积极推进校企合作，实现实践育人

山河醋业

一、校企合作的背景

自 2015 年山西农业大学与山河醋业有限公司（以下简称"山河醋业"）创建产学研合作基地以来，双方进行多次深入沟通和交流，已经初步探索形成了"产学研用"为一体的校企合作发展新模式。目前，"校企合作"这颗种子已经在山河醋业生根发芽，并结出了丰硕果实。

为了落实关于高等教育的相关政策、促进企业发展，校企双方携手承担育人任务，本着互惠、互利、合作、共赢的原则，改革创新、攻坚克难，努力打造和完善校企合作平台。四年来，山西农大食品学院党政领导多次莅临企业进行考察、洽谈合作育人事宜，邀请王硕教授等食品行业知名专家从企业的发展、工艺的改进等进行指导，安排学院生工系郝林教授等深入基地进行科技服务，选派优秀学生郭艳梅、郝亭亭、苏彦文等进入企业进行实习交流。先进开放的办学理念、扎实科学的工艺技术、良好的社会信誉，以及食品学院的不懈努力为校企合作平台的搭建奠定了坚实的基础。同时，为了解决发展中遇到的技术落后、高素质人才短缺等问题，山河醋业也从毕业生薪资、工作和生活环境上进行改革，营造温馨氛围，让大学生进得来、留得住、干得好，专业对口、学以致用。在校企双方的共同努力下，食品学院共有 27 名优秀学生来山河醋业实习，为推动山河醋业的发展做出了很大贡献。实践表明，利用校企双方自身的资源优势，开展"产学研用"合作平台，可以促进校企双方的共赢互惠发展。

二、校企合作的成果展示

目前，共有 8 名食品学院毕业生在山河醋业就职，包括 2016 届毕业生 2 名、

2017 届毕业生 2 名、2018 届毕业生 4 名，专业覆盖食品学院食品科学与工程、生物工程等专业。他们在山河醋业的各个核心岗位上，立足本职、认真敬业，为推动山河醋业的发展贡献自己的学识与智慧。

四年来，山河醋业在与食品学院的合作中收益颇多：

1. 技术力量得到了充实，促进了企业稳步发展

从小作坊到现代企业的改造，先进的工艺技术成为企业面临的首要难题。食品学院开放的办学理念为山河醋业送来了"解渴之水"。接受过专业教育的毕业生的加入为山河醋业的技术开发、质量提升、产品安全发挥了极大的作用。取样化验、数据分析、质量把控，一个个薄弱环节的加强，不仅保证了山河醋本身品质的提升，更传播了先进的工艺、科学的技术，为企业的稳定发展注入了活力。

2. 校企合作，管理层得到了优化

四年来，校企合作从理念的萌芽、机制的建立、模式的探索到不断地完善，不仅填补了工厂技术人才的短缺空当，还增添了工厂管理层的力量，实现了管理层的优化组合。当前，高校毕业生已经成了工厂管理层人才引进的主要渠道。不仅如此，工厂还保证毕业生留得住，工作上严格要求、大胆任用、精细管理，生活上努力改善吃住、加倍关怀。管理层队伍的优化，为山河醋业的飞速发展奠定了良好的基础。

3. 员工素质得到了提升，激活了企业发展动力

山河醋业工厂位于偏僻乡镇，员工大多为农村人口，文化水平低、思想素养不高。接受过高等教育的学生用文明的言谈、礼貌的举止在潜移默化中影响着其他工厂员工，员工的在整体素质得到了提升。如今，山河醋业工厂内外文明礼貌行为形成了风气，工厂精神文明建设的提升成为企业大踏步发展的重要保证。

三、校企合作中企业扮演的角色及具体措施

如果把校企合作中学校比作提供的是优良的种子的话，企业则提供的是肥沃的土壤、适宜的气候、阳光和爱，具体措施如下：

（1）树立良好的企业形象。

（2）建立人才引入机制及工作推进制度。在山西农业大学设置了"山河励志奖学金"，鼓励表现优秀的学生提升自己的专业特长，2016 年、2017 年颁发两届奖学金，共有 30 名同学获得"山河励志奖学金"。提供寒假、暑假大学生实习岗位，让大学生深刻体会到实习的重要性及注重在实习中的收获。对大学生建立有别于公司其他员工的薪酬激励制度，让大学生时时刻刻感受到公司的信任和尊重。

（3）利用先进的管理方法及时引导。对大学生充分授权，让大学生有到公司的各个部门去实习的机会，更多、更全面地了解公司的状态和管理规则。

（4）加强教育训练，定期总结提升。为使新入职大学生尽快熟悉企业情况、融入企业，了解并解决其在工作和生活中遇到的问题，对企业产生认同感和归属感，定期举行新入职大学生座谈会，针对大学生组织各种团建活动。大学生能够在工作生活过程中不断总结、反思及提升。

四、校企合作的未来规划

（1）继续加强校企之间合作，凝聚校企所需专业技术人才，做好寒假、暑假大学生实习工作，为大学生提供更多和专业结合紧密的实习岗位。

（2）提高大学生的实践能力和综合素质，能够把在学校学到的专业知识应用到实际工作中去，除了寒暑假外实习外，也可以在学生日常学习中增加实践课程。

（3）企业的发展离不开科研创新，在企业所需要的技术研发领域能够再深入地探讨和合作。

（4）希望学校也持续关注实习或工作的大学生情况，予以及时的指导帮助，使其更快、更好地融入企业。

山河醋业有限公司将继续与山西农业大学开展多方面、深层次的交流合作，凝聚校企合作优势，携手合作共赢，共创校企合作的新未来。青年强则企业强，青年兴则企业兴。新入职大学生为山河醋业注入了新鲜的血液，充实了企业的人才队伍。他们扎实的知识、活跃的思维、开阔的眼界，是企业未来发展的内在动力，校企合作为山河醋业有限公司打造了一个人才引进、技术提升的平台，同时为山河醋业的稳步发展做出了积极的贡献。今后山河醋业要利用好这个平台，把工作做得更好、更完美，把山河醋业真正办成一个一流的现代化酿造企业。

洪洞县农委实践育人的探索

洪洞县农委

洪洞县是山西农业大县，自然、地理、交通、水利等农业生产条件都比较优越，但不是一个农业强县，多少年来，没有值得炫耀的农产品足以代表洪洞。归根结底是科技的普及度不高，应用科技的氛围不浓，科技对农业的支撑不强。

自 2012 年山西农业大学农学院高志强老师的团队开始与洪洞合作以来，洪洞县的农业特别是小麦生产开始由疲转兴、由大转强。短短的六年间，无论是旱地小麦地膜覆盖技术的推广、优质强筋小麦产业发展、富硒功能农业的开发，还是小麦单产水平，在全省都名列前茅。回想几年来和农学院的合作，有以下三点体会：

一、院县紧密合作，攻关连创佳绩

多年来，山西农大农学院以高志强、郭平毅老师主要代表的教学科研团队在洪洞县开展了小麦和谷子的上百项试验示范和技术攻关，对洪洞绿色、高产、高效农业的发展起到了重要的引领和示范带动作用，促进了农业生产中施肥方式、耕作方式、管理方式的改变，实现了轻简化栽培，使生产成本大幅度下降，节水、减肥、减药成效显著。同时，教学科研团队在洪洞开展了多层次的技术培训活动，为洪洞农业培养了一大批专业技术骨干和种田能手，为洪洞县连续多年保持全省小麦高产纪录打下了扎实的技术基础。2017 年 6 月 22 日，农业部组织专家测产，洪洞小麦单产 711.5 公斤，为全省最高纪录；2012～2017 年洪洞都是全省小麦单产最高。可以说，洪洞县农业的发展和进步都与农大息息相关。

二、地头开展科研，基地展现英姿

洪洞县在马三、东义、东梁、逍洞设立了四个核心试验示范基地，为农学院教师提供科研基地、项目实施平台、学生科研教学实习基地。近三年来，农大先后在洪洞的示范基地开展了播期、播量、播种方式、施肥方式、灌水方式，以及管理模式的试验研究，为先进实用技术的大面积推广应用提供了第一手资料。特别是在富硒小麦产业的研发上，农学院的师生们更是倾注了太多的心血。目前，在洪洞实施的有机旱作农业技术推广项目、优质强筋小麦项目和富硒功能农业项目进展顺利，试验示范基地已成为农民学习新技术的田间课堂，广受农民欢迎。有了农大教学科研团队的支持，洪洞由农业大县向农业强县迈进的步伐进一步加快。

三、服务洪洞大地，实践练就英才

近年来，农大每年都有 30 多名博士后、博士生、硕士生、本科生到试验示范基地工作，与农民同吃、同住、同劳动，直接参与试验播种、浇水施肥、观察记载、小区收获等环节。同时，进村入户开展农业生产情况调研，以及农户对新品种、新技术、新模式的需求，真正了解了生产上存在的问题，用所学的理论指导了实践，在实践中检验了所学的理论，使他们的农业实践能力大幅度提高。农大教学科研团队的行动激发了广大农民学科技用科技的热情，促进了农业生产中科技含量的提高。

百年乡村办学，坚持实践育人

在长期的办学实践中，山西农业大学紧紧围绕"培养什么样的农科大学生，怎样培养农科大学生"这一农业院校办学的核心问题，主动回应"未来中国谁来种地"的命题，秉承传统，改革创新，不断赋予实践育人新的使命内涵，形成了"百年乡村办学，坚持实践育人"的人才培养特色，具有深厚的历史渊源、鲜明的行业特色和地方特色，这一理念深深融入了山西农大办学治校的各个方面，培养了数以万计懂农业、爱农村、爱农民的"三农"工作主力军。

110多年来，山西农业大学扎根乡村办学，学校虽地处偏僻，但初心不改、根本不移，情怀"三农"，静心育人。学生刻苦读书学习，教师潜心教书育人，学校倾心培养的建设者和接班人在黄土地上茁壮成长，形成了"崇学事农，艰苦兴校"的办学精神。此外，学校坚持实践育人，把培养实践动手能力和创业精神作为人才培养的着力点，把论文写在田野，把项目做在山村，以知促行，以行求知，形成了"专业实践""双创实践""扶贫实践"等模块组成的"14544"实践育人体系，养成了"勤奋学习，注重实践"的学风。

一、历史的传承：百年扎根乡村办学的探索，积淀了实践育人的优良传统

自1907年建校以来，山西农业大学百余年扎根乡村办学。尽管地处偏僻，但始终坚守培育优秀人才的初心，促进人才培养与服务"三农"密切结合，积淀了实践育人的优良传统。

1. "学求致用"和"真知力行"

在私立铭贤学校时期，就坚持"学求致用"和"真知力行"的办学方针，建设了农场、畜牧场、园艺场、铁工厂、纺织厂等，聘请专业人才指导实践教学，规定了实验教学规程和实验成绩要求。1934年，北京大学校长蒋梦麟、清

华大学校长梅贻琦慕名来校参观实习农场、工厂。欧柏林山西纪念协会主席高尔逊在 *Oberlin in Asia：The First Hundred Years*，1882—1982 中记述："高中第一年的教学时间延长了 6 个星期，以便让学生每周可以抽出 9 个小时在农学系和工学系开展'实践课'，学生在田间地头和店铺动手劳动，打破了知识分子不参加劳动的传统观点。"1935 年，学校组建农村服务部，开展扫盲运动、健康体检、农业和工业新技术推广等工作。1940 年，成立私立铭贤农工专科学校，明确提出"一切教学设备和教学方法，力求传授课堂知识与掌握生产技术并重，教育与社会切实联系"。

2. "向工农开门"和"教育与生产劳动相结合"

1951 年，山西省人民政府接管了铭贤学院，改私立为公办，正式成立山西农学院。学院成立之初开设了棉农班和练习生班，实施 8 年的分段教育，工农学员一面工作，一面学习。1953 年应届毕业班首次开展了一个学期的生产实习，一、二、三年级开展了为期三周的教学实习。与李顺达、郭玉恩等著名劳动模范所在的合作社建立了联系，采集了大量动植物标本，充实了教学内容，建设了 3000 亩实习农场。由此学校总结出了"两条腿"走路的教学方法，即理论与实践相结合，课堂教学与有计划的现场教学相结合，系统的理论教学与有计划地参加生产劳动相结合，教师的主导作用与有计划的请乡土专家讲授相结合。

3. "主攻两山、抓住平川"和"农科教相结合"

20 世纪 80 年代以来，学校在"主攻两山、抓住平川"的科技扶贫开发规划和高等教育大跨越的背景下，促进实践育人全面提升。从 1983 年起，学校先后举办了农干班、林干班、牧干班、商检班等二年制干部专修班。1993 年，"实行单独考试，招收农村户口，不包分配实践生的试验"，获国家级教学成果一等奖。1997 年，"教科农联动效应与示范教学基地建设的研究与实践"获国家级教学成果二等奖。1996 年，时任国务院副总理李岚清视察理家庄基地，称赞山西农大走出了一条高校科教兴农的新路子。从 1998 年开始，坚持 20 年开设"劳动教育课"，培养学生自觉劳动、吃苦耐劳的精神。在这些实践育人的探索过程中，培育了一大批扎根黄土地，爱农、事农、兴农的技术管理人员。1998～2003 年，在山西省委组织部选拔的乡镇干部中，山西农大毕业生占 60% 左右。

二、现实的选择：面对新时代对农业院校的新要求，明确了实践育人的定位使命

"百年乡村办学，坚持实践育人"，既是历史的积淀，更是现实的选择。党的十八大以来，我国高等教育的发展进入了新时代。党和国家事业发展对农大的需要，对农业技术人才的需要，比以往任何时候都更为迫切，因此学校必须走内涵式发展的道路，重新审视人才培养的目标和路径，紧扣地方和农业这两个特征，以实践育人为切入点，全面深化人才培养改革。

1. 人才培养的规律

坚持教育与生产劳动和社会实践相结合，是党的教育方针的重要内容。习近平总书记强调，"坚持教育同生产劳动和社会实践相结合，广泛开展各类社会实践，让学生在亲身参与中认识国情、了解社会，受教育、长才干"。农业院校是中国特色社会主义大学的重要组成部分，山西农大遵循人才培养规律和学生成长规律，及时修订人才培养方案，把实践育人工作摆在人才培养的重要位置，纳入学校教学计划，规定相应学时学分，合理增加实践课时，构建了"14544"实践教学体系。

2. 教育政策的导向

党的十八大以来，中央先后召开了全国思政工作会议、全国科技创新大会、全国教育大会，实施"双一流"战略，引导高校聚焦国家战略和社会需求，扎根中国大地办教育，出台了《关于深化高等学校创新创业教育改革的实施意见》《关于进一步加强高校实践育人工作的若干意见》，明确了实践育人的目标、内涵和要求。山西省实施"1331工程"和高校综合改革，鼓励开展实践育人的探索。山西农大也适应新时代本科教育的新要求，先后召开思政工作会议、本科教学工作会议，制订综合改革试点方案、创新创业教育改革实施方案，统筹推进实践育人工作。

3. 社会发展的需求

2017年6月，习近平总书记视察山西，对高等教育发展提出了新命题。国务院出台了《关于支持山西省进一步深化改革促进资源型经济转型发展的意见》，学校承担的"山西农谷科创城"建设列入其中。国家和山西的发展需求为开展实践育人提供了广阔的空间和平台，在此基础上学校不断加快优化学科专业布局，增设了功能农业、功能食品、食用菌等新兴专业或专业方向，把创新创业、脱贫攻坚列入实践育人的重要组成部分，构建了更具时代性、针对性的实践育人体系。

4. 学校发展的压力

新一轮的高等教育竞争已经拉开序幕，农业学科交叉化、农科院校综合化的趋势日趋明显。北京大学、中国科学院大学、中山大学等综合性大学开办农科，对传统农业院校的发展提出了挑战。与此同时，教育信息化迅速发展，优质教育资源逐步开放共享，一般性大学面临生存危机。在这种严峻的背景下，必须对地方农业院校人才培养的优势在哪里进行新的探索。山西农大作为山西唯一的综合性高等农业学府，承担着多重使命，需要培养多类型人才，其中复合应用型人才是重心。学校通过农科教结合，系统化的实践育人，在提高学生专业知识、动手能力的同时，增强了学生懂农业、爱农村、爱农民的思想素质和职业信念，形成了人才培养的比较优势。

三、体系的构建：突出专业实践、双创实践、扶贫实践三大模块，形成实践育人的完整体系

经过多年探索，山西农大构建了"1 个目标、4 个层次、5 个模块、4 个结合、4 年不断线"的"14544"实践教学体系。强化学生综合实践能力培养的 1 个总目标；按照基础实践、专业实践、第二课堂实践、综合实践由低到高、由浅入深的递进发展的 4 个层次；抓住专业认知、实验教学、专业实践、双创和社会实践、专业综合实习 5 个模块；坚持理论与实践相结合、坚持校内课堂与社会课堂教育功能相结合、坚持专业实践与第二课堂实践相结合、坚持专业实践能力培养与创业实践能力培养相结合 4 个结合；通过实践各环节的互补衔接、互动融合，实现实践教学 4 学年不断线。

近年来，学校对"14544"实践教学体系进行了丰富和创新，将实践教学上升为实践育人，突出思政育人功能，突出专业实践、双创实践、扶贫实践三大模块，激发学生学农的兴趣，树立学生学农的信心，确立学生爱农、事农、兴农的人生志向。

1. 多类型的专业实践模块

学校围绕提升学农专业认同和专业实践能力，形成了基础实践、专业实践、综合实践递进式层次，实验教学、专业实习、综合实习相互衔接的体系。在此基础上，各专业积极探索符合自身特点的专业实践模式。

（1）农业经济管理专业"卓越农林管理人才实验班"模式。采取"通识教育+跨学科（专业）培养+农林企业管理实践"培养模式，二年级组班，小班教学，小学期制，聘请校外导师，严格考核管理，培养懂农业、善经营、适应乡村振兴需要的农林企业管理人才，首批学生已毕业。

（2）园艺专业"2+1+1"培养模式。采取两年的通识教育课程和学科基础课程，一年的专业课程学习和一年的校企（所）联合培养模式。构建四段渐进式

实践教学体系，一年级讲授"农事教育+园艺认知"知识，二年级开展"园艺实践+兴趣小组"活动，三年级开展"专业实验+科研训练"，四年级安排"生产实习+毕业论文"环节，促进产学研用相结合。

（3）畜牧、兽医专业"励志班"模式。采取院企"共同选拔，共同培养，共同考核"模式，先后开办了"励志正大班""励志石羊班""励志禾丰班"等"企业班"。"励志班"由学生自愿报名，然后院企共同选拔编班，共同制订培养方案。学院负责学生的专业知识培养，企业负责企业文化、职业规划、专业技能强化等培养。在节假日期间，学校还会组织学生到企业进行实验实训和专业技能锻炼。

2. 系统化的双创实践模块

学校系统设计双创实践的组织体系、教学体系、实践体系、保障体系，"扶上马、送一程、做后盾"，培育学生"追梦、实干、吃苦、钻研、坚韧"的创业精神。

（1）组织体系。成立了大学生创业指导委员会，统筹双创教育工作；成立了山西省首家创业学院，配备了专职工作人员，打破学科专业壁垒，实现双创教育工作的专业化；校团委、学生处、教务处、就业指导中心、创业园区等部门有专人负责"双创"管理服务工作。

（2）教学体系。形成了《山西农业大学2018版本科人才培养方案修订意见》，设置面向全体学生的创业基础、就业指导等必修课，纳入学分置换管理；优先支持创新创业的学生转入相关专业学习。实施弹性学制，允许调整学业进程、保留学籍休学进行创新创业；成立双创教研室，编写了适用于农林院校的《创业学》教材；制定了《山西农业大学创业导师聘任及管理办法（试行）》，采取校内创业导师与校外创业导师相结合的双导师制；坚持15年开展"校友导航——成功者之路"教育工程，先后邀请300多位优秀校友特别是自主创业人才回校做报告；开设了"青年企业家进校园"大学生创业论坛，先后邀请新东方学校创始人俞敏洪等20余位创业成功人士来校做报告，营造浓厚的创新创业氛围。

（3）实践体系。设置创新创业实训课程；引进创业实训软件，对整个创业过程进行实操；鼓励学生参加创业大赛、创业计划竞赛、课外科技作品大赛等创新实践活动，奖励学分记入学生成绩档案；对创新创业的学生进行从项目论证到结题的全过程服务。2016~2018，有107人次/团队获得省级二等奖、国家级三等奖以上创新创业大赛奖励，"智慧阳台"团队获首届中国"互联网+"大学生创新创业大赛银奖。此外，作为山西省入选项目最多的高校，山西农大还参加了第九届全国大学生创新创业年会现场答辩交流。

（4）保障体系。现有大学生创业园、"山西大学生互联网+农业"创业园两个"省级众创空间"。大学生创业园占地面积 300 余亩，先后有 90 多个团队入驻，500 余名大学生开展创新创业实践；"山西大学生互联网+农业"创业园占地面积 2200 平方米，先后有 100 余支团队入驻，2000 余名大学生开展创新创业实践。学校每年经费预算 150 万元支持"双创"工作，设立了 200 余万元的"金银焕创新创业基金"，主要用于扶持大学生科技创新和创业项目。2016~2018 年，学校在创业园区建设和团队孵化上累计投入超过 1400 万元。自实施农谷战略以来，山西省设立了创新创业企业孵化区，全面提升现有创业园区的管理水平和孵化能力，并建设"农谷科创城农大校友双创园"，规划吸引 100 家校友企业入驻园区。

3. **体验式的扶贫实践模块**

学校从 1981 年开始开展大学生社会实践活动。1986 年，时任团中央书记处书记李克强来校视察，对社会实践活动给予高度评价。30 余年来，学校与省科协、省移动公司等单位组织了内容丰富、影响广泛的社会实践活动，形成了项目化运作、社会化合作的社会实践活动工作机制。项目化运作，即依托全省性的科技支农、新农村建设、农村信息化、科普惠农等项目课题，组织师生分类分层实施，使集中组队活动有了具体的工作内容、活动载体和积极意义。社会化合作，即在社会实践活动的过程中，项目部门和单位提供一定数量的经费支持，实践成果双方共享，为集中组织社会实践活动提供了较为充足的经费支持。

脱贫攻坚战略实施以来，学校将扶贫实践纳入社会实践，与山西省扶贫办签订《精准扶贫战略合作协议》，将大学生扶贫实践纳入合作框架。2016 年以来，学校组织千余名师生深入全省 58 个贫困县，完成了脱贫成效第三方评估工作。2018 年 6 月，受国务院扶贫办委托，32 名师生完成了黑龙江省望奎县退出贫困县国家专项评估检查工作。此外，学校还率先在吕梁市临县大禹乡府底村建立思想政治教育基地，在 12 个国定贫困县建立了 17 个思想政治教育基地。

脱贫攻坚的社会实践给广大学生上了一堂生动的国情、省情、农情教育课，深化了大学生对"三农"问题和脱贫攻坚战略的认识，激发了学生爱农、事农、兴农的责任感和使命感。例如，陈亮同学说："我们老师在课堂上讲，今年玉米价格要下降，国家要调整产业结构，鼓励农民种其他作物。可是在河曲、偏关，农民种的还都是玉米，这里多年来一直种玉米，没有合适的替代选项，产业结构调整没那么简单。"王辅崇同学说："左云县有位第一书记，建立了互联网销售平台，成为农民脱贫的桥梁和纽带。很多地方不缺资源，缺少的是能带领大家致富的本土人才，学农业、经济管理、计算机网络等专业的学生都大有用武之地。"曹宇奇同学说："过去每个月向父母要两三千，这次才知道，这是贫困人口的脱贫标准线啊！家庭供我读书，花了很大的人力财力，只有心存感激，珍惜宝贵的大学生活，才能不负重托。"韩昌烨同学说："参加这次评估感到非常荣幸，大学生是理想化的，农村是现实的，只有不断参加社会实践，广泛接触最基层的干部、农民，才能让理想丰满起来，让中国梦更加具体，更加深入心中。"

四、价值的彰显：推动农业教育供给侧结构性改革，结出实践育人的累累硕果

"百年乡村办学，坚持实践育人"，适应了新时代对本科教育的新要求，催生了学校办学理念和办学路径的变革。突出专业实践、双创实践、扶贫实践三大模块的"14544"实践育人体系，在育人机制、教学制度、考评制度、激励制度等方面进行了积极探索，培养了数以万计的毕业生，他们懂农业、爱农村、爱农民，投身乡村振兴战略和脱贫攻坚战略，已经成为中国梦的参与者和奋斗者。

1. 培养了数以万计"一懂两爱"的"三农"工作主力军

学生总体专业相关度保持较高水平，2017届毕业生就业岗位与专业相关的比例为79. 36%，高于同期全国高校66%的平均水平。毕业生就业在"农林牧渔业"行业中最多，比例为18. 01%。毕业生中有45%的学生在市、县、乡、村工作。用人单位对毕业生的总体评价是"吃苦耐劳、踏实肯干、诚实守信、开拓进取"。2016~2018年，学校选派72名学生赴西藏、新疆等地开展志愿服务。2016年、2017年学校连续被评为"全国大学生志愿服务西部计划优秀等次项目办"。山西省首位中国大学生年度人物江利斌组建"绿翼"创业团队，在长治市黎城县承包荒山，对野核桃进行嫁接，开展林下食用菌栽培，受到刘延东同志亲切接见，当选第十二届山西省政协委员。全国就业创业优秀个人黄超先后带动160余名在校大学生创业，产业辐射全省16个县市，创立的"太谷县绿能食用菌专业合作社"获2017年度山西省最具成长型企业。中国大学生自强之星马红军组建"微美曲辰"创业团队，种植绿色无公害蔬菜，取得了良好的社会口碑。全国扶贫先进个人、山西省十大"乡村好青年"刘清河成立的"清韵戏曲盔饰生产专业合作社"，为村民开拓了增收致富的新路子。学校秉持实践育人理念培

养出的大批优秀毕业生将会成为乡村振兴的管理骨干和技术骨干。

2. 推动了农业教育供给侧结构性改革

立足"三晋",服务"三农",是学校一以贯之的办学方针。面对严峻的招生、就业形势,农科专业市场需求面不宽等不利因素,学校始终在思考如何坚持特色化办学思路、培养什么样的人、如何更好地为"三农"服务等问题。突出实践育人,是学校在新时代背景下更新办学理念的重大举措,是"崇学事农,艰苦兴校"办学精神的延续和创新。大学生在校期间,在学校和老师同学的"传帮带"下,一路"摸爬滚打",不仅掌握了专业理论知识,也积累了丰富的创新创业技能经验,大大缩短了从毕业到就业的适应期。这种探索,将学校的人才培养、科学研究和社会服务整合起来,实现了农科教、产学研一体化运作,有效解决了农科学生培养和社会服务需求如何有机融合的问题,探索出了农科学生在校学习和创业就业的衔接途径,同时缓解了农科大学生就业压力,为农业教育的供给侧结构性改革闯出了一条新路,有效解决了地方农业高校回归根本的问题。

3. 形成了良好的品牌效应

山西农大被列入首批全国深化创新创业教育示范校,"实践育人协同中心"被列入山西省"1331工程"。在"双创"工作中,学校创造了山西省高校"十个第一"的佳绩,暑期社会实践活动连续20年受到团中央表彰,入选全国省属院校精准扶贫精准脱贫典型项目。历任省委、省政府主要领导多次来校视察实践育人工作。《人民日报》《光明日报》《农民日报》《中国青年报》《中国教育报》中央电视台等各级各类新闻媒体对学校工作进行了多角度、全方位的宣传报道,2016~2018年,省级以上媒体新闻报道100余次,在社会各界产生了强烈反响。

4. 启示了人才培养改革的新路径

实践育人的探索为深化人才培养改革、更好地推进实践与育人的深度融合提供了诸多启示。学校正在建立农科大学生实践教学标准,制定实践能力培养路线图,推进专业实践规范化建设。学校正在积极构建"课程思政"育人体系,促进专业课程与思政教育的融合,深化职业素养、科学思维和学农精神教育;在试点学院推进思政教育、专业实践、科学研究、社会服务"多维一体"的综合性教学实践基地建设模式;完善大学生参与脱贫攻坚、乡村振兴服务项目考核与激励机制;选择试点学科专业,深入推进创新创业教育与专业教育融合;深化创业学院教学改革,进一步打破学科专业壁垒,办好创业先锋班,开发专门课程,健全课程体系,挖掘农谷科创城、创新创业园、创客空间等载体的孵化与教育作用,以更好地服务本科教学。

山西农业大学百年扎根乡村办学，秉承优良办学传统，在新的历史条件下，不断丰富实践育人的内涵、机制和形式，取得了一定成效，但对接"四个回归"和"一流本科"建设的时代要求，我们仍任重道远，必须进行全方位的凝练、完善和提升，不断开创实践育人的新局面。